主　　编　曹士兵　国家法官学院副院长
副 主 编　关　毅　国家法官学院科研部主任
　　　　　刘　畅　国家法官学院科研部副主任
主编助理　边疆戈　国家法官学院科研部编辑
　　　　　苏　烽　国家法官学院科研部编辑

《中国法院年度案例》编辑人员（按姓氏笔画）
边疆戈　朱建伟　刘　畅　关　毅　苏　烽
罗胜华　孟　军　赵丽敏　袁登明　徐一楠
唐世银　曹士兵　曹海荣　梁　欣　程　瑛

本书编审人员　罗胜华

中国法院
2018年度案例

国家法官学院案例开发研究中心◎编

公司纠纷

中国法制出版社
CHINA LEGAL PUBLISHING HOUSE

《中国法院年度案例》通讯编辑名单

序

法律的生命在于实施，而法律实施的核心在于法律的统一适用。《中国法院年度案例》丛书出版的价值追求，即是公开精品案例，研究案例所体现的裁判方法和理念，提炼裁判规则，为司法统一贡献力量。

《中国法院年度案例》丛书，是国家法官学院于2012年开始编辑出版的一套大型案例丛书，之后每年年初定期出版，由国家法官学院案例开发研究中心具体承担编辑工作。此前，该中心坚持20余年连续不辍编辑出版了《中国审判案例要览》丛书近90卷，分中文版和英文版在海内外发行，颇有口碑，享有赞誉。现在编辑出版的《中国法院年度案例》丛书，旨在探索编辑案例的新方法、新模式，以弥补当前各种案例书的不足。该丛书2012～2017年已连续出版6套，一直受到读者的广泛好评，并迅速售罄。为更加全面地反映我国司法审判的发展进程，顺应审判实践发展的需要，响应读者需求，2014年度新增3个分册：金融纠纷、行政纠纷、刑事案例，2015年度将刑事案例调整为刑法总则案例、刑法分则案例2册，2016年度新增知识产权纠纷分册，2017年度新增执行案例分册。现国家法官学院案例开发研究中心及时编撰推出《中国法院2018年度案例》系列丛书，将刑事案例扩充为4个分册，共23册。

总的说来，当前市面上的案例丛书百花齐放，既有判决书网，可以查询各地、各类的裁判文书，又有各种专门领域的案例汇编书籍，以及各种案例指导、案例参考等读物，十分活跃，也各具特色。而《中国法院年度案例》丛书则试图把案例书籍变得“好读有用”，故在编辑中坚持以下方法：一是高度提炼案例内容，控制案例篇幅，每个案例基本在3000字以内；二是突出争议焦点，剔除无效信息，尽可能在有限的篇幅内为读者提供有效、有益的信息；三是注重对案件裁判文书的再加工，大多数案例由案件的主审法官撰写“法官后语”，高度提炼、总结案例的指导价值。

同时，《中国法院年度案例》丛书还有以下特色：一是信息量大。国家法官学院案例开发研究中心每年从全国各地法院收集到的上一年度审结的典型案例超过10000件，使该丛书有广泛的选编基础，可提供给读者新近发生的全国各地的代表性案例。二是方便检索。为节约读者选取案例的时间，丛书分卷细化，每卷下还将案例主要根据案由分类编排，每个案例用一句话概括裁判规则、裁判思路或焦点问题作为主标题，让读者一目了然，迅速找到需求目标。

中国法制出版社始终全力支持《中国法院年度案例》的出版，给了作者和编辑们巨大的鼓励。2018年新推出数据库增值服务。购买本书，扫描前勒口二维码，即可在本年度免费查阅使用上一年度案例数据库。我们在此谨表谢忱，并希望通过共同努力，逐步完善，做得更好，真正探索出一条编辑案例书籍、挖掘案例价值的新路，更好地服务于学习、研究法律的读者，服务于社会，服务于国家的法治建设。

本丛书既可作为法官、检察官、律师等司法实务工作人员的办案参考和司法人员培训推荐教程，也是社会大众学法用法的极佳指导，亦是教学科研机构案例研究的精品素材。当然，案例作者和编辑在编写过程中也不能一步到位实现最初的编写愿望，可能会存在各种不足，甚至错误，欢迎读者批评指正，我们愿听取建议，并不断改进。

曹士兵

目　录

Contents

一、股东资格确认纠纷

二、股东出资纠纷

三、股东知情权纠纷

四、公司盈余分配纠纷

五、公司决议纠纷

六、股权转让纠纷

七、损害股东、公司利益责任纠纷

八、股东损害公司债权人利益责任纠纷

九、公司破产、解散和清算

十、与公司有关的纠纷

一、股东资格确认纠纷

1

公司章程规定公司强制收购与公司不存在劳动关系的股东的股权是否具有法律效力

——章文萍诉天长市中天实业有限责任公司股东资格确认案

【案件基本信息】

1. 裁判书字号

安徽省滁州市中级人民法院（2016）皖11民终字第2596号民事判决书

2. 案由：股东资格确认纠纷

3. 当事人

原告（被上诉人）：章文萍

被告（上诉人）：天长市中天实业有限责任公司（以下简称中天公司）

【基本案情】

章文萍原系中天公司员工。2001年，章文萍出资20000元成为中天公司股东，中天公司向章文萍发放了股权证。2006年章文萍增加出资8108元，持股比例增加到1.495%，并在工商部门备案登记。2014年1月19日，中天公司召开股东大会对公司章程进行修改并通过，章文萍亦签字同意，其中原章程第七条“公司股东必须是本公司员工（包含投资入股以后内退和退休员工），并同公司签订劳动合同”增加规定“股东同公司终止或者解除劳动合同关系之时，即不再符合公司股东的条件，自动丧失公司股东资格，必须按照本章程的规定，在终止或者解除劳动关系之时，按照公司当期股权转让指导价，同步转让其所持有的公司股份。如果股东不能主动同步办理，或者拒绝办理所持股份的转让手续，股东大会授权公司董事会及法定代表人按照本章程规定，在该股东同公司终止（解除）劳动关系之时，强制性临时用公司公积金，按照当期公司股东会议通过的股权转让指导价进行收购”内容。

2014年6月，章文萍与中天公司解除劳动关系。6月10日，中天公司作出“关于同章文萍同志解除劳动关系等问题的决定”，决定第二条内容为：“章文萍同公司解除劳动关系后，不再符合公司股东的条件，将自动丧失公司股东资格”；“章文萍2014年1月持有公司股份28974.70元，按照2014年度公司股权转让指导价格1:1.1576计算，其股权转让所得为33541.11元”。2014年9月15日，中天公司将33541.11元汇入章文萍账户。自2014年7月起，中天公司不再继续按月向章文萍发放股东补贴，公司也不再向章文萍发放2014年、2015年的红利。与章文萍相同持股比例股东2014年度红利所得为2942.80元、2015年红利所得为3531元；2014年7月至2016年6月的股东补贴为7060元。为此，章文萍起诉请求：1. 判决确认中天公司2014年章程第七条的规定无效；2. 确认章文萍是享有中天公司1.495%股权的股东；3. 判决中天公司支付2014年7月至2016年6月的股东补贴7060元及2014年度和2015年度的股利6473.80元。中天公司认为章文萍与中天公司劳动关系已终止，依据公司章程的规定，章文萍不再是中天公司股东。对其持有的股份，按照股权指导价转换为股金后，中天公司已支付给章文萍，章文萍的诉讼请求缺乏事实和法律依据，应予驳回。

【案件焦点】

公司章程规定公司可强制性收购与公司终止或解除劳动关系的员工股东的股权是否具有法律效力。

【法院裁判要旨】

安徽省天长市人民法院经审理认为：该章程第七条规定股东同公司终止或解除劳动关系，即丧失股东资格，在股东未办理或拒绝办理股份转让手续时，强制性用公司公积金按股东会议通过的股权转让指导价进行收购，该条款实质为股权转让强制性条款。章文萍作为劳动者与公司解除劳动关系后，其作为股东的财产权也应当予以公平保护，股权应当以合理的市场价格转让，而该强制性条款剥夺了股东的权利，违反法律禁止性规定，应当认定无效。章文萍在其股份依法转让前，其股东身份不变。中天公司依据无效条款退还章文萍股份款的行为自始无效。对章文萍要求确认其为中天公司股东并要求支付股东红利的诉讼请求，依法予以支持。

安徽省天长市人民法院依照《中华人民共和国公司法》第三十四条，《中华人民共和国物权法》第六十六条，《中华人民共和国合同法》第五十二条、第五十六条之规定，作出如下判决：

一、被告中天公司 2014 年章程第七条中关于公司强制收购股东股权的内容无效；

二、确认原告章文萍为被告中天公司持有 1.495% 股份的股东；

三、被告中天公司于本判决生效之日起五日内支付原告章文萍 2014 年 7 月至 2016 年 6 月股东补贴 7060 元和 2014 年度、2015 年度股利 6473.80 元；

四、驳回原告章文萍的其他诉讼请求。

中天公司以原审抗辩理由提起上诉。安徽省滁州市中级人民法院经审理认为：公司章程的内容不得违反法律、行政法规的规定，损害股东合法权益。股权作为股东的基本权利，股东依法享有资产收益和自主处分权，任何人不得非法剥夺。本案中，中天公司修改的公司章程第七条第二款规定股东同公司终止或者解除劳动合同关系之时，自动丧失公司股东资格，必须同步转让其所持有的公司股份。该款规定与《中华人民共和国公司法》的规定相抵触，不符合公司回购股权的法定情形，也违反《中华人民共和国合同法》规定的自愿原则，不具有法律效力。中天公司单方将章文萍持有的 1.495% 股权回购，并不产生章文萍所持股权转让和消灭的法律效力，章文萍依然属于中天公司的股东，享有中天公司 1.495% 股权，依法享有分配红利的权利。

安徽省滁州市中级人民法院依照《中华人民共和国民事诉讼法》第一百七十条第一款第（一）项之规定，作出如下判决：

驳回上诉，维持原判。

【法官后语】

本案争议焦点是公司章程规定公司与员工解除劳动关系时可强制性收购该员工股东的股权是否具有法律效力。

现实生活中，员工股东一旦与公司解除劳动关系，公司往往不与股东协商，单方强制性要求股东转让其股权。

股权是一项财产性权利，股权转让作为一项民事活动，应当遵循自愿原则。股权转让是股东依法享有的处分权利。股东可以向其他股东转让，在经其他股东过半数同意的情况下，也可以向其他股东以外的人转让股权，但公司本身并不能成为其股东持有股权的受让人。根据《中华人民共和国公司法》第七十四条规定，公司回购股东的股权必须具有法定的情形，且该权利属于对股东会决议投反对票的股东对公司享有的请求权。对公司来说，《中华人民共和国公司法》并未赋予其强制回购股东股权的权利，回购股权只是公司应尽的义务。异议股东未请求公司回购股权，公司不得强行收购股东的股权。

中天公司在公司章程中规定与员工解除劳动合同关系时可强制性收购该员工股东的股权，显然与上述法律规定相抵触。《中华人民共和国公司法》第三十五条规定："公司成立后，股东不得抽逃出资。"中天公司2014年章程第九条关于股东的义务明确规定"在公司办理登记注册手续后，不得抽回投资"，中天公司以自有资产收购股东股权，实质是帮助股东抽逃出资，减少公司注册资本，违反了公司资本维持原则及公司章程的上述规定。一审法院判决确认中天公司2014年章程第七条中关于公司强制收购股东股权的内容无效正确。

编写人：安徽省滁州市中级人民法院　陶继航

2

"股随岗变"类纠纷及资本多数决原则的适用

——中科专利商标代理有限责任公司诉齐晓寰股东资格确认案

【案件基本信息】

1. 裁判书字号

北京市第一中级人民法院（2016）京01民终字第2094号民事判决书

2. 案由：股东资格确认纠纷

3. 当事人

原告（被上诉人）：中科专利商标代理有限责任公司（以下简称中科公司）

被告（上诉人）：齐晓寰

【基本案情】

1995 年 1 月，中科公司成立。齐晓寰于 2005 年 3 月 1 日入职，于 3 月 16 日成为股东。中科公司 1999 年的《员工骨干持股管理办法》以及 2004 年的《章程》中均规定了“当持股员工离开公司，不再为本公司服务时，其本人不再具有持股资格，由公司用资本公积金购回，留做公司的预留股份”的内容。

2007 年 2 月，中科公司出台《股东持股管理办法》（以下简称 07 持股办法），第一条规定：“股东的资格和评选条件：1. 股东必须具有代理人或律师资格。2. 在本公司工作的时间在 5 年以上。3. 工作中业绩突出，能解决本领域工作中重大案件或疑难案件。4. 能够开发到大客户者，则优先考虑……”第七条规定：“当股东发生下列情况之一的，经股东大会获得 2/3 股权通过，可以解除其股东资格，公司以当年股值购回其所持股份。1. 擅自离职者；2. 损害公司利益或对公司造成重大损失者。”该办法系通过股东签字的方式形成，签名股东持股比例占全体登记股东的 74.4%。

2014 年 2 月 26 日，法院作出（2014）海民初字第 784 号民事判决：中科公司于判决生效后 10 日内，将该公司财务会计报告备于公司住所地内，供齐晓寰复制……中科公司不服提起上诉，后撤诉，撤诉裁定于 2014 年 6 月 25 日发生法律效力。

2014 年 10 月 15 日，中科公司股东会形成《关于离职股东股权解决方案的决议》：公司股东会依据 07 持股办法，决议自 2013 年 1 月齐晓寰与公司解除劳动关系起，不再具备公司股东资格，公司将按 07 持股办法之规定购回齐晓寰所持的全部股份……

法院发出调查函，国家知识产权局回复 461 号函：“《专利代理管理办法》第五条规定：专利代理机构的合伙人或者股东应当符合下列条件：（三）能够专职从事专利代理业务。专利代理机构的合伙人或者股东应当是在该专利代理机构专职从事专利代理业务的人，已经与代理机构解除劳动关系的人员不应成为该专利代理机构的合伙人或者股东。”

原告中科公司提起诉讼，要求确认被告齐晓寰自2014年2月26日（知情权案件判决作出之日）起不再享有中科公司股东资格。被告齐晓寰辩称，中科公司没有剥夺齐晓寰股权的法律和事实依据。

【案件焦点】

齐晓寰在离职后是否仍应享有中科公司的股东资格。

【法院裁判要旨】

北京市海淀区人民法院经审理认为：《专利代理管理办法》第五条明确规定，专利代理机构的股东应当符合“能够专职从事专利代理业务”的条件。生效判决显示齐晓寰已与中科公司解除劳动关系，已不具备再成为中科公司股东的条件。

北京市海淀区人民法院依照《中华人民共和国民事诉讼法》第六十四条第一款，作出如下判决：

一、确认齐晓寰自2014年2月27日起不再享有中科公司股东资格；

二、驳回中科公司其他诉讼请求。

齐晓寰持原审答辩意见提起上诉。北京市第一中级人民法院经审理认为：

一、关于07持股办法的性质。该办法的名称为中科公司股东持股“管理”办法，规定了股东的资格和评选条件、评选程序、退股、公司回购股权的情形及价格等内容，具有管理的性质，适用对象为中科公司的全体股东，故该办法应定性为通过中科公司股东会决议形成的适用于公司全体股东的规则。虽然在形成程序上存在瑕疵，但不属于决议无效的法定事由。同时，在该办法中签名股东的持股比例已超过2/3，符合章程规定，在决议作出后近十年并无股东诉请撤销该办法，相反在中科公司后续的股东会中依据该07持股办法作出了相关决议，表明公司股东会已对该办法一再地进行了确认，从而对前述的程序瑕疵进行了合理的补救。

二、关于07持股办法对齐晓寰是否具有约束力。

第一，在内容上，07持股办法中有关“股随岗变”的规定与公司2004年章程相一致，亦未违反《中华人民共和国公司法》的强制性规定，属于公司意思自治范围，在获得超过代表三分之二以上表决权的股东通过后，应具有约束力。

第二，中科公司采用资本多数决的方式通过07持股办法不构成权利的滥用。首先，从07持股办法的具体内容来看，其适用于公司的全体股东，关于离职股东股权处置等内容亦非针对某一股东所“量身打造”；其次，在07持股办法第一条中从专业资质、在公司的任职年限以及业绩情况等方面对股东资格作出了规定，反映出中科公司作为专司从事知识产权代理业务的有限责任公司，具有较强的人合性特点；最后，根据《专利代理管理办法》并结合国家知识产权局的复函，可以看出实践中行政主管部门对于专利代理公司的股东资格具有特殊的要求和限制，若允许离职人员继续保留股东资格，将可能导致中科公司出现“违规经营”的状况，由此亦可反映出07持股办法中关于离职股东股权处置的规定具有现实的合理性。

第三，齐晓寰入职时中科公司的有效章程（2004年章程）已经明确规定当持股员工离开公司时，不再享有持股资格，在此情况下，齐晓寰仍选择成为公司股东，表明齐晓寰对于该规定予以认可。同时，从中科公司的发展沿革来看，关于员工离职后股权的处理，不论在齐晓寰入职前、在职期间，还是离职之后，中科公司均采取一以贯之的处理方式，并出台相应的规则，齐晓寰对此应为明知并对离职后股权的处理具有充分的预见性，且具有认可该规定的真实意思，因此亦应受到该规定的约束与规制。

在齐晓寰离职之后，中科公司依据07持股办法作出股东会决议，确认齐晓寰自离职之日起不再享有股东资格，相关决议亦应对齐晓寰具有约束力。因（2014）海民初字第784号民事判决书已确认齐晓寰可以行使股东知情权，但该案生效时间为2014年6月25日，故应确认齐晓寰自2014年6月26日起不再享有中科公司股东资格。另需明确的是，虽然齐晓寰不再享有中科公司股东资格，但并未丧失该股权对应的相关财产性权益，其有权另行要求取得公平的股权转让对价。

北京市第一中级人民法院依照《中华人民共和国民事诉讼法》第一百七十条第一款第（二）项，作出如下判决：

一、撤销一审判决；

二、确认齐晓寰自2014年6月26日起不再享有中科公司股东资格；

三、驳回中科公司的其他诉讼请求。

【法官后语】

本案为一起较为典型的“股随岗变”类的纠纷，即在员工持股的公司，当员工离职后，公司要求确认该员工不再具有股东资格的案件。能否适用资本多数决原则是该类案件的关键和争点所在。

根据内外有别的公司法理念，在处理公司内部纠纷时，要尊重公司及股东的意思自治，而通过资本多数决形成的规则，正是公司内部自治的体现。同时，公司法具有团体法的属性，与民法相比，更注重合作、注重成员间的团结性以及整体利益。股东设立公司并致力于大家共同的目标和事业时，个别股东私权上的妥协在一定程度上就会成为一种必要。公司法通过对资本多数决的尊重以实现对公司整体利益的保护，在章程允许的情况下，以资本多数决的形式通过的持股办法应当对公司全体股东具有约束力。

但资本多数决原则若适用不当，容易沦为大股东欺压小股东的工具。因此在适用资本多数决的同时，须保证该多数决不构成股东权利的滥用，形成“多数人的暴政”。司法实践中，通常从决议是否存在歧视性规定、决议是否具有正当目的等角度分析和判断是否存在权利滥用的情形。

资本多数决原则着眼于公司的资合性和社团性，其目的是维护商事活动对于效率与民主的追求，但在实践中不能机械地适用，而应由法官结合具体案件的情况，在公司整体利益优先与股东个体利益保护之间进行合理的平衡。一方面，基于有限公司的团体性特点，股东共同创建并经营公司，为实现大家的共同目标，需要尊重公司内部自治，而这种自治需要通过多数决的方式予以实现。所以，在团体利益和个体利益之间选择了以资本多数决作为处理公司内部关系的基本原则，这本身就是利益平衡的结果。另一方面，在适用多数决的时候，需要对多数股东滥用权利的情形进行合理排除，只有在保证决议事项具有正当目的，以及对权益受到影响的股东提供公平补偿的情况下，方可确认多数决的效力，从而在维护资本多数决原则与保护少数股东权益之间寻求各方利益的平衡点。可见，资本多数决原则的限制与矫正过程正是利益平衡理念的适用过程。

编写人：北京市第一中级人民法院　邹明宇

3

不能仅凭工商登记非本人签字否认股东资格

——黄家辉、王君瑞诉北京引领世纪科技有限公司股东资格确认案

【案件基本信息】

1. 裁判书字号

北京市第三中级人民法院（2016）京03民终字第4154号民事判决书

2. 案由：股东资格确认纠纷

3. 当事人

原告（上诉人）：黄家辉、王君瑞

被告（被上诉人）：北京引领世纪科技有限公司（以下简称世纪公司）

第三人：袁宗寅

【基本案情】

2002年8月29日，袁宗寅出资17万元，黄家辉出资16.5万元，胡德成出资16.5万元，注册成立源佳诚公司。2004年5月18日，源佳诚公司名称变更为世纪公司。2008年7月16日，胡德成与袁宗寅、黄家辉、王君瑞签订《股权转让协议》，约定胡德成将其在世纪公司所拥有的全部股权16.5万元分别转让给受让人袁宗寅、黄家辉、王君瑞所有，其中袁宗寅受让5.5万元，黄家辉受让1万元，王君瑞受让10万元。同日袁宗寅、黄家辉，胡德成达成股东会决议，载明同意吸收王君瑞为公司新股东，并同意股权转让协议内容。同日，新一届股东会即袁宗寅、黄家辉、王君瑞达成决议，对股权进行了重新确认。

2012年5月15日，北京天平司法鉴定中心出具《鉴定文书》，载明：检材1至11上的“黄家辉”签名笔迹不是黄家辉书写的；检材6至11上的“王君瑞”签名笔迹不是王君瑞书写的。检材1至11为工商档案材料中的指定（委托）书、公司章程、股东会决议、股权转让协议清算报告、注销登记申请书等。

黄家辉称，其是黄家甦的妹妹，而黄家甦与袁宗寅、胡德成一起合作创业。王君瑞称其是世纪公司的员工，其母亲认识黄家辉的哥哥黄家甦。黄家辉、王君瑞均称其未出过资，亦未享有过股东权利。

黄家甦出庭作证称：袁宗寅之所以有黄家辉的身份证明，系当时袁宗寅要买房子到处找身份证，黄家甦就把黄家辉的身份证给袁宗寅用了，袁宗寅复印后把原件还给了黄家甦；黄家甦系通过胡德成与袁宗寅相识，黄家甦在2008年奥运会后离开世纪公司，在世纪公司期间，黄家甦负责技术工作，不用天天上班，但有技术问题需要解决的话其要住在公司长达几个月，解决完了就走了，世纪公司曾承诺向黄家甦支付报酬，但是最后什么都没给，黄家甦事后也没有向世纪公司主张报酬；王君瑞的母亲与黄家甦系朋友关系，黄家甦在世纪公司负责技术工作时于2002年、2003年将王君瑞介绍到世纪公司工作，王君瑞直到2008年奥运会结束离开公司。

【案件焦点】

黄家辉、王君瑞能否以工商登记非本人签字否认其股东资格。

【法院裁判要旨】

北京市通州区人民法院经审理认为：世纪公司是经工商机关登记注册，依法成立的有限责任公司。根据工商登记所载，袁宗寅、胡德成、黄家辉为创始股东，后经变更为袁宗寅、黄家辉、王君瑞，该工商登记对外具有公示效力，且考虑到黄家辉称其系与袁宗寅、胡德成一起经营世纪公司的黄家甦的妹妹，而王君瑞称其为世纪公司的员工，其母亲认识黄家甦，二人均与黄家甦有一定关系，同时考虑到，在实践中股份代持关系的普遍存在，为维护市场交易秩序的稳定，故不能仅以工商备案材料非黄家辉、王君瑞的亲笔签字，确认黄家辉、王君瑞不是世纪公司的股东，对于黄家辉、王君瑞要求确认其不是世纪公司股东的诉讼请求，法院不予支持。

北京市通州区人民法院依照《中华人民共和国民事诉讼法》第六十四条、第一百四十四条之规定，判决如下：

驳回原告黄家辉、原告王君瑞的诉讼请求。

一审判决作出后，原告黄家辉、原告王君瑞提起上诉，北京市第三中级人民法院经审理作出判决：

驳回上诉，维持原判。

【法官后语】

本案处理的关键是，在坚持商事外观主义、公示主义的原则下，对黄家辉、王君瑞借名持股可能性具有一定内心确认的前提下，通过对黄家辉、王君瑞可能的个体权益受损与不特定第三人基于工商登记产生的信赖利益受损间的价值权衡，对本案的价值取向作出相应判断。

关于股东资格的确认，在实践中分为积极确认之诉与消极确认之诉。积极确认之诉，是指当事人要求确认其为公司股东，享有公司一定比例股权。消极确认之诉，则与之相反，是指当事人要求确认其不是公司股东，不享有公司股权。本案即属消极确认之诉，即确认非股东资格。公司作为典型的商事主体，其注册成立、运转经营均应遵循商事行为的相应原则，包括商事外观主义、公示主义。商事外观主义要求将当事人的外观行为推定为当事人真实意思表示；公示主义要求商事主体应将与交易相对人关系密切的事项以公告、登记、公示的方式予以公开。

非股东资格确认之诉，通常是作为工商登记股东的当事人要求否定其股东资格。鉴于工商登记的功能主要是政府对进入市场的主体资格进行审查以减少市场交易风险，其内容因其公示性而对第三人具有公信力，因此，确认登记股东的非股东资格必然会有损不特定第三人的信赖利益，应当谨慎为之。实践中，提起此类诉讼的公司登记股东，往往是被认为存在违法行为，如不依法履行清算义务，需由其对公司债务承担连带责任的登记股东。因此，股东资格的肯定与否可能会影响不特定债权人权益的实现，也会影响相关交易的安全、稳定。在此背景下，实践中应当严格限制非股东资格确认的条件。笔者认为，只有确属于被冒名成为登记股东的当事人，才能被准许否定其股东资格。而对于“借名持股”“代持股”情形的名义股东，都不能简单否定其股东资格。

编写人：北京市通州区人民法院　翟新忠

4

股东资格的反向判断规则

——许逸文诉德金投资有限公司股东资格确认案

【案件基本信息】

1. 裁判书字号

北京市第一中级人民法院（2017）京01民终字第2107号民事判决书

2. 案由：股东资格确认纠纷

3. 当事人

原告（上诉人）：许逸文

被告（被上诉人）：德金投资有限公司（以下简称德金公司）

第三人：华伟明、许洪标

【基本案情】

在德金公司企业设立登记申请材料中，附有“许逸文”签名或表明其为发起人、股东以及填写其个人信息的相关文件；德金公司取得的《企业法人营业执照》中，法定代表人姓名为“许逸文”；其后，德金公司历次工商登记变更申请中，亦附“许逸文”签名或表明其为股东以及附其个人信息的相关文件。2012年，德金公司因未在规定的期限内接受企业年检，被吊销营业执照。

其后，第三人华伟明就其与德金公司、德人公司、邓崇云、许逸文、许洪标、徐静娟等之间的纠纷提起诉讼，无锡市中级人民法院（2015）锡民初字第97号纠纷一案审理中，法院确认许逸文为德金公司股东，并判决许逸文在对德金公司未出资的200万元本息范围内对德金公司的责任承担补充赔偿责任，对德人公司在其未出资的3800万元本息范围内对德金公司的责任的补充赔偿责任承担连带责任。该民事判决书在本案一审阶段尚未生效。

许逸文称其系在华伟明对其提起民间借贷诉讼后方得知其为德金公司的股东，

经与其父本案第三人许洪标核实后，确认德金公司工商登记档案中“许逸文”的签字为许洪标或他人代签；但其未实际出资，也未实际参与德金公司的日常经营和管理，故请求确认其非德金公司股东。

【案件焦点】

在确认非公司股东纠纷中，如何认定有限责任公司股东资格。

【法院裁判要旨】

北京市海淀区人民法院经审理认为：有限责任公司股东资格的认定，需要结合如下因素综合判定：一是是否有出资设立公司的意思表示；二是是否在对外具有公示性质的工商登记、公司章程和股东名册的记载中被列为公司股东；三是是否履行了股东出资义务；四是是否实际行使了股东权利。以上判断标准应结合具体个案有所侧重。本案中，结合《德金公司章程》记载“许逸文”为德金公司股东以及德金公司工商登记档案材料列明“许逸文”为公司股东等事实，可以初步认定许逸文的股东身份。

对于如工商登记档案材料的签字并非许逸文本人所签是否能否定其股东资格，即便德金公司工商登记档案材料中的“许逸文”签名均非其本人所签，许逸文也未提出证据证明“代签者”未经其同意“冒用或盗用”其身份。另外，许逸文作为具备完全行为能力的公民，结合其关于许洪标为德金公司的实际股东并参与公司实际经营管理的陈述及其与许洪标系父女关系这一事实，许逸文与第三人华伟明产生纠纷近五年间对其父许洪标冒用其身份设立并经营德金公司完全不知情亦不符合常理；相反，其同意许洪标利用自己身份设立并经营公司的可能性更大。因此，即便德金公司工商登记档案材料的签字非许逸文本人所签，现有证据也不能达到否定其股东资格的程度。

德金公司的公司章程载明许逸文为公司股东。德金公司的工商登记档案材料亦显示许逸文为德金公司的股东，在没有证据证明许逸文签名确被他人“冒用”或“盗用”的前提下，许逸文在工商登记档案材料中的签名即便非其本人所签，也不能否定工商登记的公示公信效力。如许逸文认为工商行政管理机关作出的登记信息有误，可以依法提起行政诉讼。法院对许逸文德金公司股东资格予以确认。

北京市海淀区人民法院判决：

驳回原告许逸文的全部诉讼请求。

许逸文不服一审判决，上诉，北京市第一中级人民法院判决：

驳回上诉，维持原判。

【法官后语】

本案虽系股东资格确认之诉的非典型类型，但其判断规则的确定有两个重要意义，一是确定了在何种情形下股东资格确认之诉须充分考虑案外人之利益。二是有限责任公司股东资格认定的反向判断标准的确定，尤其是代签是否足以否定股东资格。

股东资格确认之诉虽系公司内部纠纷的性质，但当公司以及股东与案外人有其他争议，尤其是纠纷已进入司法程序的情形下，股东提出公司股东资格确认反向之诉，不能排除逃逸债务之责任，应充分注意该因素，以避免损害公司已知或未知的债权人的合法利益。有限责任公司股东资格的认定，需要结合如下因素综合判定：实质上，一是是否有出资设立公司的意思表示，二是是否履行了股东出资义务，三是是否实际行使了股东权利；形式上，是否在对外具有公示性质的工商登记、公司章程和股东名册的记载中被列为公司股东。以上判断标准应结合具体个案有所侧重。

当事人在公司设立登记等工商登记档案相关材料上签字是证明其作为公司股东的最直接证据之一，如签字并非股东本人所签，经登记的公司股东系被他人冒用或盗用身份进行公司登记，应确认其非公司股东。但如该股东在知道被冒用或盗用身份后不作反对表示，或虽未明确表示，但实际以股东身份参与公司经营管理、行使股东权利，或同意他人利用自己的身份设立并经营公司的，其关于确认其非公司股东的诉请不应得到支持。亦即公司工商登记档案材料上非本人签字不能得出被登记的股东非股东的结论，需要结合当事人有无作为公司股东的事实或同意他人利用自己的身份设立、经营公司的事实进行判断。而在股东资格确认之诉的反向判断中，主张否定股东资格的股东举证责任应更为严格。

需要注意的是，“代签”可以在被代签者明知或默认的情形下发生，并不等同于被“冒用”或“盗用身份”签名。即便公司工商登记档案材料中的股东签名均非其本人所签，如股东未提出证据证明“代签者”未经其同意“冒用或盗用”其身份，并证明对其身份被用于设立、经营公司一事不知情或不应知情的，股东主张公司工商登记档案材料的签字非其本人所签，不能达到否定其股东资格的程度。

编写人：北京市海淀区人民法院 张璇

5

未在公司设立登记材料上签字能否确认非公司股东

——符培忠诉海口市金惠典当行股东资格确认案

【案件基本信息】

1. 裁判书字号

海南省海口市龙华区人民法院（2016）琼0106民初字第2617号民事判决书

2. 案由：股东资格确认纠纷

3. 当事人

原告：符培忠

被告：海口市金惠典当行

【基本案情】

1996年8月14日，被告冒用原告身份证作为该公司的股东之一出资25万元，事实是原告并不认识被告，更不知道法定代表人郭东光是何人，股东签字非本人所为，也没有在该公司出资任何款项。被告的成立日期系1994年5月5日，1998年4月30日，被告经海南省海口市工商行政管理局（以下简称海口市工商局）核准设立登记，经营期限截至2014年5月5日，公司的法定代表人为郭东光，登记的股东包括海南国贸房地产开发公司、海南和兴实业有限公司、海南政通房屋建设开发公司、海南丰园房地产开发公司、海南省贫困地区农业开发公司、三亚市金鸡房地产开发公司、海口中海建设开发公司、海口海灵工贸发展有限公司、符培忠、符积慧、吴婷、符东。根据被告的企业机读档案登记资料显示，原告的实际出资额为25万元。1997年3月10日，被告召开股东大会，并将该次会议决议事项写入公司章程。在落款时间为1997年3月10日的《股东会议决议》和1998年1月10日的《海口市金惠典当行章程》中均有原告的签名。在被告的工商登记资料中，有一份落款时间为1996年5月8日的《辞职证明》，出具单位为长春市国安经济贸易有限公司，证明经该单位讨论，同意单位职工符培忠提出的辞职。在该证明底部，附有原告的身份证复印件。

根据中国工商银行股份有限公司海口国贸支行（以下简称工行国贸支行）出具的《工作证明》，原告自1994年7月至今一直在工行国贸支行工作。原告主张直到其所在单位2015年3月进行员工经商办企业情况排查时，才知道其在被告公司持有5%的股权。

【案件焦点】

公司股东以身份信息被冒用，其没有在公司设立登记的相关材料上签字为由是否可以否定其股东资格。

【法院裁判要旨】

海南省海口市龙华区人民法院经审理认为：根据《中华人民共和国公司法》的相关规定，有限责任公司股东资格确认，应当以工商行政管理部门对公司股东的登记为主要形式特征，即工商登记在股东资格认定时具有相对优先的效力。被告的工商登记信息系海口市工商局经审核后作出的，具有公示公信效力。原告主张其不是被告公司的股东，但根据本案现有的证据即被告办理工商登记的相关资料和工行国贸支行出具的《工作证明》，无法得出其被人盗用身份信息及冒用签名的结论。退一步而言，即使在被告设立登记的相关材料上签字的不是原告本人，但这也并不意味着非本人签字即非股东，关键在于原告有无成为公司股东的事实或者同意他人利用自己身份设立公司的事实，且否认原告的股东资格，涉及公司债权人、投资人等利害关系人的债权保护问题。据此，原告所提供的证据没有形成完整的证据链来证明其主张的事实，不足以否定工商登记的效力，原告请求确认其不是被告的股东依据不足，不予支持。

海南省海口市龙华区人民法院依照《中华人民共和国民法通则》第五条，《最高人民法院关于适用〈中华人民共和国民事诉讼法〉的解释》第九十条的规定，判决如下：

驳回原告符培忠的诉讼请求。

【法官后语】

当事人请求确认其股东资格应当是积极之诉，而非请求人民法院确认其非公司股东的消极之诉。工商行政管理机关登记的公司股东信息具有较强的公示力，否定当事人的股东资格，涉及公司债权人、合伙人、投资人等利害关系人的债权保护问题，不宜以司法裁判方式进行认定。

从本案的审理情况来看，因被告登记的住所地已不存在，也无法找到其他办公场所，该公司曾经的股东也不知去向，法院只能通过公告送达方式送达起诉状副本等诉讼材料，如果硬性判决，可能会导致公司的债务无人承担问题；本案的事实难以核查，本案的书面证据仅有被告办理工商登记的相关资料和原告所在单位出具的《工作证明》，其他证据仅有原告的诉请陈述，无法得出其被人盗用身份信息及冒用签名的结论，故本案的事实情况凭借现有的证据材料无法核查；即使在被告设立登记的相关材料上签字的不是原告本人，但这也并不意味着非本人签字即非股东，关键在于原告有无成为公司股东的事实或者同意他人利用自己身份设立公司的事实。

编写人：海南省海口市龙华区人民法院　冯琳

6

被注销的有限责任公司的原股东能否承继该公司在其他公司的股东资格

——吴俊柏诉石河子协和医院有限责任公司股东资格确认案

【案件基本信息】

1. 裁判书字号

新疆生产建设兵团第八师中级人民法院（2015）兵八民二终字第387号民事判决书

2. 案由：股东资格确认纠纷

3. 当事人

原告（被上诉人）：吴俊柏

被告（上诉人）：石河子协和医院有限责任公司（以下简称石河子协和医院）
第三人：柯东红、卓志兴

【基本案情】

2001年7月，吴俊柏与卓志兴共同出资300万元（双方各占50%股份），注册成立了新疆亿豪贸易有限责任公司（以下简称亿豪公司），从事医疗服务行业的投资和管理，卓志兴为法定代表人兼总经理，吴俊柏任公司监事。截至2009年12月，亿豪公司在全疆投资创办及合作的医院共计16家，其中包括石河子协和医院，吴俊柏与卓志兴在16家医院中均占有股份且持股比例均等。亿豪公司自成立以来和各医院之间存在管理关系，虽然亿豪公司在2008年10月被注销，但此管理模式一直沿用。亿豪公司各股东为明确在各医院投资的持股比例，形成亿豪公司股东股份一览表一份，由各股东即卓志兴、陈国强、黄金叶、柯东红、卓文富共同签字，吴俊柏于2014年2月13日也在该一览表右上角签署“同意”字样，并签名。该亿豪公司股东股份一览表列明了14家医院的股东名单及持股比例，其中在石河子协和医院吴俊柏、卓志兴各占37.5%。该亿豪公司股东股份一览表在已经生效的阿克苏地区中级人民法院（2015）阿中民二终字第24号民事判决书、乌鲁木齐天山区人民法院（2014）天民二初字第230号民事判决书、乌鲁木齐中级人民法院（2014）乌中民二终字第483号民事判决书中均予以确认。

石河子协和医院的工商登记档案资料反映，2006年10月20日石河子协和医院在工商部门登记的股东为柯东红出资3000000元占注册资金60%，游志和出资2000000元占注册资金40%。2010年5月26日工商部门登记的投资人（股权）变更事项为：股东柯东红出资500000元占注册资金10%，卓志兴出资4500000元占注册资金90%。自治区公安厅专案组侦查卷于2009年11月19日对卓志兴的询问笔录中，卓志兴陈述亿豪公司由其和吴俊柏共同发起成立，各自出资3000000元，分别占50%；亿豪公司在全疆投资成立了16家医院，这些医院在当地注册成立后，由亿豪公司派法人代表、股东代表到这些医院，这16家医院的财务进行独立核算，管理层面的人由亿豪公司下派，每月将财务向亿豪公司上报一次。

【案件焦点】

亿豪公司的股东吴俊柏是否能承继亿豪公司注销后在石河子协和医院的股东资格。

【法院裁判要旨】

新疆维吾尔自治区石河子市人民法院经审理认为：石河子协和医院是由亿豪公司派法人代表、股东代表到医院，吴俊柏与卓志兴均按37.5%行使股东权利，股东出资情况是认定股东持有股份的依据，只要投资人认购出资或股份后，投资人就可以向公司主张其股权。因工商登记是一种证权性行政登记，仅具有对善意第三人宣示的证权功能，其本身没有创设股东资格的效力，不能仅以工商登记内容来认定股东资格，且被告石河子协和医院工商登记档案记载的股东柯东红认可原告的股东资格及原告在石河子协和医院享有37.5%的股权，另一股东卓志兴在亿豪公司股东股份一览表上签名也表明其对原告主张的事实是已经明确认可的。

新疆维吾尔自治区石河子市人民法院依照《最高人民法院关于适用〈中华人民共和国公司法〉若干问题的规定（三）》第二十一条、第二十二条的规定，作出如下判决：

一、确认原告吴俊柏为被告石河子协和医院的股东；

二、原告吴俊柏在被告石河子协和医院占有股权的比例为37.5%。

石河子协和医院以“原审判决部分事实认定不清、部分事实认定错误、适用法律错误”为由提起上诉。新疆生产建设兵团第八师中级人民法院经审理认为：本案的争议焦点为：吴俊柏要求确认其为上诉人的股东及其持有石河子协和医院股权比例为37.5%是否有事实及法律依据。

亿豪公司由吴俊柏与卓志兴出资成立，从事医疗服务行业的投资和管理，卓志兴任法定代表人兼总经理，吴俊柏任公司监事。截至2009年12月，亿豪公司在全疆投资承办及合作的医院共计16家，其中包括上诉人，16家医院由亿豪公司统一管理，吴俊柏与卓志兴在16家医院中均占有股份且持股比例均等。亿豪公司被注销后，此管理模式一直沿用。卓志兴2009年11月19日在刑事专案组侦查询问笔录中陈述亿豪公司系其与吴俊柏投资成立，亿豪公司投资成立的16家医院由亿豪公司委派法定代表人和股东代表，吴俊柏、柯东红庭审中的陈述与卓志兴询问笔录中的陈述一致，故上诉人在工商管理部门的登记股东仅是名义股东，而亿豪公司作为实际投资人系上诉人的隐名股东，上诉人亦认可其由亿豪公司全额投资设立及其工商登记的股东是名义股东。2007年，经亿豪公司股东吴俊柏和卓志兴决议，形成亿豪公司股东股份一览表，对亿豪公司全额投资上诉人的股份进行了分配，吴俊柏、卓志兴及上诉人的工商登记股份分配人在该股份一览表上签字确认。上诉人认可亿豪公司全额投资成立16家医院，而亿豪公司在注销前已对上诉人的股权重新进行了分配，故应遵循亿豪公司对上诉人股权分配的真实意思表示，自2007年亿豪公司股东签署亿豪公司股东股份一览表之后，上诉人的隐名股东已变更为该一览表记载的股东，即吴俊柏、卓志兴、黄金叶、柯东红、卓文富、陈国强。从该一览表的内容可见，其既能作为上诉人利润分配的依据，也能作为各隐名股东证明股东身份和持股比例的依据。该一览表中记载吴俊柏占上诉人37.5%的股份，吴俊柏作为亿豪公司变更后的隐名股东有权要求确认其在上诉人的股东资格及其占上诉人的股权比例为37.5%。原审判决引用《最高人民法院关于适用〈中华人民共和国公司法〉若干问题的规定（三）》第二十一条、第二十二条有误，对应的法条应为《最高人民法院关于适用〈中华人民共和国公司法〉若干问题的规定（三）》第二十二条、第二十三条，对此予以更正。

新疆生产建设兵团第八师中级人民法院依据依照《中华人民共和国民事诉讼法》第一百四十四条、第一百七十条第一款第（一）项之规定，作出如下判决：

驳回上诉，维持原判。

【法官后语】

公司注销意味着主体资格已不存在，即主体资格消失。一般情况下，公司在工商部门注销时，须对其债权、债务的承继作出明确意思表示后，方可注销。在这种情况下，公司注销后的债权或财产收益理所应当由公司注销时确认的承继人享有。当然，也有特殊情况，也就是公司在工商部门注销时未对债权、债务作出明确约定。此时公司注销后的债权或财产权益应由公司注销前的全体股东承继。

但是法人股东注销后，其遗留股东资格如何处理却没有规定，这无疑将对实践工作造成很大的困扰。自然人继承股东资格的直接原因乃是原主体消亡，使得权利闲置而需要新主体的继受。而当法人股东被注销，同样会出现股权闲置的状态，理所当然地需要有权利主体以为继受，理由其实与上述自然人股东资格继承是基本一致的，即股权完整性的要求、公司资本稳定的要求以及避免股权长期闲置的要求。有限责任公司具有人合和资合双重性质，其仅享有有限的身份权利，且该身份权利从属于公司发起人，其资产由发起人共同出资，并由出资人或出资人委派的高管经营管理公司，从事经营活动并获取收益，公司的收益由出资人按出资比例进行分配。公司成立子公司或对其他公司投资而成为股东，需由出资人共同决定并实施，有限责任公司是由出资人实际操纵的，脱离公司出资人，公司的存在无实际意义。故公司注销后，其在其他公司享有的利益及股东资格也应由公司的实际出资人共同享有，这样才符合有限责任公司人合兼资合的双重特性。

编写人：新疆生产建设兵团第八师中级人民法院　赵春华

7

出资瑕疵股东死亡后，唯一继承人未成年股东资格能否继承

——许某诉石河子市时空房地产开发有限公司股东资格确认案

【案件基本信息】

1. 裁判书字号

新疆生产建设兵团第八师中级人民法院（2016）兵08民终字第744号民事判决书

2. 案由：股东资格确认纠纷

3. 当事人

原告（被上诉人）：许某

被告（上诉人）：石河子市时空房地产开发有限公司（以下简称时空房产公司）

第三人：许玉尔

【基本案情】

1999年12月13日，时空房产公司成立，法定代表人许玉军。经过数次变更，至2012年8月20日公司章程最终确定，注册资本500万元，股东许玉军（2009年7月9日货币出资490万元，持股比例98%）、许玉尔（2012年8月20日货币出资

10万元，持股比例2%）。公司经营至2016年2月19日，许玉军因病死亡，由第三人许玉尔经营管理公司。因原告作为许玉军的继承人向被告及第三人要求继承许玉军的股东资格及股份一直未果，原告遂起诉至法院。

许玉军与杨霞原系夫妻关系，婚后生育一子即原告许某（2000年12月6日生），后两人于2012年3月6日登记离婚。许玉军的父亲许明儒与母亲李菊元均已死亡。

【案件焦点】

出资瑕疵股东死亡后，唯一继承人未成年，股东资格能否继承。

【法院裁判要旨】

新疆维吾尔自治区石河子市人民法院经审理认为：被继承人许玉军作为被告时空房产公司的股份比例占98%的股东，在死亡后，其合法的继承人有权按照法律规定继承其股东资格及相应的股份。由于时空房产公司对股东继承没有作出另行规定，原告许某虽然未成年，作为被继承人许玉军的唯一继承人，有权继承股东资格及相应股份。被告对此没有异议，予以确认。但被告提出许玉军生前出资不实，且有抽逃出资的行为，要求许某在继承股东资格的同时履行出资义务的意见，因与本案不是同一法律关系，且该责任的承担要以许某取得股东资格为前提。关于抽逃出资或出资瑕疵部分的纠纷，不属于本案处理的范围，对被告及第三人的意见本院不予采纳。

新疆维吾尔自治区石河子市人民法院依照《中华人民共和国公司法》第七十五条之规定，判决如下：

确认原告许某是被告石河子市时空房地产开发有限公司占股份98%的股东。

被告时空房产公司上诉，新疆生产建设兵团第八师中级人民法院判决如下：

驳回上诉，维持原判。

【法官后语】

股东资格的继承，是在符合公司章程的条件下，无须经过其他股东或者股东会议决议，由继承人在被继承人死亡时对股权的当然继承。该继承行为不以继承人有无民事行为能力为前置条件。本案中的继承人虽然属于限制民事行为能力人，但其对股东资格的继承符合《中华人民共和国公司法》的相关规定，只是不能当然继承其父亲担任法定代表人的职位。其作为股东参与公司经营管理行使表决权时，由监护人代为行使。

有效获取股东资格是行使股东权利承担股东义务的前提基础。本案中即便被继承人生前出资不实，存在抽逃出资的事实已有充足的证据证实，但因继承人的股东资格尚未经过合法有效的确认，其无权以股东身份履行补足出资的义务。《中华人民共和国公司法》没有规定被继承人出资瑕疵，继承人即丧失股东资格继承权，故时空房产公司以被继承人出资瑕疵剥夺继承人股东资格继承权的抗辩无法成立。

编写人：新疆维吾尔自治区石河子市人民法院　李文

二、股东出资纠纷

8

股东身份的认定

——杨玲、徐玉芳、王凯诉朱涛股东出资案

【案件基本信息】

1. 裁判书字号

广东省惠州市中级人民法院（2016）粤13民终字第2291、2292、2293号民事判决书

2. 案由：股东出资纠纷

3. 当事人

原告（被上诉人）：杨玲、徐玉芳、王凯

被告（上诉人）：朱涛

【基本案情】

2015年2月10日，惠州市乐家家社区服务有限公司成立，创立股东有高某某及被告朱涛等五人。同年3月15日，原告杨玲和原告王凯以转账汇款的方式，各向该公司汇款10000元，该公司并向两原告出具一份收款收据，写明收到该原告入股金各10000元，并加盖了公司的财务专用章。同年4月1日，原告徐玉芳以现金支付方式，向该公司交款10000元，该款由高某某收取，该公司并向原告徐玉芳出具一份收款收据，写明收到原告徐玉芳入股金10000元，并加盖了公司的财务专用章。

2015年8月2日，在高某某、万某某、张某某、秦某某、吴某某、艾某某等人的见证下，由原告王凯拟定一份协议，写明经2015年8月2号乐家家股东大会（参会人员11人）共同商议得出了结果，其中有4人确认退出乐家家股东，议定于15天内由负责人朱涛承担退还入股金各10000元，以此为据；在退清股金前，保留股东权利；退清股金后即时终止；双方解除所有权利和义务。三原告及黄某某在该协议上申请退股人栏签署名字，被告朱涛在债权责任人栏签署名字。之后，被告朱涛向黄某某支付了10000元，但并未向三原告支付款项。三原告经多次催讨无果后，遂诉至法院请求处理。

【案件焦点】

朱涛应否退还杨玲、徐玉芳、王凯各10000元入股金。

【法院裁判要旨】

广东省惠州市大亚湾经济技术开发区人民法院经审理认为：三原告虽每人向被告所在公司乐家家注资10000元，意在通过注资入股成为该公司的股东，但未有证据显示该三人名字载于公司名册，该公司亦未进行公司股东变更及公司增资登记，故三原告所谓通过注资入股该公司的主张无事实和法律依据，不予采信。

原、被告2015年8月2日所订协议，就包括三原告在内的4人向被告所在公司注入的资金进行了处理，被告同意将乐家家公司所收取的该4人原投入资金以每人10000元退还，视为被告就其所在的乐家家公司收取的该4人的资金承担返还责任。被告在协议上进行了签名确认，事后被告也向其中的黄某某返还了款项，表明该协议系被告就资金返还事项所作出的真实意思表示。

被告朱涛虽然主张协议上的“债权责任人”有不同理解，但根据上述分析，以及整个事件的处理过程所形成的语境，结合协议所表述的内容，被告实为涉案资金返还的义务人，也即责任人，被告就三原告资金返还负有义务。故三原告提出诉讼要求被告返还所投款项理由充分，应当予以支持。由于双方所订协议未就该资金的利息作出约定，故原告诉请被告支付利息无事实依据，应当予以驳回。

广东省惠州市大亚湾经济技术开发区人民法院依照《中华人民共和国劳动合同法》第三十八条，《中华人民共和国劳动合同法实施条例》第二十六条第一款的规定，作出如下判决：

广东省惠州市中级人民法院经审理认为：被上诉人杨玲、王凯于2015年3月15日、被上诉人徐玉芳于2015年4月1日分别向乐家家公司支付入股金10000元的事实，有乐家家公司法定代表人高某某署名并加盖“惠州市乐家家社区服务有限公司财务专用章”的收据为凭，事实清楚，应予以确认。虽三被上诉人向乐家家公司交付了入股金各10000元，但无证据证明三被上诉人为乐家家公司股东，故对于三被上诉人的股东身份，不予认定。

经查，上诉人与三被上诉人及案外人黄某某于2015年8月2日签订了《协议》，该《协议》的内容系各方当事人的真实意思表示，其内容没有违反法律、行政法规的强制性规定，是合法有效的合同，对各方当事人具有法律拘束力。从《协议》约定“议定于15天内由负责人朱涛承担退还入股金各人民币10000元”的内容看，上诉人愿意由其个人承担退还三被上诉人各10000元入股金的意思表达清晰，没有存在歧义。上诉人应履行上述《协议》约定的义务，向三被上诉人每人退还10000元入股金。上诉人提出其没有收取被上诉人入股金、退还入股金的责任不应由其承担的主张，理由不能成立，不予采纳。

广东省惠州市中级人民法院依照《中华人民共和国民事诉讼法》第一百七十条第一款第（一）项的规定，作出如下判决：

驳回上诉，维持原判。

【法官后语】

有限责任公司股东身份的认定是办理涉公司案件司法实践中经常遇到的一个问题，也是解决公司案件相关纠纷的基础性问题。

根据《中华人民共和国公司法》的相关规定，能够证明股东身份的文件资料主要有公司章程、出资证明书、股东名册、股东大会会议决议和公司在工商行政管理部门的注册登记文件等。就本案而言，三原告的名字均未记载于公司章程、出资证明书、股东名册，而且该公司也没有对公司股东的变更和增资情况到工商管理部门进行变更登记。同时，也没有三原告作为股东参加股东大会的会议记录资料，股东大会会议也没有形成相关的决议。因此，综合以上情况，可以说明三原告并没有所谓的注资入股于该公司，所以根本就谈不上是涉案公司的股东了。

在认定三原告非股东身份后，三原告与被告签订的协议都经双方签名确认，是双方的真实意思表示，对双方都有约束力。所以被告应按《协议》退还三原告资金，同时《协议》也未就资金的利息作出约定，故三原告的利息请求不能得到支持。

编写人：广东省惠州市大亚湾经济技术开发区人民法院　罗秀清

9

抽逃出资后能否以其他股东未出资为由拒绝履行出资义务

——北京盛世华凯物流有限公司诉李文广股东出资案

【案件基本信息】

1. 裁判书字号

北京市第二中级人民法院（2016）京02民终字第10189号民事判决书

2. 案由：股东出资纠纷

3. 当事人

原告（被上诉人）：北京盛世华凯物流有限公司（以下简称华凯公司）

被告（上诉人）：李文广

【基本案情】

华凯公司于2012年2月29日成立。成立之初，华凯公司注册资本10万元，股东为李文广一人，出资时间为2012年2月28日。同年3月8日，华凯公司注册资本增资至300万元，股东为李文广、王文生，其中李文广认缴出资120万元，王文生认缴出资180万元。华凯公司尾号为3651的基本账户明细显示：2012年3月16日分两笔由华凯公司注册入资专户转入100023.61元（划资本10万息23.61元）及2900281.94元（划资本290万息281.94元）。同日，该基本账户向北京阳光之宝新能源科技有限公司转账3000220元。目前，华凯公司注册资本300万元，工商登记显示的股东为李文广认缴出资90万元，马庆认缴出资105万元，李海认缴出资105万元。公司法定代表人为马庆。华凯公司与李文广均认可华凯公司注册资本300万元是由中介公司垫付转入华凯公司账户，后又归还给了中介公司。李文广亦认可，注册资金转出华凯公司账户后，其本人至今并未向华凯公司补足其认缴出资。故华凯公司提起诉讼要求李文广立即返还抽逃出资90万元。李文广主张其以实物履行了出资义务，且其他股东实际上也并未出资，不同意履行出资义务。

【案件焦点】

如果其他股东存在抽逃出资行为，这是否能够成为李文广抽逃出资后拒绝履行补足出资义务的正当理由。

【法院裁判要旨】

北京市丰台区人民法院经审理认为：被告李文广作为华凯公司的原始股东，在公司设立之初以及增资后均应当根据公司章程规定足额缴纳其认缴的出资额。被告李文广与另一股东王文生缴纳300万元出资后，于2013年3月16日将该出资抽逃，违反了相关法律规定。故华凯公司据此要求李文广按照目前其名下认缴的份额补足出资，理由正当，予以支持。关于被告李文广辩称其以现金10万元及汽车等实物履行了出资义务，由于其提交的证据不足以证明其主张，故对于该答辩意见本院不予采纳。

北京市丰台区人民法院依照《中华人民共和国公司法》第二十八条、第三十五条，《最高人民法院关于适用〈中华人民共和国公司法〉若干问题的规定（三）》第十二条第（一）项、第十三条第一款之规定，判决如下：

被告李文广于本判决生效之日起十日内向原告北京盛世华凯物流有限公司缴纳出资90万元。

李文广以一审答辩理由提起上诉。北京市第二中级人民法院经审理认为：《中华人民共和国公司法》第三十五条规定："公司成立后，股东不得抽逃出资。"《最高人民法院关于适用〈中华人民共和国公司法〉若干问题的规定（三）》第十四条第一款规定："股东抽逃出资，公司或者其他股东请求其向公司返还出资本息、协助抽逃出资的其他股东、董事、高级管理人员或者实际控制人对此承担连带责任的，人民法院应予支持。"根据已经查明的事实，李文广作为华凯公司的原始股东，在公司设立及增资过程中，李文广与另一股东王文生缴纳300万元出资后，于2013年3月16日将该出资抽逃，违反了《中华人民共和国公司法》及其司法解释的相关规定。一审法院判决李文广按照其现在持有的华凯公司股权份额返还出资90万元，并无不当。李文广上诉提出的华凯公司股东均未出资、华凯公司其他两位股东李海、马庆未补足出资的主张均不影响华凯公司向李文广主张返还出资的权利。李文广的上诉请求不能成立，应予驳回；一审法院判决认定事实清楚，适用法律正确，应予维持。

北京市第二中级人民法院依照《中华人民共和国民事诉讼法》第一百七十条第一款第（一）项之规定，判决如下：

驳回上诉，维持原判。

【法官后语】

抽逃出资将面临何种法律后果？按照公司法的相关规定，股东抽逃出资可能面临三方面的民事责任：一是抽逃出资变相损害了公司其他诚信股东的权利，对其他已足额交纳出资的股东承担违约责任；二是对公司法人财产承担侵权责任；三是对公司债权人的债务承担清偿责任。

本案中，双方当事人是华凯公司与其股东李文广，李文广在抽逃出资后以其他股东均未如实出资作为答辩理由，主张自己不应履行补足出资的义务。李文广在出资后，其出资已经成为华凯公司的财产，其私自抽逃出资的行为侵犯了华凯公司的财产权，华凯公司当然有权要求其补足出资。至于李文广主张的其他股东亦未如实履行出资义务，华凯公司当然有权向该其他股东主张权利。但在本案中，案件的审理，需要厘清当事人之间的法律关系，明确华凯公司提出诉讼请求背后的法理基础，才能清晰地判断出：李文广的答辩理由虽然看似合理，实则是混淆了公司与股东之间的法律关系及各股东之间的法律关系，偷换了概念，不应予以采信。

编写人：北京市丰台区人民法院　金滢

10

抽逃出资后转让全部股权，应继续履行出资义务

——北京沃德亿堡国际贸易有限公司诉陈亚辉股东出资案

【案件基本信息】

1. 裁判书字号

北京市通州区人民法院（2016）京0112民初字第3700号民事判决书

2. 案由：股东出资纠纷

3. 当事人

原告：北京沃德亿堡国际贸易有限公司（以下简称沃德公司）

被告：陈亚辉

【基本案情】

沃德公司成立于2013年6月27日，注册资本50万元。原股东为陈亚辉和王跃进，各认缴出资25万元。2013年6月26日，陈亚辉和王跃进向沃德公司各缴纳出资25万元，共计50万元。2013年7月11日，二人将上述50万元转出至北京德广信诚投资咨询有限公司的账户。2013年8月19日，沃德公司召开股东会，形成股东会决议，沃德公司增加注册资本，由50万元增加到1000万元，增资的950万元由股东王跃进认缴出资475万元，股东陈亚辉认缴出资475万元。同日，陈亚辉和王跃进向沃德公司各缴纳出资475万元，共计950万元，并取得验资报告。2013年8月20日，沃德公司的章程显示股东王跃进出资数额500万元，陈亚辉出资数额500万元。同日，沃德公司的工商登记注册信息进行变更，注册资本由50万元变更为1000万元。2013年8月23日，陈亚辉和王跃进将950万元增资款从沃德公司转出。现沃德公司的工商登记注册基本信息显示的注册资本仍为1000万元。

2014年9月16日，沃德公司形成内部章程，载明：公司工商备案注册资金为1000万元，是办照公司代为垫付的，公司实际启动资金为300万元，是公司向王跃

进个人借款注入的，同时股东约定此笔借款在不影响公司经营的前提下，逐步还清，每年还款20%，最迟不超过5年，当还款额达到100万元时，法人改为王立柱，当还款额达到200万元时，在工商局备案的股东份额比例改为陈亚辉占51%，王立柱占49%。

2014年11月12日，陈亚辉和王跃进将持有的沃德公司的100%股权转让给王立柱，股权转让价款为320万元。

此后，沃德公司以陈亚辉抽逃出资为由诉至法院，要求判令陈亚辉继续履行增资义务，向沃德公司缴付注册资本500万元，并按照中国人民银行同期贷款利率支付自2013年8月24日起算至实际缴付之日止的利息损失。

【案件焦点】

陈亚辉抽逃出资后转让全部股权，已不具备沃德公司股东身份，其是否应继续履行出资义务。

【法院裁判要旨】

北京市通州区人民法院经审理认为：陈亚辉作为沃德公司的原始股东，应当履行其对公司的出资义务，足额缴纳公司章程中规定的由其认缴的出资额。陈亚辉在向沃德公司交纳25万元注册资本和475万元增资后，于2013年7月11日和2013年8月23日，将上述出资抽逃，已经违反法律规定，理应补足出资并赔偿沃德公司的利息损失。

关于陈亚辉辩称其已经不是股东，不应承担继续出资的义务的意见，《最高人民法院关于适用〈中华人民共和国公司法〉若干问题的规定（三）》第十八条第一款规定："有限责任公司的股东未履行或者未全面履行出资义务即转让股权，受让人对此知道或者应当知道，公司请求该股东履行出资义务，受让人对此承担连带责任的，人民法院应予支持……"根据上述规定，尽管陈亚辉不再具有股东身份，但其作为股东期间，如未全面履行出资义务，亦应承担相应责任。对于沃德公司的诉讼请求，予以支持。

北京市通州区人民法院依照《中华人民共和国公司法》第二十八条、第三十五条，《最高人民法院关于适用〈中华人民共和国公司法〉若干问题的规定（三）》第十三条第一款、第十八条第一款之规定，判决如下：

一、被告陈亚辉于本判决生效之日起7日内向原告北京沃德亿堡国际贸易有限公司缴纳出资500万元；

二、被告陈亚辉于本判决生效之日起7日内赔偿原告北京沃德亿堡国际贸易有限公司利息损失（以500万元为计算基数，自2013年8月24日起算至实际付清之日止，按照中国人民银行同期贷款利率的标准计算）。

【法官后语】

陈亚辉在交纳500万元出资后，又将分两次全部出资抽逃，已违反法律规定，理应承担向公司返还出资、赔偿损失的法律责任。但由于陈亚辉已将全部股权转让他人，已经不是公司股东，其是否应继续履行出资义务？法院认为，出资义务作为一项法定义务，股东必须按照《中华人民共和国公司法》的强制性规定严格履行，不得以合同、章程、决议等方式予以免除。股东抽逃出资既损害了公司的财产权益，损害了其他股东的合法权益，也影响了公司的资本充实，损害了因信赖公司公示资本而与公司进行交易的债权人的切身利益。如果允许股东在抽逃出资后，通过股权转让行为免除其出资义务，则公司、其他股东及债权人的权利难以得到保障。因此，尽管陈亚辉已经不具备公司股东身份，但只要抽逃出资系其作为公司股东期间实施，其就应向公司承担相应的法律责任。

编写人：北京市通州区人民法院　梁睿诗

11

未依法履行出资义务的股东对公司债权人承担何种责任

——联光投资有限公司诉中国煤炭开发有限责任公司股东出资案

【案件基本信息】

1. 裁判书字号

北京市高级人民法院（2016）京民终字第139号民事判决书

2. 案由：股东出资纠纷

3. 当事人

原告（上诉人）：联光投资有限公司（以下简称联光公司）

被告（被上诉人）：中国煤炭开发有限责任公司（以下简称中煤开发公司）

【基本案情】

联光公司受让取得对朗润控股有限责任公司（以下简称朗润公司）的债权。法院对朗润公司强制执行，因朗润公司无财产可供执行，法院终结本次执行程序。上海市第一中级人民法院（以下简称上海一中院）他案生效判决确认，朗润公司于2000年7月5日注册设立，注册资本1.2亿元，法定股东包括中国煤矿设备矿产进出口公司（应出资600万元，以下简称中煤设备公司）等5家法人股东，但该5家股东均没有将出资款项直接交付给朗润公司的记录，其他某公司曾于2000年6月7日支付朗润公司1.2亿元，同日又转回该公司账户内。基于上述事实，上海一中院判令中煤设备公司等3家股东在各自应出资范围内对该案确认的朗润公司债务承担连带清偿责任。

联光公司主张因中煤开发公司吸收合并中煤设备公司，故依照《最高人民法院关于适用〈中华人民共和国公司法〉若干问题的规定（三）》（以下简称《公司法解释三》）第十三条第二款及第三款的相关规定，中煤开发公司应在其对朗润公司不实出资的600万元本息范围内，就朗润公司债务承担赔偿责任，并就其他股东对朗润公司不实出资所应承担的赔偿责任承担连带责任。联光公司提交了相关的裁判文书及《中国煤炭开发有限责任公司改制项目资产评估报告书》《关于注销中国煤矿设备矿产进出口公司的批复》《企业注销登记申请书》《关于中国煤炭开发有限责任公司企业改制方案的批复》《企业变更（改制）登记（备案）申请表》予以证明。

中煤开发公司抗辩称，1. 中煤开发公司未并购中煤设备公司。2. 中煤设备公司在注销时已刊登公告，但联光公司未申报债权。3. 上海一中院的判决已就本案相同的事实对中煤开发公司与其他股东的责任作出生效判决。4. 中煤开发公司不应对其他股东的责任承担连带责任。5. 中煤开发公司不是朗润公司的发起人，不应适用《公司法解释三》的规定。中煤开发公司提交了中国中煤能源集团公司文件、《中煤设备公司清算审计报告》、注销公告予以证明。

【案件焦点】

1. 中煤开发公司吸收合并中煤设备公司，应否承担中煤设备公司的债务；2.《公司法解释三》是否适用于本案；3. 中煤开发公司是否应在其对朗润公司未出资的600万元本息范围内，就朗润公司的债务向联光公司承担赔偿责任；4. 中煤开发公司是否应对朗润公司其他股东未履行出资义务所应承担的赔偿责任承担连带责任。

【法院裁判要旨】

北京市第二中级人民法院经审理认为：双方提交的关于中煤设备公司改制、注销的材料均显示中煤设备公司于2006年整体合并到中煤开发公司，可以认定中煤开发公司吸收合并中煤设备公司，故根据《中华人民共和国公司法（2013年修正）》（以下简称《公司法（2013）》）第一百七十四条的规定，中煤设备公司的债权债务由中煤开发公司承继。

因朗润公司于2000年7月5日注册成立，故确定朗润公司股东未履行出资义务的法律后果，应依据朗润公司设立时正在施行的法律法规和司法解释，而不应依据《公司法（2013）》及《公司法解释三》的规定。

《中华人民共和国公司法（2004年修正）》（以下简称《公司法（2004）》）第二十五条第一款规定了股东的出资义务，明确规定股东向公司足额缴纳出资是其法定义务。故中煤开发公司在设立朗润公司时对出资义务应当是明知的。该法第三条第二款及第四条第二款规定了公司的法人财产权，其法人财产是对外承担债务的责任财产。中煤开发公司未依法履行出资义务，使得朗润公司的法人财产权处于不确定和不充实的状态，降低了朗润公司偿债能力，中煤开发公司的行为客观上侵害了联光公司的利益。故中煤开发公司在对朗润公司未出资的600万元本金范围内，就朗润公司未能清偿的债务承担赔偿责任，并未给中煤开发公司带来额外的负担，亦未超出中煤开发公司的合理预期，对联光公司该项主张，应予支持。但其关于中煤开发公司还应以该未出资本金600万元所产生的利息，对朗润公司的债务承担赔偿责任的主张，缺乏法律依据，不予支持。

因《公司法解释三》并不适用于本案，且《公司法（2004）》中没有公司发起人应对其他未出资股东的赔偿责任承担连带责任的相关规定，上述责任已经超出了中煤开发公司的合理预期。故对联光公司该项主张，不予支持。综上，北京市第二中级人民法院作出如下判决：一、中国煤炭开发有限责任公司于判决生效之日起十日内，在其未出资的600万元范围内，对北京市第二中级人民法院（2007）二中民初字第01131号民事判决确定的朗润控股有限公司债务中未清偿的部分，向联光投资有限公司承担赔偿责任；二、驳回联光投资有限公司其他诉讼请求。

联光公司认为本案应适用《公司法解释三》，故提起上诉。北京市高级人民法院经审理认为：朗润公司于2000年7月设立，当时的法律及司法解释均没有有限责任公司未缴纳出资的设立股东补缴出资时应当支付利息，以及要对其他未出资股东的补充赔偿责任承担连带责任的规定。根据《中华人民共和国民法通则》第八十七条的规定，连带债务应当依法律规定或当事人约定而发生。朗润公司设立时的公司法并未有未缴纳出资的设立股东补缴出资时要支付利息，以及对其他未缴纳出资股东的补充赔偿责任承担连带责任的规定，朗润公司章程中亦未有相应规定。因此，联光公司的上诉主张，已经超出了中煤开发公司在设立朗润公司时对其所应承担的股东责任的合理预期。

北京市高级人民法院判决：

驳回上诉，维持原判。

【法官后语】

本案是债权人因债务人的发起人股东未依法全面履行出资义务而要求发起人股东承担相应责任的纠纷。

从条文来看，股东未依法全面履行出资义务，有权要求该股东承担相应责任的主体包括公司及其他股东，并不包括公司的债权人。但是，如果股东未依法全面履行出资义务，违反了公司资本维持原则和资本充实原则，使得公司资本处于不确定和不充实状态，既损害公司利益，也损害公司债权人利益。最高人民法院根据公司法的原则和精神，并借鉴学理上已被广为接受的债权人代位权理论和侵害债权理论，通过《公司法解释三》第十三条和第十四条的规定，完善了督促股东依法全面履行出资义务的制度，明确规定公司债权人就其未获清偿的债权有权要求未依法全面履行出资义务的股东承担相应责任，包括在未出资本息范围内对公司债务未清偿的部分承担补充赔偿责任，发起人股东还应对上述补充赔偿责任承担连带责任。

法律的价值就在于平衡各方主体的利益，法律责任不能超出当事人的正当预期，不能损害其信赖利益，基于此，《中华人民共和国立法法》第九十三条明确规定了法不溯及既往的基本原则。本案中，朗润公司成立于2000年7月5日，中煤设备公司作为其股东未依法全面履行出资义务所应承担的法律责任，应当依照当时施行的法律法规和司法解释，否则，要求中煤设备公司承担额外的责任，超出了其合理预期。股东应当依法全面履行出资义务，这是公司法条文本身的应有之义，联光公司要求中煤设备公司在其应出资的600万元范围内承担相应责任，并未超出中煤设备公司的合理预期。而无论是关于利息的主张还是对其他有关股东的责任承担连带责任的主张，当时的法律法规和司法解释均没有规定，中煤设备公司对此无法预见，联光公司的上述两项主张，既缺乏法律依据，也缺乏合同依据，不应得到支持。

编写人：北京市第二中级人民法院　陈洋

12

瑕疵出资股权非善意受让人的责任承担

——南通润通置业有限公司诉仲翔等追收抽逃出资案

【案件基本信息】

1. 裁判书字号

江苏省南通市中级人民法院（2016）苏06民终字第4268号民事裁定书

2. 案由：追收抽逃出资纠纷

3. 当事人

原告（被上诉人）：南通润通置业有限公司（以下简称润通公司）

被告（上诉人）：张宏明

被告：仲翔、温州特成物资发展有限公司（以下简称特成公司）

【基本案情】

润通公司于2008年9月9日成立，公司注册资本5000万元人民币，实收资本5000万元人民币，由仲翔认缴4250万元，占注册资本的85%，系公司原法定代表人；周育兴认缴500万元，占注册资本的10%；李强认缴250万元，占注册资本的

5%。公司成立后，各股东均按照各自认缴注册资本金额实际缴纳了出资并经验资机构验资。2011 年 12 月 16 日，润通公司召开股东会，通过了如下决议：1. 吸收张宏明、特成公司为公司新股东；2. 仲翔将其持有的润通公司 2550 万元的股权以同等金额价格转让给张宏明，将其持有的润通公司 1770 万元的股权以同等金额的价格转让给特成公司；李强将其持有的润通公司 250 万元的股权以同等金额的价格转让给特成公司。上述股权转让中，原股东仲翔、周育兴、李强均放弃优先购买权。转股后，公司的股权结构为：张宏明出资 2550 万元，占注册资本比例 51%；周育兴出资 500 万元，占注册资本比例 10%；特成公司出资 1950 万元，占注册资本比例 39%。为执行上述股东会决议，同日，仲翔分别与张宏明、特成公司，李强与特成公司分别签订了股权转让协议，约定张宏明、特成公司在协议签订同日将与股权等额的股权转让款以现金方式一次性支付给仲翔、李强。股权转让协议签订后，特成公司向仲翔支付股权转让款 1700 万元，向李强支付股权转让款 250 万元，张宏明未向仲翔支付股权转让款。嗣后，润通公司办理股权变更登记，润通公司的法定代表人由仲翔变更为张宏明。

另查明，2009 年 6 月 8 日，润通公司以 1470 万元的价格从南通市通州区国土资源局竞价购得 30 亩土地使用权，用以开发“凯仑大厦”项目，后因资金问题工程于 2012 年 12 月底停工。2014 年 1 月 23 日，润通公司债权人以其资不抵债并不能偿还到期债务为由向南通市通州区人民法院申请破产清算，法院依法裁定予以受理。2014 年 5 月 7 日，通州区法院依法裁定宣告润通公司破产。经法院指定，南通大华联合会计师事务所对截止润通公司破产受理之日的会计报表进行专项审计，审计报告确认：润通公司期末账面应收款收申展公司（实际控制人为仲翔）2898 万元中，润通公司与申展公司不存在真实的债权债务关系，其性质为抽逃注册资金，应当归还润通公司。

2016 年 1 月 22 日，润通公司管理人提起诉讼，请求法院判令：仲翔返还抽逃出资 2898 万元；张宏明、特成公司对仲翔返还抽逃出资义务承担连带责任。

【案件焦点】

张宏明、特成公司受让仲翔抽逃出资股权，两人对仲翔应向润通公司履行的返还出资义务是否承担连带责任。

【法院裁判要旨】

江苏省南通市通州区人民法院经审理认为：仲翔作为润通公司的发起人，在公司成立后将其缴纳的注册资本 2898 万元汇入其控制的申展公司账户，其行为性质为抽逃出资行为，应向公司履行返还出资义务。根据《最高人民法院关于适用〈中华人民共和国公司法〉若干问题的规定（三）》第十九条规定："有限责任公司的股东未履行或者未全面履行出资义务即转让股权，受让人对此知道或者应当知道，公司请求该股东履行出资义务、受让人对此承担连带责任的，人民法院应予支持……"润通公司虽然未能举证证明张宏明和特成公司受让仲翔股权时"知道"其存在抽逃出资的情形，但张宏明以"零价格"的方式受让仲翔 2550 万元股权，明显有违常理，可认定其受让股权时主观上"应当知道"仲翔存在抽逃出资情形的高度盖然性；特成公司受让股权时按照股权转让协议支付了足额的股权转让款，不存在主观上"应当知道"仲翔抽逃出资的可能性。润通公司起诉仲翔抽逃出资为 2898 万元，但仲翔实缴出资为 4250 万元，其未抽逃出资为 1352 万元，因润通公司未能举证证明张宏明受让股权是否包含了仲翔未抽逃出资部分，应承担举证不能的法律后果，故张宏明应在仲翔返还出资 1546 万元（抽逃出资 2898 万元 - 未抽逃出资 1352 万元）范围内承担连带责任。

江苏省南通市通州区人民法院依照《中华人民共和国企业破产法》第三十五条，《中华人民共和国公司法》第三十五条，《最高人民法院关于适用〈中华人民共和国公司法〉若干问题的规定（三）》第十九条的规定，作出如下判决：

一、被告仲翔向原告南通润通置业有限公司返还出资 2898 万元。

二、被告张宏明对仲翔向原告南通润通置业有限公司返还出资 1546 万元范围内承担连带责任。

三、驳回原告南通润通置业有限公司的其他诉讼请求。

张宏明不服一审判决，提起上诉。因张宏明未缴纳上诉案件受理费，江苏省南通市中级人民法院依照《中华人民共和国民事诉讼法》第一百五十四条第一款第（十一）项，《最高人民法院关于适用〈中华人民共和国民事诉讼法〉的解释》第三百二十条规定，作出如下裁定：

本案按上诉人张宏明自动撤回上诉处理。一审判决自本裁定书送达之日起发生法律效力。

【法官后语】

如何认定受让人受让股权时“知道或者应当知道”（即主观为非善意）转让人存在瑕疵出资的事实？

笔者认为，受让人“知道”应是指股东与受让人签订股权转让协议时，公司或者股东已将出资瑕疵的事实告知受让人，但受让人仍然受让股东的股权；“应当知道”则需要根据受让人受让股权时的具体情况进行分析：第一，审查大额股权转让时受让人是否尽到谨慎注意义务。如受让股权是货币出资，受让人不仅要求股东提供验资报告，还应当要求股东提供的公司成立后验资银行账户往来情况，以核实注册资本是否已出资到位或者存在注册资本汇入公司验资账户后又转出的情形；若受让股权为非货币出资，则要通过价值评估的方式确定股权价格，以查证股权价值是否真实或者是否存在其他权利瑕疵等情形。第二，要审查受让人是否支付了股权转让款及所支付的股权款是否合理。如本案中，被告张宏明受让了润通公司原股东仲翔 2550 万元的股权，却未向仲翔支付分文股权转让款，且在股权变更登记后，仲翔也未向其主张过股权转让款，足可认定张宏明受让股权存在“应当知道”仲翔所转让的股权存在瑕疵出资的事实，其应对仲翔向润通公司履行返还出资义务承担连带责任。

编写人：江苏省南通市通州区人民法院　邓建华

13

对专有技术出资的认定

——上海新友水性聚氨酯有限公司诉段友芦、邹荷仙股东出资案

【案件基本信息】

1. 裁判书字号

上海市第一中级人民法院（2015）沪一中民四（商）终字第 1759 号民事判决书

2. 案由：股东出资纠纷

3. 当事人

原告（上诉人）：上海新友水性聚氨酯有限公司

被告（被上诉人）：段友芦

被告（被上诉人）：邹荷仙

【基本案情】

2001年4月，案外人某塑料工业有限公司（以下简称塑料公司）作为甲方，两被告作为乙方，签署了《上海新友水性聚氨酯有限公司合同》（以下简称合资合同），约定甲乙双方共同投资设立原告，投资总额为500万元，注册资本为500万元，其中甲方以设备和现金出资325万元；乙方以D-001专有技术作价175万元投入合资公司。合同附件三名称为《水性聚氨酯胶粘剂专有技术作价出资协议书》（以下简称作价出资协议书），内容涉及：两被告向原告转让D-001产品系列技术，并对专有技术内容、工艺文件、性能、作价等进行了约定。

2001年4月，塑料公司和两被告依照合资合同约定，共同制定了原告的公司章程，章程中载明两被告认缴的出资额为175万元，其中专有技术175万元。2002年4月8日，上海市外国投资工作委员会作出了设立原告的批复。2002年6月30日，原告、两被告及案外人塑料公司共同签署了《专有技术投入交接书》，确认D-001专有技术作为对原告的投资，已移交给原告。2002年7月25日，上海大明资产评估事务所有限公司出具评估说明，结论为系争专有技术价值为177.99万元。

2002年1月18日，两被告向国家知识产权局提交了发明专利申请。2009年6月10日，国家知识产权局授予两被告《发明专利证书》，发明名称为“用作胶粘剂和涂料的水性聚氨酯分散液及其制备”，专利号为ZL02110585.5。

2010年，因两被告与案外人塑料公司就合资合同产生争议，两被告作为申请人，以案外人塑料公司作为被申请人，向中国国际经济贸易仲裁委员会上海分会提出仲裁申请，仲裁庭制作了《裁决书》认为：申请人已经将其专有技术投入合资公司，而被申请人未按约定投入第二期资金。申请人投入的是专有技术，申请人依赖其技术获取收益只能来源于与被申请人共同投资设立的合资公司投资回报。最终裁决《上海新友水性聚氨酯有限公司合同》自本裁决作出之日起终止。

2014年1月2日，两被告以上海新光化工有限公司侵犯其专利权（专利号

ZL02110585.5）为由，向二中院提起诉讼，在该案2014年2月13日的证据交换过程中，被告段友芦述称：专利技术和专有技术范围不一样，专利范围比专有技术窄。

另，原告已成立了清算组，2014年8月20日，清算组作为询证人、两被告及案外人塑料公司作为被询证人，召开了询证会，并形成一份《关于上海新友水性聚氨酯有限公司相关无形资产情况询证会决议》（以下简称询证会决议），内容涉及：被询证人达成一致意见，根据双方合同，原告拥有对水性聚氨酯胶粘剂D－001专有技术在中国境内的使用权。两被告拥有包含该项技术的所有权。2014年12月8日，案外人塑料公司向原告的清算组出具一份说明，内容涉及：询证会决议并不表示该公司放弃对水性聚氨酯胶粘剂D－001专有技术所有权的权益主张，一切应以双方合资签订的合同和相关文件为最终依据。

原告认为，被告在获得专利证书后，一直隐瞒该事实，故意不将涉案专利变更权属至原告名下，利用原告的财产对外谋取不当利益，故诉至法院，请求判决：1. 两被告自判决生效之日起30内，向有关机关申请将专利号为ZL02110585.5的发明专利权属变更至原告名下；2. 两被告向原告支付违约赔偿金50万元；3. 本案诉讼费用由两被告承担。

被告段友芦、被告邹荷仙辩称：不同意原告的诉讼请求。第一，被告用于出资的是专有技术，不是发明专利，原告要求被告将发明专利权属变更至原告名下没有依据。被告已经完成了出资义务，所有的专有技术已经投入原告公司。第二，原告与两被告之间没有任何约定，不存在违约金的问题。

【案件焦点】

1. 双方当事人争议的专有技术D－001出资是使用权出资还是所有权出资，两被告是否履行了相应的交付义务（即两被告出资是否到位）；2. 本案系争专利与专有技术D－001是否是同一项技术，原告要求变更权属的诉讼请求是否能够得到支持。

【法院裁判要旨】

上海市浦东新区人民法院经审理认为：关于第一个争议焦点。首先，从作价出资协议书来看，各方约定两被告向原告“转让专有技术”，使用的动词为“转让”

并非“授权”，其标的指向是“专有技术”而非“专有技术使用权”。其次，合资合同签订于2001年，根据当时的《中华人民共和国公司法》第三条和第四条规定，公司享有由股东投资形成的全部法人财产权，依法享有民事权利，承担民事责任。公司以其全部资产对公司的债务承担责任。如果两被告仅以D－001专有技术使用权出资，则原告在对外承担责任时相应的财产权是无法转让的，难以保障原告的权利以及原告债权人的权利。最后，对于两被告提出依照《关于以高新技术成果出资入股若干问题的规定》第六条的规定和合资合同第十七条的约定，两被告系以D－001专有技术使用权出资的意见，因“专有技术”具有“无形性”“非独占性”的特点，上述规定和约定仅是对原告所有的D－001专有技术所有权进行了一定的限缩，不能据此认为两被告是以专有技术使用权出资，否则会将两被告对原告的出资变为许可使用，不符合法律规定，也不符合中外双方的本意。另外，在两被告与案外人塑料公司的仲裁争议中，仲裁庭也认为两被告依赖其技术获取收益只能来源于合资公司（即原告）的投资回报。也就是说，仲裁庭也认为两被告将D－001专有技术投入原告公司后，除依法收取投资回报外，已经没有其他获取收益的途径。因此，两被告应当是以D－001专有技术的所有权作为出资投入原告公司。对于两被告提供的询证会决议，法院认为，该决议系股东内部协议，可能会损害公司债权人的利益，不符合有关法律规定，案外人塑料公司此后也明确予以否认，故法院对该决议不予认可。

关于两被告是否履行了出资义务。首先，从原告提供的《专有技术投入交接书》来看，两被告已经将D－001专有技术移交给原告。其次，双方在庭审中均确认，原告已经使用上述专有技术生产了D－001产品。另外，在两被告与案外人塑料公司的仲裁争议中，仲裁庭也认定两被告已将D－001技术投入原告公司中。因此，可以认定两被告已经履行了出资义务。

关于第二个争议焦点。法院认为，两被告是将D－001专有技术的所有权作为出资投入原告公司，根据法律规定，D－001专有技术应属于原告的公司财产，两被告不得取回。专有技术最为关键的特征在于它的秘密性，专有技术之所以有出资价值，也在于它具有秘密性。如果两被告将D－001专有技术申请了专利权，由于其技术的内容已经以专利说明书和权利要求书的方式向公众公开，已经失去了秘密性，也丧失了作为专有技术的价值，其价值就从原来依托于其秘密性而转化为依托于专利权的排他性的特权。因此，假如 D－001 专有技术的内容与系争专利权所涉及的权利内容一致，由于专利权在两被告手中，那么，这项专有技术的价值就会因依托于专利权的排他性特权而重新回到了两被告手中，实质上就相当于两被告收回了对原告的出资，属于违反法律规定的行为。因原告的诉讼请求是要求将系争专利的权属变更至原告名下，原告认为系争专利与两被告用于出资的专有技术具有同一性，而两被告并不认可，根据举证责任分配的原则，原告应当对其主张承担举证责任。因原告撤回了对系争专利和专有技术的一致性进行司法鉴定的请求，法院在听取了双方意见、研读了系争的作价出资协议书、评估说明、发明专利的权利要求书和说明书之后，认为从现有证据来看，D－001 专有技术与系争专利并不完全相同，原告要求将系争专利权属变更至原告名下的理由并不充分。

综合以上两个争议焦点，因两被告已经向原告交付了 D－001 专有技术，履行了相应的出资义务，而 D－001 专有技术与系争专利并不完全一致，故对于原告要求两被告变更专利权属、承担违约责任的诉讼请求难以支持。

上海市浦东新区人民法院作出判决：驳回原告上海新友水性聚氨酯有限公司的诉讼请求。

一审判决后，原告不服提起上诉。

上海市第一中级人民法院依法判决：

驳回上诉，维持原判。

【法官后语】

专有技术应当符合非货币财产出资的形式要件和实质要件才能作为股东出资。

在审查股东专有技术出资义务履行情况时，可以通过对相关图纸、数据、技术成品、配方、工艺程序等技术资料的转移情况来进行判断。本案中，根据《专有技术投入交接书》可以认定被告履行了出资义务。同时，结合系争技术已经投入公司生产使用，可以认定被告已经向公司移交了相关技术，履行了出资义务。

股东以专有技术自出以后，如就同一技术申请专利，将导致原专有技术失去保密性而导致价值减损，甚至失去价值，同时还会导致股东重新取得对技术的控制权，实际上达到抽逃出资的效果。因此，股东就同一技术申请专利会构成抽逃出资。双方就申请专利行为发生纠纷时，首先应当审查专有技术和专利技术是否具有同一性。在上述案件中，按照“谁主张，谁举证”的规则，原告应当就专有技术和专利技术同一性承担举证责任，但在本案中原告未能完成举证责任。法官通过审查系争的作价出资协议书、评估说明、发明专利的权利要求书等相关文件，将两者的技术内容进行比对，认定两项技术不具有同一性，故驳回了原告要求被告将相关专利权变更至原告名下的诉讼请求。假设本案原告举证证明系争专有技术和发明专利具有同一性，则原告可以据此要求被告承担相应的责任。

编写人：上海市浦东新区人民法院　陈巨澜

14

商品经销权不能作为出资

——重庆必扬企业（集团）有限公司诉李亚琼股东出资案

【案件基本信息】

1. 裁判书字号

重庆市渝中区人民法院（2016）渝0103行初字第06740号民事判决书

2. 案由：股东出资纠纷

3. 当事人

原告：重庆必扬企业（集团）有限公司（以下简称必扬公司）

被告：李亚琼

【基本案情】

必扬公司主要经营医疗保健卫生用品、饮料服装、塑胶制品等，该公司注册资本为1030万元，李亚琼系法定代表人，股东由李亚琼、熊明强两名自然人构成。1997年5月13日，必扬公司股东会形成决议，决定将公司注册资本变更为3000万元，新增注册资本1970万元，新增部分由李亚琼出资1670万元、熊生华出资300万元组成。其中，李亚琼出资的1670万元由冰点水经销权形成的无形资产503.92万元和再投入的1166.08万元组成。原股东熊明强退出，其股份转让给李亚琼，李亚琼出资300万元予以购买。另查明，李亚琼同案外人熊某刚于1995年6月1日发起设立重庆必扬冰点水有限责任公司（以下简称必扬冰点水公司），该公司为必扬公司的下属子公司，其拥有2000万瓶冰点水的灌装生产线。另，根据某会计师事务所出具的资产评估报告：冰点水的经销权为503.92万元。经销权评估后，重庆某审计师事务所经委托，对必扬公司的实收资本进行验资审计，其出具的验资报告载明：截至1997年5月16日，必扬公司已收到其股东投入的资本3000万元，其中实收资本3000万元，其中，货币资金132.2万元，实物资产2363.88万元，无形资产503.92万元。

原告必扬公司认为李亚琼在以冰点水经销权作为无形资产出资时，通过相关评估机构对该经销权的资产价值进行了评估，并通过验资机构进行了验资，但是经销权并非公司法上可以用作出资的客体，不能认定李亚琼已经履行了出资义务，遂起诉至本院，要求被告李亚琼补缴出资。

被告李亚琼辩称，冰点水经销权是必扬冰点水公司所有的权利，该权利体现在必扬冰点水公司在对外销售冰点系列饮料时，其经销模式主要是向众多中间商提供冰点水货品，再由中间商向客商批发，由客商向消费者提供产品。首先，判断可否用于出资的要件在于：第一，可用货币估价；第二，可依法转让；第三，法律、行政法规不禁止。就本案而言，冰点水经销权具备一定的市场价值，可以用货币估价，资产评估报告即可证明其价值。其次，冰点水经销权可以转让，当必扬冰点水公司将其销售权从公司剥离，并转由目标公司即本案原告负责经销，经销权就已经实际让渡至原告名下，并实际取得经销权的控制权。最后，法律、行政法规并未禁止经销权出资。冰点水经销权作为无形资产出资已经原告股东会决议通过，并已通过资产评估和验资审查，且工商部门进行了工商登记备案，故应当认定冰点水经销权可以作为合法的出资客体，被告已经履行了出资义务。综上，请求驳回必扬公司的诉讼请求。

【案件焦点】

商品经销权能否作价出资。

【法院裁判要旨】

重庆市渝中区人民法院经审理认为：根据资产评估报告，冰点水产品的实际生产者系必扬冰点水公司，产品销售由该公司控制的中间商向客户批发，在营销渠道成员管理中有控制权。上述报告明确经销权体现为必扬冰点水公司对营销渠道成员的控制权，且该公司系本案原告的下属子公司，李亚琼并非实际权利人，也无证据证明在其出资时取得了该权利，因此无权以经销权出资。李亚琼作为必扬冰点水公司的法定代表人，即使有权以经销权进行出资，理应将出资的权利转让给本案原告，但并无证据证明涉案经销权实际转让至本案原告名下。依据资产评估报告，本案经销权的权利属性体现为必扬冰点水公司在产品营销渠道成员管理中的控制权。该权利指向的法律关系建立在特定的权利义务主体之间，即必扬冰点水公司与其控制的中间客商之间。特许经营权来源于特许人对被特许人的授权，依特许经营权形成的法律关系建立在特定主体之间，而本案的经销权具有与特许经营权类似的权利特征，故股东不能用经销权作价出资。

重庆市渝中区人民法院判决：被告李亚琼应向原告必扬公司补缴出资503.92万元。

一审判决后，原、被告双方均未提起上诉，现本案已发生法律效力。

【法官后语】

经销权不能作为股东出资，被告构成出资不实。理由如下：

经销权不是法定财产权利。《中华人民共和国公司法》第二十七条规定，股东可以实物、知识产权、土地使用权等可以用货币估价并可以依法转让的非货币财产作价出资。上述条款列举了几类非货币财产，虽没有限定其范围，但明确了非货币财产应当具有能够估价和能够转让的财产属性。

经销权不具有财产价值属性。同知识产权相比，经销权缺乏排他性、创新性等特征，不能依法确定其市场价值。从保障公司资本充足、保护公司债权人利益出发，不能比照知识产权的权利价值计算方式确定经销权的权利价值。

经销权不能依法进行转让。若以经销权出资，需要将权利转移至原告公司名下，则以特定主体间权利义务关系为基础形成的经销权法律关系消灭，所谓的经销权将不复存在，也就不可能实现权利转移。同时，经销权缺乏权利凭证和登记公示程序，如何判断已经完成转让无法确定。

经销权作为股东出资缺乏法律依据。经销权是生产商或供应商委托授权经销商，经销商因此享有在特定期间、特定区域代理销售特定产品或服务的权利，可以说，经销权具有与特许经营权类似的权利特征，故股东不能用经销权出资。

股东负有对公司严格的出资义务，应当按期足额缴纳公司章程中规定的各自所认缴的出资额，本案被告李亚琼的出资不符合股东出资的法定形式，虽然有专门机构出具的资产评估报告和验资报告，但不足以确定其价值，故应当依法认定为出资不实，需补缴出资。

编写人：重庆市渝中区人民法院　秦必强　曾亚妮

三、股东知情权纠纷

15

股份合作集体所有制企业股东知情权可以参照适用《公司法》

——王海峰诉北京四环建华标牌厂股东知情权案

【案件基本信息】

1. 裁判书字号

北京市通州区人民法院(2016)京0112民初字第37170号民事判决书

2. 案由：股东知情权纠纷

3. 当事人

原告：王海峰

被告：北京四环建华标牌厂(以下简称标牌厂)

【基本案情】

标牌厂于1997年12月17日注册成立，性质为集体所有制(股份合作)。原告王海峰于2003年4月成为标牌厂的股东。2016年9月2日，原告王海峰通过快递方式向标牌厂邮寄申请查询书，要求查询标牌厂自1997年12月17日成立至今的公司章程、股东会会议记录、董事会会议决议、监事会会议决议和财务会计报告，并申请查阅标牌厂自1997年12月17日成立至今的会计凭证(包括原始凭证、记账凭证)、会计账簿(总账、明细账、日记账和其他辅助性账簿)。标牌厂于2016年9月4日签收快递，但并未向原告王海峰作出答复。

原告王海峰称其查阅标牌厂会计账簿系依据会计法的相关规定，委托注册会计师查询系依据《中华人民共和国民法通则》第六十三条的规定，且标牌厂的章程对原告王海峰查阅复制的内容并没有禁止性规定。

另查，2015年7月10日标牌厂章程第十三条规定股东享有参加股东和职工（代表）大会并享有表决权，查阅股东和职工（代表）大会会议记录，了解企业经营状况和财务状况等权利。

【案件焦点】

股份合作集体所有制企业的股东行使股东知情权能否适用《中华人民共和国公司法》第三十三条。

【法院裁判要旨】

北京市通州区人民法院经审理后认为：《中华人民共和国公司法》第二条明确规定了该法所称公司为在中国境内设立的有限责任公司与股份有限公司，并不包括股份合作集体所有制企业，故本院认为原告王海峰不能直接依据《中华人民共和国公司法》第三十三条规定行使股东知情权。

公司股东履行了向公司出资的义务，且有限责任公司股东须以其认缴的出资额为限对公司承担责任，股份有限公司以其认购的股份为限对公司承担责任，公司股东履行出资义务并对公司承担责任，根据权利义务相一致的原则，股东享有知悉公司经营状况、了解公司财务状况的权利。这是公司法规定股东知情权的立法目的之所在。同样，股份合作集体所有制企业的出资人同样履行了出资义务，并以其出资对企业承担责任，故股份合作集体所有制企业股东同样应当享有了解公司经营状况和财务状况的权利。股份合作集体所有制企业的股东知情权属于出资人应有的权利，与公司法规定的股东权利具有同质性，故股份合作集体所有制企业的股东行使股东知情权应参照公司法的相关规定。标牌厂章程第十三条规定股东有权查阅股东和职工（代表）大会会议记录，了解企业经营状况和财务状况。这是标牌厂章程对于股东行使知情权的规定。故原告王海峰可以依据章程的规定行使股东知情权，且在行使知情权时可以参照《中华人民共和国公司法》的相关规定。

北京市通州区人民法院判决如下：

一、北京四环建华标牌厂在其住所地将1997年12月17日至2016年12月16

日的北京四环建华标牌厂章程供王海峰查阅、复制，并将 1997 年 12 月 17 日至 2016 年 12 月 16 日的北京四环建华标牌厂股东会会议记录、股东会决议供原告王海峰查阅；

二、北京四环建华标牌厂在其住所地将 1997 年 12 月 17 日至 2016 年 12 月 16 日的北京四环建华标牌厂的财务会计报告供王海峰及其委托的注册会计师查阅；

三、北京四环建华标牌厂在其住所地将 1997 年 12 月 17 日至 2016 年 12 月 16 日的北京四环建华标牌厂会计账簿（包括总账、日记账、明细账、其他辅助性账目）和会计凭证（包括记账凭证和原始凭证）供王海峰及其委托的注册会计师查阅；

四、驳回王海峰的其他诉讼请求。

【法官后语】

股份合作制企业是一种特殊类型的企业，大多由国有企业或集体企业改制而来。因我国并未出台股份合作制企业法，所以股份合作集体所有制企业的设立和运转主要依照《企业登记管理条例》和各地方政府出台的城镇企业实行股份合作制办法的相关规定，而企业股东行使知情权可以参照公司法的相关规定。

法律和章程规定股东知情权的目的是使股东能够了解企业经营状况和财务状况，以达到股东参与企业管理并正确行使其表决权的目的。如果章程对于股东知情权内容和范围的限缩性规定已经无法达到立法规定知情权的根本目的，在股东无法了解企业经营状况和财务状况的情况下，那么章程关于知情权的规定已经违反了公司法的规定，应参照适用《中华人民共和国公司法》的规定行使股东知情权。

在本案中，标牌厂章程规定股东可以查阅股东和职工（代表）大会会议记录，了解企业经营状况和财务状况。章程关于知情权的行使方式进行了限缩性规定，即仅允许查阅，不允许复制。查阅足以保障王海峰行使知情权，故法院对于王海峰要求复制股东会会议记录的诉讼请求不予支持。标牌厂不同意王海峰查阅企业账簿和会计凭证，法院认为标牌厂章程规定股东有权了解企业经营状况和财务状况，权利实现应有具体的方式，企业的经营状况可以通过财务账簿和会计凭证体现出来，故王海峰有权查阅企业财务账簿和会计凭证。

编写人：北京市通州区人民法院　于素娟

16

股权质押是否限制股东知情权的行使

——中兴恒和投资集团有限公司诉北京中兴恒和能源科技有限公司股东知情权案

【案件基本信息】

1. 裁判书字号

北京市第三中级人民法院（2016）京03民终字第551号民事判决书

2. 案由：股东知情权纠纷

3. 当事人

原告（被上诉人）：中兴恒和投资集团有限公司（以下简称中兴投资集团）

被告（上诉人）：北京中兴恒和能源科技有限公司（以下简称中兴能源公司）

【基本案情】

2010年8月20日，中兴投资集团作为甲方与作为乙方的（香港）富地燃气科技有限公司（以下简称富地公司）签订《合资经营合同》，约定甲方、乙方共同出资在中国境内设立中外合资企业中兴能源公司；合资公司的投资总额为1亿元，注册资本为5714万元；增资后，各方出资数额及比例为：甲方出资2000万元，占35%；乙方出资3714万元，占65%。

2010年11月23日，富地公司作为甲方与作为乙方的中兴投资集团签订《股权质押贷款合同》，乙方应当为本合同项下的贷款，以其所持有的中兴能源公司35%合资权益，向甲方提供股权质押担保；质押股权为乙方所持有的中兴能源公司35%合资权益；质权的效力除及于上款所述质押股权的权利本身，还及于股息红利、送股、转增部分、配股权、股票代表物以及质押股权所产生的表决权等其他权益和孳息；本合同适用中华人民共和国香港特别行政区法律，任何有关本合同的争议均由香港特别行政区法院独家管辖。

2011年1月13日，中兴能源公司企业类型由法人独资企业变更为中外合资经营企业。2011年5月11日，中兴投资集团作为甲方与作为乙方的富地公司签订《股权出质合同》，第二条质押合同标的：（1）质押标的为甲方在中兴能源公司投资的股权及其派生权益。质押范围，即质押股权为乙方所持有的中兴能源公司35%合资权益；（2）质押股权金额为2000万元；（3）质押股权派生权益，系指质押股权应得红利及其他收益，必须计入甲方在乙方开立的保管账户内，作为本质押项下贷款偿付的保证。

2011年6月10日，北京市朝阳区商务委员会作出《关于中兴能源公司股权质押的批复》。2011年6月23日，北京市工商行政管理局朝阳分局向富地公司、中兴投资集团作出《股权出质设立登记通知书》。

2013年10月25日，香港特别行政区高等法院就富地公司诉中兴投资集团借款合同纠纷作出2013年374号终审判决。2015年4月20日，北京市第三中级人民法院作出（2014）三中民特字第08249号民事裁定书，对香港特别行政区高等法院于2013年10月25日作出的2013年374号民事判决予以认可和执行。

2014年9月24日，中兴能源公司向中兴投资集团发出函件：你公司虽为我公司工商登记之股东，但你公司所持35%股权已经全部质押用于你公司经营性流动资金贷款，且质押担保的贷款至今未能实际偿还，并被债权人/质押权人通过法律程序申请执行。因此，你公司因持有该部分股权而享有的股东权应当受到质押权约束，无权自行行使。

庭审中，中兴能源公司认可以下事实：截至2015年9月1日庭审，中兴投资集团仍为中兴能源公司股东，其所持35%股权尚未进入执行拍卖或变卖程序。

【案件焦点】

股权质押是否构成公司限制或剥夺股东行使知情权的有效抗辩，即中兴投资集团股权质押后其股东知情权的行使是否受限。

【法院裁判要旨】

北京市朝阳区人民法院经审理认为：中兴投资集团作为中兴能源公司股东，依法享有股东知情权。中兴能源公司以中兴投资集团的股权存在对外质押为由，拒绝中兴投资集团行使股东知情权，于法无据，不予采信。根据中兴投资集团提交的

《申请书》，中兴投资集团要求行使股东知情权的目的为“了解公司的详细经营情况、财务状况和影响我们股权价值变化的具体会计事项”，该目的正当，不构成对中兴能源公司合法权益的损害，中兴能源公司主张中兴投资集团要求查阅会计账簿没有合理理由，其目的是侵害公司权益，证据不足，不予采信。中兴能源公司的其他答辩意见，没有事实和法律依据，不予采信。

北京市朝阳区人民法院依照《中华人民共和国公司法》第三十三条、第二百一十七条之规定，判决如下：

一、中兴能源公司于本判决生效后十五日内置备公司自2011年1月1日起至2015年6月30日止的财务会计报告、董事会会议决议于公司的经营场所供中兴投资集团查阅、复制；

二、中兴能源公司于本判决生效后十五日内置备公司自2011年1月1日起至2015年6月30日止的会计账簿（包括总账、明细账、日记账和其他辅助性账簿）于公司的经营场所供中兴投资集团查阅；

三、驳回中兴投资集团的其他诉讼请求。

中兴能源公司持原审答辩意见提起上诉。北京市第三中级人民法院经审理认为：

虽然中兴投资集团作为中兴能源公司的股东，其持有股权因存在对外质押而进入强制执行阶段，但双方均认可目前该诉争股权尚未被拍卖或变卖，即中兴投资集团仍持有该股权，其具有中兴能源公司的股东身份，故其有权依法行使股东知情权。中兴能源公司现以中兴投资集团的股权存在对外质押为由，拒绝中兴投资集团行使股东知情权的该项上诉意见，于法无据，不予采信。

中兴能源公司的上诉理由均不成立，不予支持。一审法院的判决认定事实清楚，适用法律正确，应予维持。

北京市第三中级人民法院依照《中华人民共和国民事诉讼法》第一百七十条第一款第（一）项之规定，判决如下：

驳回上诉，维持原判。

【法官后语】

股东知情权是股东的基本权利，是股东行使其他权利的前提和基础。股东知情权的行使有助于股东高效、低成本地行使其他股权，提高公司在股东中间的透明度，也是对各方当事人利益冲击最小的救济途径。

公司治理实践中，基于种种原因，股东知情权的行使并不理想，纠纷较多。股东之间产生纠纷后，公司在大股东或实际控制人的控制下，往往以种种理由拒绝小股东行使股东知情权。本案中，中兴投资集团、富地公司因债权债务发生纠纷后，中兴能源公司以中兴投资集团已将股权质押给富地公司等为由，拒绝中兴投资集团行使股东知情权。依法理，股权可分为固有权与非固有权。固有权（法定股权），指未经股东同意，不得以章程或者公司决议限制或剥夺的权利。固有权与股东的地位紧密相连，密不可分，自股东取得股东的地位或资格之日起当然取得。股东知情权属于股东的固有权，非因法律规定或股东同意不受任何组织机构和个人限制。本案中，中兴投资集团享有的中兴能源公司股权虽已进行质押登记，并进入执行程序，但在股权未变卖、拍卖或折价前，其作为中兴能源公司股东的地位或资格未发生变更，依法享有股东知情权。本案明确股东知情权为股东的固有权利，股权质押不影响股东知情权的行使。

编写人：北京市朝阳区人民法院　李泽帅

17

会计账簿被查封，是否影响股东知情权

——杨霞诉北京富伦德酒店管理有限公司股东知情权案

【案件基本信息】

1. 裁判书字号

北京市第一中级人民法院（2016）京01民终字第4151号民事判决书

2. 案由：股东知情权纠纷

3. 当事人

原告（被上诉人）：杨霞

被告（上诉人）：北京富伦德酒店管理有限公司（以下简称富伦德公司）

【基本案情】

2007 年 6 月 5 日，富伦德公司依法注册成立。根据富伦德公司的企业法人营业执照记载：公司类型为有限责任公司，法定代表人为鲁作伟，自富伦德公司成立至今，公司股东为鲁作伟、王志忠、杨霞、王玉贞、王峰。

2015 年 1 月 29 日，海淀食药管理局向富伦德公司出具一份《查封（扣押）决定书》（京海）食药监食查扣［2015］130003 号，其部分内容载明：现决定对你单位的有关物品/场所予以查封（扣押）……查封（扣押）物品期限：自 2015 年 1 月 29 日至 2015 年 2 月 27 日。该决定书附有一份《（查封扣押）物品清单》，包括记账凭单 6 本、记账凭单 6 箱、3 个记账凭单柜。

2015 年 3 月 12 日，杨霞通过邮政特快专递邮寄一封邮件，邮件详情单载明：收件人为鲁作伟，公司名称为富伦德公司，地址为公司法定注册地，内件品名为股东查阅通知函。对此，杨霞提交了一份该邮件投递结果网页打印件，该打印件显示该邮件于 2015 年 3 月 13 日投递并签收。富伦德公司称其没有收到上述邮件，上述邮件记载的富伦德公司的地址、收件人鲁作伟的电话属实；无法核实该邮件寄送的是《股东查阅通知函》。

后，杨霞提起诉讼，要求行使股东知情权，要求富伦德公司向杨霞提供自财务会计报告、会计账簿、股东会会议记录、董事会会议决议供杨霞查阅复制。富伦德公司称未收到杨霞提出的查账申请，且北京市海淀区食品药品监督管理局将富伦德公司的全部账簿查封，客观上富伦德公司不能向杨霞提供其要求查阅的账簿。

【案件焦点】

会计账簿被查封，是否在法律上影响股东知情权。

【法院裁判要旨】

北京市海淀区人民法院经审理认为：杨霞作为富伦德公司的股东，有权要求富伦德公司提供相应的文件供其查阅、复制。根据邮件详情单的内容以及富伦德公司的陈述，可以确认该邮件系向富伦德公司寄送，依据该邮件的投递结果显示该邮件已经签收。富伦德公司关于其没有收到该邮件的主张，不予采信。可以确认杨霞已向富伦德公司发出书面查阅会计账簿的要求，并已就查阅对象和目的予以明确说明。杨霞通过邮政特快专递的方式向富伦德公司投递了该通知函，其行为并无不当，可以认定其已经按照《中华人民共和国公司法》的规定提出书面请求，富伦德公司应自行承担相应法律后果。富伦德公司主张其账簿被海淀食药管理局查封，但依据查封（扣押）决定书、先行登记保存物品通知书显示，查封（扣押）、登记保存的时间已经届满。依据现有证据无法确认海淀食药局仍然查封（扣押）、登记保存着富伦德公司的相关账簿材料。即使存在查封（扣押）、登记保存的情形，富伦德公司的上述主张，也不能构成拒绝查阅会计账簿的有效抗辩。

北京市海淀区人民法院依照《中华人民共和国公司法》第三十三条，《最高人民法院关于适用〈中华人民共和国民事诉讼法〉的解释》第九十条之规定，判决如下：

一、富伦德公司于判决生效后十日内，将该公司自2007年6月5日至2015年10月15日的股东会会议记录、董事会会议决议、财务会计报告备于公司住所地内，供杨霞查阅、复制；

二、富伦德公司于判决生效后十日内，将该公司自2007年6月5日至2015年10月15日的会计账簿（包括原始凭证、记账凭证）备于公司住所地内，供杨霞查阅；

三、驳回杨霞的其他诉讼请求。

富伦德公司不服一审法院上述民事判决，提起上诉。

北京市第一中级人民法院经审理认为：本案中，杨霞基于其股东身份，有权依据上述规定行使股东知情权，查阅、复制富伦德公司的股东会会议记录、董事会会议决议、财务会计报告。杨霞已经依据我国公司法的规定提出了书面请求，鉴于富伦德公司否认签收邮件及拒绝签收邮件的行为，杨霞有权提起诉讼要求公司提供查阅。会计账簿是否仍在海淀食药管理局扣押，在法律上并不影响杨霞享有股东知情权，一审法院认为富伦德公司的申请不属于本案的调查取证范围并无不当，对富伦德公司的该项上诉意见不予支持。

北京市第一中级人民法院依照《中华人民共和国民事诉讼法》第一百七十条第一款第（一）项之规定，判决如下：

驳回上诉，维持原判。

【法官后语】

股东知情权是股东的法定权利，公司不得通过内部约定剥夺或不合理限制股东知情权的行使。

即使存在查封（扣押）、登记保存的情形，也不能构成拒绝查阅会计账簿的有效抗辩，在法律上并不影响杨霞享有股东知情权。由此给我们的启示，股东知情权是股东的法定权利，不会因客观障碍存在（如公司账册丢失，被查封、扣押等）而消灭。实际履行判决过程中可能会遇到客观障碍，但该等障碍并非确认股东是否享有知情权时应当考虑的因素。

需要注意的是，知情权固然是股东的法定权利，是对经营者进行监督的有效手段，但股东利益与公司利益并不完全一致，公司能够证明股东查明会计账目等具有不正当目的的，应当保护公司的合法利益。

编写人：北京市第一中级人民法院　郭帅

18

名义股东能否主张行使股东知情权

——简汉基诉广州大同酒家饮食有限公司股东知情权案

【案件基本信息】

1. 裁判书字号

广东省广州市中级人民法院（2016）粤01民终字第12848号民事判决书

2. 案由：股东知情权纠纷

3. 当事人

原告（上诉人）：简汉基

被告（被上诉人）：广州大同酒家饮食有限公司

【基本案情】

被告系成立于2001年11月28日的有限责任公司，注册资本118万元，营业范围为制售中餐、点心等，法定代表人为简汉基，公司的股权结构为：简汉基占股6.65%、简斌占股4.45%、廖日昆占股44.45%、李镜华占股44.45%。

原告提供的《股东内部分配方案决议》显示，被告新股本分配方法为：公司新股本为45000股，其中，李镜华20000股，占44.45%，廖日昆20000股，占44.45%，简斌2000股，占4.45%，简汉基3000股，占6.65%；李镜华、廖日昆、简斌为新股本的实际出资者，有权参与公司红利分配，分红比例为李镜华占47.62%、廖日昆占47.62%、简斌占4.76%；有关法定代表人简汉基的权责以及利益分配办法，见附件；本决议经全体股东签名后，方为有效。被告四股东均在该决议上签字。该决议后附有《有关法人代表的权责关系及利益分配办法》，内容为：1. 结合公司现实情况，全体股东一致同意，委派简汉基出任公司的企业法人代表；2. 正文载明的“简汉基3000股，占6.65%”，事实上未出资，所以简汉基不参与公司红利分配，但可按月度领取3000元的顾问费；3. 公司由经营所产生的任何债权债务及盈亏，均与简汉基无关；4. 由于简汉基系全体股东表决选举出任“公司的企业法人代表”，在广州大同酒家饮食有限公司经营过程中，简汉基没有参与经营管理及获取利益分配等，一切属该公司违反法律法规的事务及经营盈亏均与简汉基无关。

另查，原告确认其未实际履行出资义务，其只是挂名股东，且一直未参与公司的经营管理，既没有行使股东的权利，也没有履行股东的义务，而是按月从被告处领取3000元的顾问费。

简汉基诉称：被告的各大股东均为香港人，由于原工商登记制度原因，所属行业限制来自港澳地区的人担任法定代表人，原告由此成为被告的挂名股东并担任法定代表人。但原告一直未参与被告的实际经营管理，未履行法定代表人的职责，未持有被告的公章、财务章、营业执照、组织机构代码证、法定代表人印章、财务凭证及账册等。近几年，因被告的各大股东年事已高，疏于管理，所委任的实际管理者一直冒用原告的名义办理各种手续、签署各种文件，原告根本无法监控，可能造成无法挽回的影响，原告数次要求被告变更法定代表人，但被告不予理会，原告为此承担了巨大的法律风险。另外，被告近几年在经营上毫无起色，公司既不召开股东会，也不向股东汇报工作，且被告存在拖欠租金、货款、员工工资等问题，侵害了原告作为股东的合法权益。据此，原告请求法院判令：1. 判决原告有权查阅、复制被告自2010年以来每一年的财务会计报告、会计账簿及相应的会计凭证；2. 确认原告一直未参与被告公司的实际管理，未履行法定代表人的职责的事实；3. 被告立即办理原告不再担任其法定代表人的工商变更登记手续；4. 本案诉讼费用由被告承担。

广州大同酒家饮食有限公司辩称：不同意原告的全部诉讼请求。理由如下：1. 原告没有实际出资，实为挂名股东，依法不能享受股东的基本权利。虽然公司的章程载明原告占股6.65%，但原告并未实际出资，不能参与被告红利分配。2. 原告查询账目存在不正当目的。原告作为挂名股东，未履行出资义务，未参与被告的实际经营与管理，现原告突然要求查询被告重要的商业资料及信息，被告完全有理由相信原告查账存在不正当的目的。3. 根据被告的章程，更换法定代表人系被告股东会会议表决决定，原告诉请要求更换法定代表人于法无据。综上，请求驳回原告的全部诉讼请求。

【案件焦点】

未实际出资的名义股东能否向公司主张行使知情权。

【法院裁判要旨】

广州市越秀区法院经审理认为：对公司履行出资义务是原告享有股东权利的基础，而本案原告系未实际出资的挂名股东，未参与被告的经营管理，未行使股东权利，也未履行股东义务，故原告不能享有基于出资而享有的公司知情权。原告要求查阅、复制被告自2010年以来每一年的财务会计报告、会计账簿及相应的会计凭证的诉请，于法无据，不予支持。

广州市越秀区人民法院依照《中华人民共和国公司法》第四条、第三十三条之规定，判决如下：

驳回原告简汉基的诉讼请求。

广东省广州市中级人民法院经审理，确认一审法院认定的事实和证据。另查明，《广州大同酒家饮食有限公司章程》显示有，股东姓名：简汉基，股东的权利：有查阅股东会议记录和财务会计报告、监督公司经营的权利。《公司原股东（发起人）名录》及《公司新股东（发起人）名录》在名称或姓名一栏均显示有，简汉基。

广东省广州市中级人民法院认为：本案属于股东知情权纠纷，只要属于公司股东就享有作为股东应有的知情权。本案中，《广州大同酒家饮食有限公司章程》、《公司原股东（发起人）名录》及《公司新股东（发起人）名录》均记载，简汉基为广州大同酒家饮食有限公司的股东，虽然双方当事人均认可简汉基未实际出资，仅为挂名股东，但这并不影响简汉基以股东名义行使知情权，一审法院以简汉基不能享有基于出资而享有的公司知情权，驳回简汉基的诉讼请求，属于适用法律错误，予以纠正。简汉基主张其有权查阅、复制广州大同酒家饮食有限公司自2010年以来每一年的财务会计报告以及查阅会计账簿有法律依据，予以支持。至于简汉基要求复制会计账簿，查阅、复制会计凭证，由于没有法律依据，不予支持。对于简汉基提出的其他请求，与本案不属于同一法律关系，对此不予调处。简汉基的上诉请求部分成立，予以支持。

广东省广州市中级人民法院依照《中华人民共和国民事诉讼法》第一百七十条第一款第（二）项的规定，判决如下：

一、撤销广东省广州市越秀区人民法院（2016）粤0104民初字第2945号民事判决；

二、广州大同酒家饮食有限公司于判决生效后十日内，提供其2010年以后的公司财务会计报告给简汉基查阅并复制；

三、广州大同酒家饮食有限公司于判决生效后十日内，提供其2010年以后的公司会计账簿给简汉基查阅；

四、驳回简汉基的其他诉讼请求。

【法官后语】

在目前我国确立了注册资本认缴制的背景下，股东没有履行出资义务，并不改变其已有的股东资格，这种资格取决于公司章程和股东名册的记载，取决于工商行政部门注册登记。上述文件不能证明该股东是否履行出资义务，但是却能证明股东的资格。股东知情权其共益权、固有权的性质，决定了该权利不能以股东未实际出资为由进行限制。因知情权不涉及股利分配、剩余财产分配等经济利益，属于共益权。法律对未履行或者未全面履行出资义务的股东限制其行使自益权，但并不对共益权进行限制。剥夺名义股东的股东知情权不符合权利义务对等原则。从商法外观主义原则及公平合理的角度分析，名义股东如果在公司内部不享有知情权等共益权，则一方面要求该股东对外承担义务，另一方面对内又不享有基本股东权利，明显会导致权利义务的失衡。

编写人：广东省广州市越秀区人民法院　李璐思

19

如何认定有限责任公司股东行使股东知情权具有不正当目的

——赵玉红诉西安市五星商贸有限公司股东知情权案

【案件基本信息】

1. 裁判书字号

陕西省高级人民法院（2017）陕民申字第286号民事裁定书

2. 案由：股东知情权纠纷

3. 当事人

原告（上诉人）：赵玉红

被告（被上诉人、再审申请人）：西安市五星商贸有限公司（以下简称五星公司）

【基本案情】

2010年，西安五星商贸中心改制为五星公司，赵玉红为五星公司的自然人股东之一，时任董事。2014年7月17日，赵玉红在《西安日报》发布通告一份，通告内容为："五星公司定于2014年8月1日上午九点在公司召开股东大会，望各位股东按时参加。"2014年7月31日，时任五星公司董事长姚蓁向西安市公安局新城分局解放门派出所报案称：五星公司门被撬。西安市公安局新城分局解放门派出所的处警情况为：五星公司因为董事长韩伯良病逝，现公司赵玉红与姚蓁各称自己是合法董事长，赵玉红于2014年7月31日凌晨私自打开财务室要取公司公章。处警结果为：民事纠纷调解。赵玉红在2010年9月至2014年9月任五星公司副总经理兼财务主管。2016年1月6日，五星公司将2015年度的财务报告在公司公告栏内进行了公示。后赵玉红前往五星公司要求查阅复制公司章程、股东会会议记录、董事会会议记录、监事会会议决议、财务会计报告等，五星公司并未答复。2016年1

月22日，赵玉红将五星公司张贴在公告栏的财务会计报告撕走。赵玉红诉请：1.判令五星公司提供自2011年至2015年度的财务会计报告及公司会计账簿（含总账、明细账、日记账、银行对账单、银行余额调节表等其他辅助性账簿）和会计凭证（含记账凭证、相关原始凭证及作为原始凭证附件入账备查的有关资料）供赵玉红查阅；2. 诉讼费用由五星公司承担。

【案件焦点】

赵玉红申请查阅五星公司相关财务材料的行为是否符合我国公司法规定的行使股东知情权的法定条件。

【法院裁判要旨】

陕西省西安市新城区人民法院经审理认为：赵玉红曾主管公司财务工作，应清楚公司财务状况。同时，从赵玉红自行发布召开公司股东会的公告、私取公司公章、撕走财务报告的行为来看，五星公司有合理理由怀疑赵玉红的要求具有不正当目的。

西安市新城区人民法院判决：驳回赵玉红的诉讼请求。

赵玉红不服一审判决提起上诉。西安市中级人民法院经审理认为：赵玉红主张其将查阅申请交付给五星公司办公室主任耿伟，并提交了录音资料作为证据。五星公司认可耿伟系其办公室主任，却不能通知耿伟到庭核实身份，其应当承担相应的不利法律后果。同时，赵玉红称其行使股东知情权的目的为确认公司收入等，理由正当。

西安市中级人民法院判决如下：

一、撤销西安市新城区人民法院（2016）陕0102民初第1863号民事判决；

二、西安市五星商贸有限公司于本判决生效之日起十日内提供其2011年至2015年财务会计报告、会计账簿及会计凭证供赵玉红查阅。上述材料由赵玉红在西安市五星商贸有限公司正常营业时间内查阅，查阅时间不得超过二十个工作日。

西安市五星商贸有限公司申请再审。陕西省高级人民法院经审理认为：赵玉红提交了录音资料作为书面请求查阅公司财务会计报告、会计账簿、会计凭证，并说明查阅目的的证据。该份证据确有其向五星公司办公室主任耿伟提交书面函查询财务会计报告、会计账簿的内容。赵玉红称该书面函中载明了查阅目的是维护股东权益，确认公司收入是否完全入账、费用支出是否合法合规、公司分配是否合法合规、财务会计报告是否真实。本案二审中，五星公司称对被录音人身份无法核实，但其认可耿伟系公司工作人员，在二审法院明确要求其通知耿伟到庭对录音证据进行核实的情况下，五星公司没有正当理由未通知耿伟到庭，导致二审法院无法核实证据，五星公司应当承担相应的不利法律后果，二审法院认定赵玉红已向公司提出书面请求并说明目的并无不当。五星公司称赵玉红存在擅自以公司名义发布召开股东会的虚假信息、强行撬开公司门锁意图取走公章等、撕毁公司张贴的财务报告等行为，故其查询请求具有不正当目的。上述行为虽然从另一个层面构成了对公司规章制度的违反，但与股东行使知情权是否具有正当性没有逻辑上的关联，不能因其行为在公司制度层面的失当性作为否定其行使知情权的合理性依据。这些行为不符合《中华人民共和国公司法》第三十三条第二款所规定的“不正当目的”的构成要件，不能成为五星公司阻却赵玉红行使股东知情权的合理抗辩，二审法院对该主张不予支持亦无不当。另外，五星公司认为赵玉红在 2014 年 9 月之前，担任公司副总经理并协助处理公司财务工作，清楚了解公司财务状况等。赵玉红具有股东与公司职务双重身份，该双重身份所具有的权利义务各不相同，行使权利、承担义务的条件亦不相同。股东知情权是股东的基本权利，只要赵玉红具有股东身份，并符合行使股东知情权的条件，就应有权行使相应权利，不能因为赵玉红基于职务身份知晓公司财务状况而阻却其作为股东应享有的股东知情权。现有证据可以证明赵玉红向五星公司提交了行使股东知情权的书面请求，说明了目的，符合我国公司法规定的行使股东知情权的法定条件。

陕西省高级人民法院裁定如下：

驳回西安市五星商贸有限公司的再审申请。

【法官后语】

司法权力的审慎介入，在确保股东知情权正当行使与公司合法权益特别是商业秘密的保护中寻求价值平衡，是股东知情权纠纷裁判应当秉持的裁判理念。

首先，保障股东知情权的行使要严格限制“不正当目的”的内涵，不宜作扩大理解。股东知情权应在权利平衡的机制下进行。从股东知情权权利行使主体的角度来讲，要求股东在享有权利的同时，必须遵循诚实信用原则，出于正当目的，合理地行使知情权。对于目的的认识，笔者认为应当分为形式目的与实质目的两个层次。形式目的包括两方面，一是股东确实存在提出书面请求、说明目的的行为；二是股东说明的目的从字面上理解不具有明显的不正当性。实质上的目的层次更进一步，旨在透过形式直接探寻股东行使知情权的真正目的和动机。区分形式目的与实质目的的意义在于根据公司法的相关规定更加明晰地分配关于“不正当目的”的举证责任。股东在查阅会计账簿时，需要说明目的，该目的应属形式上的目的。只需股东证明存在说明目的的行为，且该目的从字面上理解不具有明显不正当性即可。

从股东知情权义务主体的角度来讲，公司有合理根据认为股东查阅会计账簿有不正当目的，可能损害公司合法利益的，可以拒绝提供查阅。此处的目的，应属实质目的，公司必须证明目的具有不正当性。参照《最高人民法院关于适用〈中华人民共和国公司法〉若干问题的规定（四）》第八条对不正当目的的相关规定：“不正当目的”的内涵应当限于股东行使知情权的实质目的为可能泄露公司商业秘密、可能与公司存在恶意竞争等利用通过行使股东知情权获知的信息对公司利益造成损害等情形，而不宜作扩大理解。

其次，同时具有公司行政职务与公司股东双重身份，当职务行为的结果与行使股东知情权结果相重叠时，不得以此阻却股东知情权的行使。原因有三：一是，权利基础不同。前者源于其公司职务行为，后者源于股东的身份和法律的规定。二是，法律性质不同。前者是其履行职责必备的权利，具有准公共权的性质；后者基于股东身份行使知情权而获得公司的信息，具有私权的性质。三是，行使权利的条件不同。前者须属其工作职责范围；后者须履行提出申请，说明目的等前置程序。基于以上的不同，两者不能相互替代。

编写人：陕西省高级人民法院　张洁　吴强

20

委托注册会计师行使股东知情权的可行性

——白涛勇诉北京恒屹维通科技发展有限公司股东知情权案

【案件基本信息】

1. 裁判书字号

北京市第一中级人民法院（2016）京01民终字第2856号民事判决书

2. 案由：股东知情权纠纷

3. 当事人

原告（被上诉人）：白涛勇

被告（上诉人）：北京恒屹维通科技发展有限公司（以下简称恒屹公司）

【基本案情】

2004年2月16日，恒屹公司注册成立。2012年11月5日，经变更登记，恒屹公司注册资本为1000万元，其中赵磊出资600万元，白涛勇出资400万元，后赵磊与白涛勇产生矛盾。2014年8月5日，白涛勇以请求公司收购股份纠纷为由将恒屹公司和赵磊起诉至法院，后撤回起诉。2015年7月3日，白涛勇向恒屹公司登记地址邮寄查阅会计账簿的申请书，未被签收。白涛勇同时向赵磊成立的北京屹维恒通科技发展有限公司（以下简称屹维公司）的办公地址邮寄了同一份申请书，收件公司为屹维公司，联络人为赵磊，此邮件被签收，白涛勇主张该公司系赵磊成立，与恒屹公司经营相同产品。

白涛勇起诉要求：恒屹公司提供自成立以来至2014年2月10日的财务账簿（会计账目）、财务会计报告供白涛勇和白涛勇委托的注册会计师查阅。

恒屹公司不同意白涛勇的诉讼请求，其主张白涛勇没有实际出资，且公司未收到查阅会计账簿的申请，白涛勇的起诉违反了股东知情权纠纷案件诉讼的前置程序要求，白涛勇查阅公司账目有不正当的目的，白涛勇目前在从事与恒屹公司经营范围相关的工作。恒屹公司表示公司目前无实际经营地，公司实际已经不再经营，财务账簿由赵磊指派人员拿至山东省济宁市存放，具体地点无法明确。白涛勇表示其提起股东知情权诉讼的目的是明确自身的股权价值及应获分红，其亦认可恒屹公司已不再经营。

【案件焦点】

白涛勇股东查阅公司会计账簿是否具有不正当目的及委托注册会计师是否可以行使股东知情权。

【法院裁判要旨】

北京市海淀区人民法院经审理认为：白涛勇现仍为恒屹公司的股东，依法享有股东知情权。根据已查明事实，白涛勇于2015年7月3日及2015年8月4日分三次向恒屹公司及其法定代表人赵磊邮寄了书面申请，满足了提出书面请求的程序性要求。白涛勇作为恒屹公司的股东，为了解公司经营状况和财务状况，依法有权要求查阅会计账簿。白涛勇虽然提出过请求公司收购股份纠纷的诉讼，但此系其主张权利的途径之一，不能以此证明其对恒屹公司具有不正当目的。恒屹公司所主张的白涛勇与赵磊之间的矛盾，亦非不正当目的体现。会计账簿系依据原始凭证和记账凭证形成，故反映公司财务与经营状况的会计凭证应属知情权查阅范围。同时，鉴于财务会计知识的专业性以及股东知识领域的局限性，为保障股东知情权的实现，应允许股东委托注册会计师代为行使会计账簿查阅权。

北京市海淀区人民法院依照《中华人民共和国公司法》第三十三条之规定，作出如下判决：

一、恒屹公司于判决生效之日起十日内提供2004年2月16日至2014年2月10日的财务会计报告供白涛勇查阅；

二、恒屹公司于本判决生效之日起十日内提供2004年2月16日至2014年2月10日的会计账簿（含原始凭证和记账凭证）供白涛勇及其委托的注册会计师查阅；

三、驳回白涛勇的其他诉讼请求。

恒屹公司不服提起上诉。北京市第一中级人民法院经审理认为：白涛勇系恒屹公司工商登记的股东，恒屹公司并未作出未实际缴纳出资的股东不享有股东知情权的股东会决议，且恒屹公司主张的白涛勇未实际出资，是指白涛勇的出资并非其本人所缴纳，白涛勇股权部分的出资不实。白涛勇在一审中提交的证据足以证明其已经向恒屹公司提出了查阅公司会计账簿的书面申请且恒屹公司予以了拒绝。股东请求公司收购股份和解散公司系法律赋予股东的权利，白涛勇行使法定权利不能作为其行使股东知情权的不正当目的。白涛勇是否曾前往恒屹公司闹事，与其行使股东知情权的目的无关联性。白涛勇及其亲属确实在从事与恒屹公司相同或类似的业务，但本案中恒屹公司只有两名股东，赵磊与白涛勇，两人矛盾较深，赵磊同时也成立了与恒屹公司经营范围类似的屹维公司，恒屹公司亦主张公司从2015年年初已经不再经营，此时不宜以此情况认定白涛勇查阅会计账簿具有不正当目的。同时，结合恒屹公司的会计账簿均由赵磊保存的情况，白涛勇若无法查阅公司会计账簿，将无法了解公司的基本经营状况，明确自身分红利润，股东之间将出现权利义务不对等的情形。原始凭证及记账凭证，可真实反映公司的财务状况，应允许股东就原始凭证及记账凭证进行查阅。因白涛勇不具备专业的财务知识，其个人查阅会计账簿存在一定困难，如果不允许其委托注册会计师共同查阅，其股东知情权的行使必将流于形式。

北京市第一中级人民法院依照《中华人民共和国民事诉讼法》第一百七十条第一款第（一）项之规定，作出如下判决：

驳回上诉，维持原判。

【法官后语】

随着股东知情权司法实践的发展，股东能通过判决获得书面的知情权，但真正获得查阅权，通常需要强制执行才能实现。赋予股东会计账簿的查阅权，应允许股东理解会计账簿的具体内容，让股东从会计账簿中真正了解公司的经营状况。股东个人如果缺乏理解会计账簿的专业能力，此时不允许相关人员协助查阅，将大量会计账簿限制股东一人翻看，股东知情权的实现显然流于形式。该判决结果符合股东知情权立法的本意，能更好地保护股东对公司经营真正的知情。

对股东知情权不正当目的的认定，实际是要求司法在公司股东个人利益和公司整体利益之间寻求平衡，此处的平衡应当是动态的、辩证的，应当杜绝僵化的认定标准。股东知情权中不正当目的的认定，不能离开每个公司千差万别的实际情况，此时需要法官从公司的股权结构，股东构成，实际经营状况、股东行使知情权的目的及股东之间的矛盾焦点等问题出发，综合考虑。本案判决并未机械地因为白涛勇的同业经营行为而驳回其查阅的诉讼请求，相反，从查阅的目的和公司的实际现状出发，全面辩证地进行考量，最终支持了白涛勇查阅会计账簿的诉讼请求。

编写人：北京市第一中级人民法院　王晴

21

继承人何时取得有限责任公司股东资格

——田玉萍诉东莞市泰丰美耐皿制品有限公司股东知情权案

【案件基本信息】

1. 裁判书字号

广东省东莞市第三人民法院（2016）粤1973民初字第8760号民事判决书

2. 案由：股东知情权纠纷

3. 当事人

原告：田玉萍

被告：东莞市泰丰美耐皿制品有限公司（以下简称泰丰公司）

【基本案情】

泰丰公司成立于2013年10月22日，其登记股东为死者张高峰、黎彩霞及张秉明。死者张高峰生前与田玉萍为夫妻关系，两人于2002年5月15日办理了结婚登记。张高峰于2014年11月9日因交通事故死亡，其法定继承人有父亲张荣津、母亲魏须、妻子田玉萍及儿子张烨。

张高峰死亡至今，泰丰公司的股东情况未进行变更。田玉萍主张其作为张高峰的法定继承人自然取得泰丰公司的股东资格，并要求主张股东权利。田玉萍还主张于2016年5月24日向被告发出《通知函》及《查阅公司会计账簿申请书》并邮寄至被告的注册经营地址。其中《查阅公司会计账簿申请书》的大致内容包括“为了更好地对公司事务参与和监督，以便维护自己的股东权益，要求查询下列公司资料：1. 提供自2014年1月1日起至2016年5月23日的公司章程、股东会会议记录、董事会会议决议、监事会会议决议和财务会计报告、股东分红明细供查阅、复制；2. 提供自2014年1月1日起至2016年4月30日的会计账簿（包括总账、明细账、日记账和其他辅助性账簿）和会计凭证（含计账凭证、相关原始凭证及作为原始凭证附件入账备查的有关资料）供查阅、复制”等；《通知函》的大致内容为：本人田玉萍提供的EMS快递查询单显示该份邮件已经于2016年5月25日签收。泰丰公司否认收到《通知函》及《查阅公司会计账簿申请书》。

泰丰公司辩称，根据《中华人民共和国公司法》第三十二条第三款规定：“公司应当将股东的姓名或者名称向公司登记机关登记；登记事项发生变更的，应当办理变更登记。未经登记或者变更登记的，不得对抗第三人。”2011年11月9日田玉萍的丈夫张高峰因交通事故身亡，张高峰的合法继承人一共有四个人，包括张荣津（张高峰之父）、魏须（张高峰之母）、田玉萍（张高峰之妻）、张烨（张高峰之子），这四位合法继承人并未就张高峰的股权如何继承达成协议并通知泰丰公司及其他股东，泰丰公司亦没有将新的股东名字向公司登记机关办理变更登记，因此田玉萍并非泰丰公司的股东。

再查明，泰丰公司的公司章程第七章第十条第三款规定：股东有权查阅、复制公司章程、股东会会议记录和财务会计报告；第九章第十四条规定，公司股东会由全体股东组成，股东会是公司的最高权力机关；第十九条及第二十二条规定，泰丰公司不设立董事会及监事会。另，公司章程未对继承人继承股东身份作出限制性规定。

另，庭审后，本院依法向死者张高峰的法定继承人田玉萍、张荣津、魏须作出问话。张荣津及魏须均表示对四个继承人之间同意按照法定继承的份额共同继承张高峰的股东身份，并确认四继承人之间就股权继承问题不存在争议。被告泰丰公司庭后亦书面回复称2014年1月1日后该公司没有召开过股东会议。

【案件焦点】

田玉萍是否可以因继承成为泰丰公司的股东。在泰丰公司未配合办理股东变更登记的情况下，是否享有查询、复制股东会会议记录、董事会会议决议和监事会会议决议及查阅会计财务报表、会计账簿、会计凭证等股东权利。

【法院裁判要旨】

广东省东莞市第三人民法院经审理认为：《中华人民共和国公司法》第七十五条规定："自然人股东死亡后，其合法继承人可以继承股东资格；但是，公司章程另有规定的除外。"根据上述法律条文的规定，继承人继承股东资格，拥有的是完全股东权利，包括登记为公司的股东及享有法律及公司章程赋予的股东权利。法律仅仅规定了公司章程中可以对股东的继承作为限制性的规定，并没有规定因继承取得股东资格应以办理股东变更登记为前提，且股东登记的目的为公司股东情况外部的公示，而本案中涉及的是因继承导致的公司内部股东身份的变动。同时，根据《中华人民共和国公司登记管理条例》第三十四条第二款关于"有限责任公司的自然人股东死亡后，其合法继承人继承股东资格的，公司应当依照前款规定申请变更登记"的内容，公司股东发生变更时，公司为进行变更登记的主要义务主体，故仅仅以公司未进行变更登记作为抗辩原告继承股东身份的理由，对继承人有失公平。死者张高峰生前是被告泰丰公司的登记股东，其享有泰丰公司50%的股份，原告作为张高峰的法定继承人，且在泰丰公司的公司章程并无限制性规定及其他继承人亦未对其继承人身份提出异议的情况下，原告从张高峰死亡的次日即2014年11月10日开始可以继承股东资格，并享有相应的股东权利。

根据泰丰公司的公司章程"股东享有查阅、复制公司章程、股东会会议记录和财务会计报告的权利"之规定，以及《中华人民共和国公司法》第三十三条第一款"股东有权查阅、复制公司章程、股东会会议记录、董事会会议决议、监事会会议决议和财务会计报告"之规定，有限责任公司股东可以无条件查阅、复制公司章程、股东会会议记录、董事会会议决议、监事会会议决议和财务会计报告。因此，原告作为泰丰公司的股东，可要求查阅、复制公司的股东会会议记录、董事会会议决议、监事会会议决议。但是，由于泰丰公司未设立董事会及监事会，故泰丰公司不存在董事会会议记录及监事会会议决议。又由于被告泰丰公司确认公司于2014年1月1日后未召开过股东会会议，原告也未参加过股东会会议，故没有证据显示泰丰公司于2014年1月1日后形成过股东会会议记录。原告不可能查阅、复制泰丰公司2014年1月1日至今的股东会会议记录、董事会会议决议及监事会会议决议，对原告要求查阅、复制泰丰公司股东会会议记录、董事会会议决议、监事会会议决议的诉讼请求不予支持。

依据《中华人民共和国公司法》第一百六十三条、第一百六十四条及第一百六十五条第一款之规定，被告泰丰公司作为有限责任公司，应当建立本公司的财务、会计制度，在每一会计年度终了时编制财务会计报告，并保存好会计账簿。原告作为被告泰丰公司的股东，有权查阅和复制泰丰公司从成立至今的财务会计报告，对原告要求查阅、复制泰丰公司从 2014 年 11 月 10 日的财务会计报告的诉讼请求予以支持。对原告超出部分的诉讼请求，不予支持。

又根据《中华人民共和国公司法》第三十三条第二款的规定，股东有权查阅公司的会计账簿（含原始会计凭证），但是在查阅之前应当事先提出书面申请，在公司拒绝向股东提供查阅后，股东才能请求法院要求公司提供查阅。本案中原告已于 2016 年 5 月 24 向被告泰丰公司的注册地址邮寄了《通知函》及《查阅公司会计账簿申请书》，提出查询会计账簿及原始会计凭证的要求，并写明查询目的是“为了更好地对公司事务参与和监督，以便维护自己的股东权益”，该邮件显示已经被泰丰公司签收，故可以证明原告向被告提出了申请，被告虽否认收到上述两份材料，但是没有提供反驳证据，不予采信。同时泰丰公司未进行书面回复，已经超过了十五日的期限。原告已经履行了股东查阅的程序性要求，因此，对原告要求被告泰丰公司提供公司 2014 年 11 月 10 日之后的会计账簿给原告及其委托的注册会计师查阅的诉讼请求予以支持。查阅的时间应当在公司正常的业务时间内且不超过 10 个工作日，查阅的方便地点应在泰丰公司。对原告超出部分的诉讼请求，不予支持。

综上所述，依据《中华人民共和国公司法》第三十三条、第一百六十三条、第一百六十四条、第一百六十五条第一款及《中华人民共和国民事诉讼法》第六十四条、第一百四十二条以及上述援引法律条文的规定，判决如下：

一、限被告泰丰公司于本判决发生法律效力之日起十日内提供自 2014 年 11 月 10 日至本判决发生法律效力之日止的公司财务会计报告给原告田玉萍查阅、复制；

二、限被告泰丰公司于本判决发生法律效力之日起十日内提供自 2014 年 11 月 10 日至本判决发生法律效力之日止的公司会计账薄凭证（含原始会计凭证）给原告田玉萍以及其委托的注册会计师查阅；上述材料由田玉萍在泰丰公司正常营业时间内查阅，查阅时间不得超过十个工作日；

三、驳回原告田玉萍的其他诉讼请求。

【法官后语】

公司法仅规定有限责任公司章程对公司股东继承可以作出排除规定，在公司章程没有作出排除性规定的情况下，继承人从继承发生之时即取得了公司的股东资格，可以主张股东权利。至于公司是否有办理股东变更及是否确认股权的份额，不影响其股东知情权的行使。

第一，《中华人民共和国公司法》第七十五条规定了有限责任公司自然人股东死亡后，其合法继承人可以继承股东资格；但是，公司章程另有规定的除外。同时，民法通则、继承法等法律条文亦有关于公民继承的条款。故涉及继承方式取得的股东资格应考虑以上法律问题。本案经过调查，继承人之间对继承人范围及继承的方式均没有异议。田玉萍作为继承人之一，其有权继承股东资格。

第二，《中华人民共和国公司法》第七十五条仅仅规定了公司章程中可以对股东的继承作为限制性的规定，并没有规定股东资格取得的方式及时间。故应在继承开始之时继承人即享有了公司的股东资格。同时，根据《中华人民共和国公司登记管理条例》第三十四条第二款关于“有限责任公司的自然人股东死亡后，其合法继承人继承股东资格的，公司应当依照前款规定申请变更登记”的内容，公司股东发生变更时，公司为进行变更登记的主要义务主体，故仅仅以公司未进行变更登记作为抗辩原告继承股东身份的理由，对继承人有失公平，也不利于继承人行使继承权。

编写人：广东省东莞市第三人民法院　李冰

四、公司盈余分配纠纷

22

股东之间的协议能否认定公司存在盈余

——乔宗华诉廖书华等公司盈余分配案

【案件基本信息】

1. 裁判书字号

江苏省建湖县人民法院（2016）苏0925民初字第3657号民事判决书

2. 案由：公司盈余分配纠纷

3. 当事人

原告：乔宗华

被告：廖书华、周兰、建湖永泰纺织有限公司

第三人：陈龙巧

【基本案情】

2004年，原告乔宗华与董某吉、杨海昌、陈龙刚四人共同出资设立了建湖永泰纺织有限公司，四人各占25%的股权。2015年2月9日，经全体股东协商后，同意将原告乔宗华及案外人董某吉所有股权转让给被告廖书华。2015年2月7日，原告乔宗华与董某吉、杨海昌、陈龙刚四人及建湖永泰纺织有限公司与被告廖书华签订《协议书》一份，协议载明“原甲方（公司）四股东各占公司25%的股权，董某吉和乔宗华将各自名下25%的股权转让给乙方（廖书华）所有”，协议同时载明“原公司价值为人民币柒佰叁拾万元，其中银行贷款陆百万元由乙方和杨海昌共同负

担，余额壹佰叁拾万元作原股东股金，在变更登记当日付给乔宗华和董某吉叁拾贰万伍仟元”，协议约定“甲乙双方确定于二〇〇五年二月九日到相关部门办理转让登记事宜，甲乙双方及各股东应予以配合”，协议约定付款方式为“协议签订时，付给甲方定金叁拾万元”，“变更登记后冲抵应付股金”。协议还规定“协议签订之前的公司债权、债务、电费、银行利息、工人工资、税收、社保费用一切事务由原公司享有和承担与乙方无关（廖书华）”。2015年2月7日，被告廖书华向被告建湖永泰纺织有限公司汇款30万元。2015年2月16日，被告廖书华向被告建湖永泰纺织有限公司汇款35万元。原告乔宗华诉至法院要求三被告立即支付原告股权分红32.5万元及利息。

【案件焦点】

公司股东之间关于公司资产的认定，能否作为公司存在盈余的证据。

【法院裁判要旨】

江苏省建湖县人民法院经审理认为：《中华人民共和国公司法》规定，公司股东依法享有资产收益、参与重大决策和选择管理者等权利。公司分配当年税后利润时，应当提取利润的百分之十列入公司法定公积金。公司弥补亏损和提取公积金后所余税后利润，有限责任公司依照实缴的出资比例分取红利。原告诉称，《协议书》中载明32.5万元系原告作为股东应当获得分配的公司盈余。因《协议书》中明确载明公司实际资本730万元及银行负债600万元，据此计算股权实际价值，并明确约定130万元作为原四股东股金，支付给股东个人享有，每位股东股权价值为32.5万元。该32.5万元的产生并未计算公司其他债务、成本及支出，未经过审计，且有股东证实公司存在亏损情形。故《协议书》不能反映出公司盈利情况，更不能够直接反映出公司当时的利润，原告根据该协议主张公司盈利，并存在盈余，不符合法律规定。

江苏省建湖县人民法院依照《中华人民共和国公司法》第四条、第三十四条、第一百六十七条和《中华人民共和国民事诉讼法》第六十四条、第一百四十二条的规定判决：

驳回原告乔宗华的诉讼请求。

一审判决后，原、被告及第三人均未提起上诉，判决已发生法律效力。

【法官后语】

公司盈余分配纠纷中，公司是否存在盈余不应根据诉讼各方的陈述或自认而径行认定，即使材料或文件显示出公司存在盈余，法院也需结合客观实际情况，必要时需经审计方能认定。

本案中，《协议书》中载明32.5万元系原告作为股东应当获得分配的公司盈余。一方面，因《协议书》中明确载明公司实际资本730万元及银行负债600万元，但因公司存在外部其他债务及其他应缴纳费用，该部分差额并不能计算为公司的盈余。另一方面，诉讼双方根据该差额计算了股权实际价值，并明确约定130万元作为原四股东股金，支付给股东个人享有，每位股东股权价值为32.5万元，该价款更不宜认定为公司盈余。

编写人：江苏省建湖县人民法院　王中秋

23

股东会形成利润分配决议后股东才有权要求分配利润

——王桂英诉菏泽招商国际投资开发有限公司、申玉华公司盈余分配案

【案件基本信息】

1. 裁判书字号

山东省菏泽市经济开发区人民法院（2016）鲁1791民初字第1225号民事判决书

2. 案由：公司盈余分配纠纷

3. 当事人

原告：王桂英

被告：菏泽招商国际投资开发有限公司（以下简称招商投资公司）、申玉华

【基本案情】

原告王桂英是被告招商投资公司的股东，占30%的股份，被告申玉华是被告招商投资公司的股东及法定代表人，占70%的股份。2011年8月2日，原告王桂英及王炜玮（甲方）与被告申玉华（乙方）签订《合作协议书》，双方约定甲方向乙方转让被告招商投资公司股权及该公司向华润菏泽公司入股等事宜，达成合作协议：被告招商投资公司于2003年7月9日成立，注册资本为1000万，现股东王桂英出资750万元，占75%，股东王炜玮出资250万元，占25%；华润菏泽公司是由香港华润电力控股有限公司出资于2007年12月14日设立，现注册资本为2900万美元，公司性质为外商独资的有限责任公司；自2003年8月开始，招商投资公司与香港华润电力控股有限公司合作菏泽华润电力项目，即合作成立华润菏泽公司，预计该项目总投资49.4亿元，最终注册资本金为12.4亿元，现建成两台60万千瓦超临界发电机组，已并网发电；现香港华润电力控股有限公司已将双方合作项目华润菏泽公司的10%股权转让给招商投资公司，相关手续正在有关部门办理中；甲方为使招商投资公司成为颇具实力的集团公司，拟将华润菏泽公司及循环经济工业园项目与乙方全面合作，并签订《股权转让协议书》；甲方同意将招商投资公司70%股权转让给乙方（王桂英转让45%、王炜玮转让25%），由乙方控股招商投资公司。本次股权转让后招商投资公司的股权结构为：甲方王桂英占30%股权，乙方占70%的股权，双方均按其所持股权比例对招商投资公司享有相应的权利并承担相应的义务，并按照各自所持股权比例对外行使权利和义务；招商投资公司股权转让后，由乙方委派的人员出任法定代表人，乙方委派总经理及财务负责人；招商投资公司拥有华润菏泽公司10%的股权，故招商投资公司在华润菏泽公司承担10%的出资义务，甲方无力完成出资义务，同意转让70%的股权给乙方，由乙方间接持有华润菏泽公司7%股权；乙方承诺：一是给甲方700万元股权转让款，转让款在公司第四次向华润菏泽公司增资时支付甲方，甲方用于其对华润菏泽公司的增资；二是借给甲方前三次应出资的资金，但借款总额不超过2100万元。

按照《华润电力（菏泽）有限公司合资合同》的约定，华润菏泽公司预计最终的注册资本为12.4亿元，招商投资公司最终应出资1.24亿元，分五次出资，第一次出资2114万元，8月3日到户，并支付甲方，偿还甲方垫资；第二次出资2100万元，在2011年9月前；第三次出资为3226万元，在2012年1月31日前；第四次出资2480万元，在2012年7月31日前，第五次出资2480万元，在2013年7月31日前，以上出资由甲乙双方按比例完成；这五次出资都以年息5%计息，如华润菏泽公司在此期间分红，双方应将所得分红用于偿还借款和利息；如华润菏泽公司在此期间分红，甲乙双方将按所持招商投资公司股权的比例进行分红，分红所涉及的税费由甲乙双方各自承担；依据2011年2月28日招商投资公司与香港华润电力控股有限公司签订的《华润电力（菏泽）有限公司合资合同备忘录》，香港华润电力控股有限公司在2007年12月28日华润菏泽公司注册时注入资金211383900元，招商投资公司受让10%的股权对应的转让款为2114万元；除此以外，上述10%的股权还应计算融资成本，即按3—5年期的同期银行贷款利率计算至今约为500万元，该款项应在上述股权转让款2114万元时一并支付给华润菏泽公司；甲乙双方约定，上述利息由甲乙双方按所持股权比例各自支付，并可从华润菏泽公司取得的分红中抵偿；协议书还约定了其他内容。

2011年8月3日至2012年5月24日，申玉华分五次借给王桂英共计2100万元，这些借款的本息王桂英已于2013年11月21日前偿还完毕。2013年4月2日，申玉华交到招商投资公司2304万元，其中700万元是支付给王桂英的股权转让款，用于王桂英增资，王桂英又交给招商投资公司176万元，用于华润菏泽公司第四次增资2480万元。原告王桂英主张其通过向被告申玉华借款筹集2100万元，申玉华支付股权转让款700万元，王桂英自筹176万元，合计2976万元，招商投资公司已经支付2640万元，还剩余336元未支付。截至2015年12月，招商投资公司的流动负债为11452500元，流动负债主要是向申玉华、王桂英的借款，招商投资公司的未分配利润为153986889. 83元，净利润为62875046. 31元。

另查明，原告王桂英曾于2015年10月8日向菏泽市中级人民法院起诉，要求解散招商投资公司，菏泽市中级人民法院经审理，驳回王桂英的诉讼请求，王桂英不服，向山东省高级人民法院提起上诉，目前该案正在审理中。

【案件焦点】

1. 原告要求被告招商投资公司偿还借款本金336万元是否符合法律规定；2. 原告要求被告招商投资公司分红应否予以支持。

【法院裁判要旨】

山东省菏泽经济开发区人民法院经审理认为：原告王桂英与被告申玉华达成一致意见，原告王桂英将招商投资公司的部分股权转让给被告申玉华，并向华润菏泽公司投资，签署了《合作协议书》，约定了双方的权利和义务，这份协议书涉及原告王桂英与被告申玉华的内容，并不违反法律规定，应当认定为有效。王桂英借款给被告招商投资公司，用于该公司投资，该借款没有约定还款期限，被告招商投资公司有盈余，原告王桂英随时可以要求被告招商投资公司偿还借款336万元，故原告要求被告招商投资公司支付借款本金336万元的请求有事实根据，符合法律规定，应当予以支持。原告要求被告申玉华个人赔偿这部分利息损失缺乏事实根据和法律依据，不予支持。关于被告招商投资公司是否应当分红关键要看该公司是否召开股东会形成利润分配决议。因为公司是否分红属于公司自主经营的范畴，司法不能强行干预。尽管被告招商投资公司有巨额利润，但是本案被告招商投资公司既未召开股东会商议分红事项，更未通过利润分配方案。《合作协议书》关于分红的约定不能代替股东会决议，因股东会决议是根据公司经营的具体状况而适时作出的，而《合作协议书》关于分红的约定只是对分红的原则性约定。原告王桂英要求分红缺乏事实根据和法律依据，要求被告申玉华赔偿分红的利息损失更是缺乏基础事实，不予支持。

山东省菏泽经济开发区人民法院依照《中华人民共和国合同法》第二百零六条，《中华人民共和国公司法》第三十四条、第一百六十六条之规定，作出如下判决：

一、被告菏泽招商国际投资开发有限公司于本判决生效后三日内偿还原告王桂英借款本金336万元；

二、驳回原告王桂英的其他诉讼请求。

一审宣判后，双方当事人均未上诉，被告招商投资公司自动履行了判决书确定的义务。

【法官后语】

公司是否进行盈余分配属于公司自主经营的范畴，司法不应强行干预。公司是否进行盈余分配关键要看该公司是否召开股东会形成利润分配决议。尽管招商投资公司有巨额利润，但是本案被告招商投资公司既未召开股东会商议分红事项，更未通过了利润分配方案。

《合作协议书》关于分红的约定不能代替股东会决议，因股东会决议是根据公司经营的具体状况而适时作出的，而《合作协议书》关于分红的约定只是对分红的原则性约定。原告王桂英与被告申玉华达成一致意见，原告王桂英将招商投资公司的部分股权转让给被告申玉华，并向华润菏泽公司投资，签订的《合作协议书》并不违反法律规定，合法有效。王桂英借款给被告招商投资公司，用于公司投资，该借款没有约定还款期限，被告招商投资公司有盈余，原告王桂英随时可以要求被告招商投资公司偿还借款，故原告要求被告招商投资公司支付借款本金的请求，应予支持。原告要求被告申玉华个人赔偿借款利息缺乏事实根据和法律依据，不予支持。

本案及时、准确贯彻执行了《中共中央、国务院关于完善产权保护制度依法保护产权的意见》的精神，依法平等保护了各类市场主体的合法产权利益。本案既保护了原告王桂英的债权，也保护被告招商投资公司对盈余分配的决定权，保护了企业法人的财产安全。本案不因原告的过分诉求，而任意牵连，侵占控股股东申玉华的个人合法财产，依法保护了其他自然人股东的合法财产。

编写人：山东省菏泽市经济开发区人民法院　李改勤

五、公司决议纠纷

24

股东投资协议的约束范围

——杜玉春、熊英诉北京恒通冠辉投资有限公司公司决议效力确认案

【案件基本信息】

1. 裁判书字号

北京市第一中级人民法院（2016）京01民终字第6676号民事判决书

2. 案由：公司决议效力确认纠纷

3. 当事人

原告（被上诉人）：杜玉春、熊英

被告（上诉人）：北京恒通冠辉投资有限公司（以下简称恒通公司）

【基本案情】

2013年9月24日，北京吉祥冠辉酒店管理有限公司（以下简称吉祥公司）与徐晓强、马广、汪云波、郭春明、董涛、杨一华、王桂亮、王硕8人签订《合作协议》。约定，共同出资700万元投资冠辉商务大厦物业项目。以吉祥公司作为承租方，与项目产权方签订《房屋租赁合同》。该项目的所有对外租赁业务，均由吉祥公司作为经营主体。根据该项目每年净利润，按股东各方出资比例分得收益。

2015年1月31日，吉祥公司与徐晓强、马广、汪海清（注：其出资部分原由汪云波代持）、汪云波、郭春明、董涛、杨一华、王桂亮、王硕9人签署《会议纪要》。该纪要载明：1.2016年4月底之前，各位自然人投资者的427万元投资款全

部收回。2016 年 6 月底之前，吉祥公司的 273 万元投资款全部收回。2. 2016 年 12 月底之前，全部投资者的投资利润予以分配。具体分配方式以及分配金额由全部投资者共同开会讨论决定……

2015 年 12 月 12 日，徐晓强、马广、董涛、杨一华、杜玉春、王桂娥、王桂亮、王硕、冯海振、汪云波、汪海清、熊英、富征、刘脉、郭春明 15 人签署《投资人决议》。该决议载明：以上参会人员皆为该项目（注：冠辉商务大厦物业项目）投资人。拆分法人（注：吉祥公司）股在该项目的股份，变更为个人股东，并由以上个人股东共同设立新公司，新公司设立及成立后，财务、人事、管理工作均从原操盘的吉祥公司分离，具体工作完成时间截至 2016 年 1 月 31 日前。2016 年 4 月分配方案，根据 2015 年 1 月 31 日股东会议执行。

2015 年 12 月 22 日，恒通公司注册成立，公司类型为有限责任公司，营业期限至 2045 年 12 月 21 日。注册资本为 100 万元，由徐晓强、马广、郭春明、汪云波、王桂亮、王硕、董涛、杨一华、汪海清、王秋玲（注：其出资部分原由徐晓强代持）、刘脉、王桂娥、熊英、杜玉春、富征、冯海振 16 位股东共同认缴出资设立。

2016 年 1 月 18 日，吉祥公司与恒通公司就冠辉商务大厦物业项目具体转接事宜签订《协议》，吉祥公司将冠辉商务大厦物业项目的承租使用权、管理权及物业经营权全部转让给恒通公司。

2016 年 1 月 29 日，吉祥公司、恒通公司共同与北京中新联科技股份有限公司签订了《房屋租赁合同主体变更协议书》，将吉祥公司承租的冠辉商务大厦变更为恒通公司承租。

吉祥公司与恒通公司就冠辉商务大厦项目自 2013 年 10 月 25 日（起租日）至 2016 年 2 月 29 日的账务进行了交接。双方就冠辉商务大厦收入支出后余额达成一致意见。最终转账金额为 334558. 52 元。吉祥公司在《冠辉商务大厦财务交接协议》上签章。

2016 年 6 月 4 日，恒通公司召开股东会，公司全体股东参加。股东会决议载明：一、关于当初投资款返还问题。现在公司账上有 380 万—390 万元，先拿出 300 万元，在本次会议召开后两周内按照当初的投资比例先分给当初的投资者，即董涛、郭春明、马广、汪云波、汪海清、王桂亮、王硕、王秋玲、徐晓强、杨一华。表决结果是董涛等 12 名股东同意，杜玉春、富征、冯振海、熊英等 4 名股东不同意。按照《公司章程》和《中华人民共和国公司法》的规定，同意的股东所代表的股权比例超过了半数，该决议予以通过。……按照《公司章程》和公司法的规定，同意的股东所代表的股权比例超过了半数，该决议予以通过。

【案件焦点】

股东会决议事项一的内容实质及效力。

【法院裁判要旨】

北京市石景山区人民法院经审理认为：首先，股东会决议事项一的内容和《会议纪要》《投资人决议》是一脉相承的，现《会议纪要》明确载明了投资者对其“投资款”要在某时限前收回，恒通公司股东会决议事项一载明的亦是“当初投资款返还”的问题，均与“项目转让”和“对价”无关。其次，恒通公司成立之前和之后，各投资者对冠辉商务大厦项目的投资，主要体现在经营方式的改变，即从协议合作方式变为新设公司专门经营方式，而且投资主体完全重合，现“项目”既未外流，且投资人的投资权益体现为股东权益亦未受到损害。最后，《会议纪要》作出时，各投资人尚无设立新公司的决议；《投资人决议》作出时，恒通公司亦未成立；恒通公司成立后，是吉祥公司而不是投资款返还受益人与其就冠辉商务大厦项目具体转接事宜签订的《协议》，且并未涉及“对价”。故恒通公司股东会决议事项一的内容实质不能认定为“项目转让支付对价”。

虽然《会议纪要》和《投资人决议》中对投资款返还的时间和顺序等问题有明确的约定，且在恒通公司成立前后冠辉商务大厦项目的投资人完全重合，但《会议纪要》和《投资人决议》并不能因此对恒通公司产生约束力。第一，《会议纪要》和《投资人决议》作出时，恒通公司尚未成立，《会议纪要》和《投资人决议》指向的返还投资款义务与恒通公司无关。第二，恒通公司成立后，具有独立的法人人格，受公司法律制度调整。股东会决议作出时，各接受投资返还的投资人的行权身份是股东，其应依公司法和《公司章程》行使股东权利。第三，吉祥公司与恒通公司就冠辉商务大厦项目进行账务交接时，对冠辉商务大厦收入支出后余额已经达成一致意见，即余额为 334558.52 元，这远远不足以返还投资款。

现股东会决议事项一所涉 300 万元是恒通公司成立后产生的收益，属于恒通公司财产，对其支配和处分应符合《中华人民共和国公司法》和《公司章程》的相关规定。《中华人民共和国公司法》第三条第一款规定："公司是企业法人，有独立的法人财产，享有法人财产权。公司以其全部财产对公司的债务承担责任。"第二十条第一款规定："公司股东应当遵守法律、行政法规和公司章程，依法行使股东权利，不得滥用股东权利损害公司或者其他股东的利益；不得滥用公司法人独立地位和股东有限责任损害公司债权人的利益。"第二十二条第一款规定："公司股东会或者股东大会、董事会的决议内容违反法律、行政法规的无效。"而本案中双方当事人争议所指向的股东会决议事项一，是通过股东会决议的形式，要求恒通公司用自己的法人财产对不属于恒通公司的债务承担返还义务，这直接损害了恒通公司和部分股东的利益，违反了公司法的相关规定，应认定为无效。

综上所述，恒通公司的上诉请求不能成立，应予驳回；一审判决认定事实清楚，适用法律正确，应予维持。依照《中华人民共和国民事诉讼法》第一百七十条第一款第（一）项规定，判决如下：

驳回上诉，维持原判。

本判决为终审判决。

【法官后语】

诉争第一项股东会决议相关内容由于经历了经营方式的改变、公司的设立而导致性质模糊。因相关协议的签署在公司成立之前，而使新公司能否承继相关协议的权利义务产生争议。

虽然，设立公司的协议（又被称股东投资协议、发起人协议）有其特殊性，它是关于公司设立事项的协议，既有调整公司设立完成之前的事项，同时又有调整公司成立之后股东之间、股东与公司之间权利义务关系以及公司治理结构的内容。但股东投资协议仍然只是约束发起人之间的合同，对于公司章程未予记载而股东投资协议中有明确约定且涉及签约发起人股东利益的问题，由全体发起人股东订立的股东投资协议仍是处理相关争议的基本法律依据，只是争议所涉及的利益应是针对全体发起人股东的特定利益，而不是整个公司的利益。

本案中，各方之所以对第一项股东决议产生争议，源于对公司法人人格独立性的认识不清，尤其是在投资主体完全重合、投资方式发生变更的情况下，由于最初的投资方式类似于合伙，各方仅形成一个松散的合作团体，即使后期设立了恒通公司，也极易依照习惯将股东之间权利义务关系直接作用于新成立公司。然而，公司法人不同于松散的合作团体，其自身有严密的组织机构和资合性质，民法上将其拟制为“人”，在财产独立和意思独立基础上，公司法人具有独立的人格。公司法人虽因发起人股东签订的《投资人决议》得以设立，但是公司一旦成立，公司法人就在一定程度上脱离了发起人的意志，而拥有了独立的意愿，并受到公司法及公司章程的规制。

编写人：北京市石景山区人民法院　马玥

25

伪造签名对股东会决议效力的影响

——王蕾诉北京环球通商投资有限公司股东会决议无效案

【案件基本信息】

1. 裁判书字号

北京市丰台区人民法院（2015）丰民（商）初字第02340号民事判决书

2. 案由：股东会决议效力确认

3. 当事人

原告：王蕾

被告：北京环球通商投资有限公司（以下简称环球通商公司）

【基本案情】

环球通商公司成立日期为2000年8月30日，成立时股东为朱灏、王蕾、李建伟三人；现股东为王蕾、朱灏、姚尔强三人。本案中，王蕾提供的2004年12月12日《环球通商公司第二届第三次股东会决议》载有：“一致同意公司股东朱灏将其持有的占公司注册资本51%的股权转让给姚尔强；原股东王蕾放弃对该项股权的优先购买权……”等内容，该决议上有王蕾、朱灏签名。王蕾提供的同日《环球通商公司第三届第一次股东会决议》载有："同意姚尔强加入本企业，与王蕾、朱灏组成公司第三届股东会"等内容，该决议上有王蕾、朱灏、姚尔强签名。

现王蕾主张上述两份决议上的签名并非其本人所签，并向本院申请鉴定。法院依法委托北京民生物证科学司法鉴定所进行鉴定。鉴定机构出具了京民司鉴（2015）文鉴字第156号《司法鉴定意见书》一份，鉴定意见为"检材上'王蕾'签名与样本上王蕾签名不是同一人书写"。

【案件焦点】

股东会决议上的签名系伪造时，股东会决议的效力如何认定。

【法院裁判要旨】

北京市丰台区人民法院经审理认为：根据鉴定机构出具的司法鉴定意见书，可以认定2004年12月12日《环球通商公司第二届第三次股东会决议》《环球通商公司第三届第一次股东会决议》上的王蕾签字并非王蕾书写，且环球通商公司亦未能提供充分的证据材料证明股东会决议的内容是王蕾的真实意思表示，故王蕾要求确认上述决议无效的诉讼请求理由正当，予以支持。

北京市丰台区人民法院依照《中华人民共和国民法通则》第五十五条第（二）项，《中华人民共和国合同法》第五十二条的规定，作出如下判决：

一、确认2004年12月12日《北京环球通商投资有限公司第二届第三次股东会决议》无效；

二、确认2004年12月12日《北京环球通商投资有限公司第三届第一次股东会决议》无效。

【法官后语】

伪造签名情形下，决议效力之所以具有极大的争议性的根本原因是，伪造仅是一种造成瑕疵的方式，而判断决议的效力需要从实质上进行判断，而该决议是不成立还是成立后的无效或可撤销，需分情况而论。

当股东会没有召开或召开股东会没有作出决议或决议不满足多数决时，利用伪造签名的方式形成了决议文件。决议的成立要件包括具有股东会的外观存在、股东会作出决议和决议满足多数决，此种情况应属于决议不满足成立要件而不成立的情形，法院往往以决议无效予以认定。

当股东会召开，满足多数决的股东伪造了其他股东的签名形成决议时，伪造签名的行为侵犯了《中华人民共和国公司法》第四条规定的股东权益，决议应当因违反法律规定而归于无效。伪造股东的签名意味着股东的姓名权和基于股东身份的股东权受到了侵犯，如果承认决议行为的效力，则意味着承认该侵权行为的效力，法律所保护的利益则落空。

本案中，被告公司召开了作出涉案股东会决议的股东大会，且该决议的通过满足多数股东同意，故涉案股东会决议成立。依据上述分析，伪造签名违反了《中华人民共和国公司法》规定的股东权益，故该股东会决议无效。

编写人：北京市丰台区人民法院　阎冰清

26

原请求确认公司决议无效，后变更为撤销，是否超过60日除斥期间

——隋小丽诉北京凯必盛自动门技术有限公司公司决议撤销案

【案件基本信息】

1. 裁判书字号

北京市第一中级人民法院（2016）京01民终字第343号民事判决书

2. 案由：公司决议撤销纠纷

3. 当事人

原告（被上诉人）：隋小丽

被告（上诉人）：北京凯必盛自动门技术有限公司（以下简称凯必盛公司）

【基本案情】

凯必盛公司成立于2000年8月28日，现公司注册资本2890万元，公司股东分

别为：隋小丽（股权比例40%）、石建荣（股权比例60%），公司董事会成员共三人，分别为隋小丽、吴小立、周淑英。凯必盛公司章程规定：董事会由董事长召集并主持，董事长因特殊原因不能履行职务时，由董事长指定其他董事负责召集和主持，三分之一以上董事可以提议召开董事会议，并应于会议召开十日前通知全体董事；董事会对所议事项作出的决定应有三分之二以上的董事表决通过方为有效，并应作出会议记录，出席会议的董事应在会议记录上签名。

2015年8月20日，凯必盛公司于公司会议室召开董事会，并作出董事会决议，董事会决议载明：凯必盛公司于十天前通知全体董事召开会议，应到三人，实到两人（吴小立、周淑英），缺席一人（隋小丽），本次会议召开符合《中华人民共和国公司法》及《北京凯必盛自动门技术有限公司章程》要求，本次会议决议内容如下：1. 免去隋小丽担任的公司董事长职务，不再担任公司的法定代表人；2. 选举吴小立担任公司董事长，为公司法定代表人；3. 同意根据以上决议内容在工商行政管理部门进行相应变更登记工作。该董事会决议有吴小立、周淑英签字确认。2015年8月28日，凯必盛公司的董事长由隋小丽变更登记为吴小立。

隋小丽于2015年9月18日向法院提起诉讼，请求确认凯必盛公司做出的关于董事长变更的股东会、董事会决议无效，法院于2015年10月22日开庭进行了审理，经法庭释明，隋小丽当庭将诉讼请求变更为：请求撤销凯必盛公司于2015年8月20日作出的董事会决议。凯必盛公司称：隋小丽主张的诉讼请求已过除斥期间，不应予以支持。《中华人民共和国公司法》规定的撤销董事会决议的除斥期间为"自决议作出之日起六十日内"，隋小丽于2015年10月22日当庭将诉讼请求变更为撤销凯必盛公司于2015年8月20日作出的董事会决议，该诉讼请求已过除斥期间。

【案件焦点】

隋小丽在60日内提起确认公司决议无效之诉，后当庭变更为公司决议撤销之诉，此时已经超过60日，隋小丽的诉讼是否超过60日除斥期间。

【法院裁判要旨】

北京市昌平区人民法院经审理认为：《中华人民共和国公司法》第二十二条第二款规定："股东会或者股东大会、董事会的会议召集程序、表决方式违反法律、行政法规或者公司章程，或者决议内容违反公司章程的，股东可以自决议作出之日起六十日内，请求人民法院撤销。”从法律性质上来看，该条规定的起诉期间当属逾期不行使权利即失效的除斥期间，其目的在于督促权利人及时行使诉讼权利、保障公司运营的稳定性。本案中，凯必盛公司于2015年8月20日作出董事会决议，隋小丽于决议作出之日起六十日内提起诉讼，虽然其诉讼请求为确认公司决议无效，后经法庭释明方于决议作出之日起六十日后将诉讼请求变更为撤销该董事会决议，但隋小丽于决议作出之日起六十日内提起诉讼的行为应当视为及时行使了诉讼权利，故不应因其诉讼请求不当而剥夺其诉讼权利，故该院认定隋小丽的起诉未超过除斥期间的规定，该院按照变更诉讼请求后的撤销之诉予以审理。关于本案诉争董事会决议是否符合撤销情形。法院认为本案所涉董事会会议的召集程序违反公司章程规定，隋小丽作为公司股东，有权请求人民法院予以撤销。

北京市昌平区人民法院依据《中华人民共和国公司法》第二十二条第二款，《中华人民共和国民事诉讼法》第六十四条，《最高人民法院关于民事诉讼证据的若干规定》第二条之规定，判决如下：

撤销凯必盛公司于2015年8月20日作出的董事会决议。

凯必盛公司提起上诉，认为本案已经超过60日的除斥期间，且一审判决确认董事会并非隋小丽召集而违法属于适用法律错误。

北京市第一中级人民法院经审理认为：隋小丽最初起诉主张确认涉案董事会决议无效，后在诉讼过程中经一审法院释明将诉讼请求变更为撤销涉案董事会决议，凯必盛公司对此提出异议，其认为不能混淆公司决议无效纠纷和公司决议撤销纠纷，隋小丽变更诉讼请求时已经超过直接起诉撤销公司决议诉讼的除斥期间，一审判决违反除斥期间性质、违反民事诉讼法基本原则。隋小丽起诉主张涉案董事会决议无效，以及之后变更诉讼请求为撤销涉案董事会决议，其目的均是否定涉案董事会决议的效力，其提起本案诉讼时系涉案董事会决议作出60日之内，并未超过关于起诉撤销董事会决议的除斥期间的规定，应当认定隋小丽及时行使了诉讼权利，一审法院准许隋小丽将确认董事会决议无效的诉讼请求变更为撤销董事会决议并进而作出判决并无不当，故对凯必盛公司该项主张不予支持。在凯必盛公司未能举证证明隋小丽在涉案董事会召开前10日即知晓召开会议事宜，一审法院认定涉案董事会的召集程序违反公司章程的规定进而判决撤销涉案董事会决议并无不当。凯必盛公司的上诉理由均不能成立，对其上诉请求不予支持。一审判决认定事实清楚，适用法律正确，处理结果并无不当，应予维持。

北京市第一中级人民法院依照《中华人民共和国民事诉讼法》第一百七十条第一款第（一）项之规定，判决如下：

驳回上诉，维持原判。

【法官后语】

本案的主要争议焦点为涉案诉讼是否超过60日的除斥期间，也即是60日从隋小丽起诉开始计算还是从变更诉讼请求为公司决议撤销之诉时开始计算。隋小丽主张未超过除斥期间，应当从起诉日期开始计算。凯必盛公司则主张公司法规定的撤销董事会决议的除斥期间为“自决议作出之日起六十日内”，隋小丽于2015年10月22日当庭将诉讼请求变更为撤销决议时，该诉讼请求已过除斥期间，确认决议无效之诉不可视为决议撤销之诉，因此不能混淆决议无效纠纷和公司决议撤销纠纷。

从法律性质上来看，公司决议纠纷设置除斥期间，其目的在于督促权利人及时行使诉讼权利，对于公司决议有异议的及时提起诉讼，通过法院及时作出判决来保障公司运营的稳定性及可预测性。就本案而言，凯必盛公司于2015年8月20日召开董事会，并作出董事会决议。隋小丽于2015年9月18日，即一个月内便向法院提起诉讼，请求确认决议无效。后，法院于2015年10月22日开庭，经法庭释明，隋小丽当庭将诉讼请求变更为撤销董事会决议。隋小丽在60日内提起公司决议无效之诉，后经法院释明变更诉讼请求为公司决议撤销之诉，虽然变更诉讼请求时已经超过了60日，但隋小丽诉讼之目的是否定涉案董事会决议的效力，其提起本案诉讼时系涉案董事会决议作出60日之内，应当视为及时行使了权利，并未违背除斥期间设定之目的，不应因其诉讼请求不当而剥夺其诉讼权利，故应当认定隋小丽及时行使了诉讼权利，本案没有超过60日的除斥期间。

编写人：北京市第一中级人民法院　甄洁莹

27

确认股东会决议有效的模式

——简灿辉、陈浩标诉宜州市圣芝矿业有限公司、陈斯光公司决议效力确认案

【案件基本信息】

1. 裁判书字号

广西壮族自治区河池市中级人民法院（2016）桂12民终字第1365号民事判决书

2. 案由：公司决议效力确认纠纷

3. 当事人

原告（被上诉人）：简灿辉、陈浩标

被告（上诉人）：宜州市圣芝矿业有限公司（以下简称圣芝公司）、陈斯光

第三人：陈佳豪

【基本案情】

2010年11月18日，原告简灿辉、陈浩标与被告陈斯光及第三人陈佳豪共同投资设立圣芝公司，各股东的持股比例为：简灿辉占45%、陈浩标占30%、陈斯光与陈佳豪各占12.5%，公司由陈斯光担任执行董事、法定代表人，公司的公章、营业执照正副本原件均由陈斯光保管。圣芝公司章程规定，公司执行董事（兼总经理）由股东会选举产生，每届任期三年，陈斯光自2010年11月18日起担任公司执行董事（兼总经理）。公司在运营过程中，将公司的业务即开采宜州市三岔镇良因村龙兜山大理石业务承包给郭玉山，在承包合同履行过程中，两原告认为被告陈斯光不能正常履行职务，于2015年4月1日提起股东代位诉讼要求解除圣芝公司与郭玉山之间的承包合同，之后，郭玉山也提起诉讼要求解除承包合同，在诉讼中，两原告与被告陈斯光有不同的意见，为此，两原告与被告陈斯光双方产生纠

纷，原告认为被告陈斯光未能履行忠实勤勉义务且损害公司利益，于2016年1月17日，两原告以手机短信方式通知陈斯光与陈佳豪，并告知公司于2016年1月19日晚上8时在广州市番禺区钟村镇名中客酒店召开股东会，选举公司新的执行董事（兼总经理）事宜，被告陈斯光没有参加会议，第三人陈佳豪陈述其没有收到召开股东会的通知，也没有参加会议。股东会作出决定，由简灿辉担任圣芝公司执行董事（兼总经理）职务、作为公司法定代表人，同时免去陈斯光的圣芝公司执行董事（兼总经理）职务、停止行使公司法定代表人职权，由其将所保管的公司公章、营业执照正副本原件移交给简灿辉持有保管，并协助公司到广西宜州市工商局办理公司法定代表人变更登记手续。股东会作出决议后，两原告同样以手机短信方式将股东会决议的内容通知陈斯光与陈佳豪，但被告陈斯光仍未协助办理公司法定代表人变更登记手续，以及将其持有的公司公章、营业执照正副本原件移交给简灿辉保管。

原告起诉请求确认圣芝公司于2016年1月19日的股东会决议合法有效及被告陈斯光将其持有的圣芝公司公章、营业执照正副本原件移交给原告简灿辉持有保管。

被告圣芝公司、陈斯光以及第三人认为公司2016年1月19日的股东会议决议无效，被告没有收到召开股东会的通知，原告所列的第三人的手机号码也不是第三人的手机号码，按照公司规定，要作出重大决议的，必须要四名股东同时参加会议，原告通知召开会议的时候第三人并不知道开会的地点，原告定于8点开会，通知被告及第三人的时间很紧急。被告及第三人认为会议决议无效，并且原告要求被告陈斯光移交诉请的文件的请求也不能成立。

在本案审理过程中，经法院释明，股东会召集程序违反法律、行政法规或者公司章程的，或者决议内容违反公司章程的，股东可以自决议作出之日起六十日内，请求法院撤销，至今没有当事人向法院提起撤销的请求。

【案件焦点】

圣芝公司于2016年1月19日的股东会决议是否合法有效。

【法院裁判要旨】

广西壮族自治区宜州市人民法院经审理认为：股东会作出选举执行董事、法定代表人的决议属于股东会的普通决议，需要出席会议的股东所持表决权的半数即可通过的决议，现本案两原告所持表决权为75%，所作出决议的内容是由原告简灿辉担任圣芝公司执行董事（兼总经理）职务、作为公司法定代表人，同时免去陈斯光的圣芝公司执行董事（兼总经理）职务、停止行使公司法定代表人职权，由其将所保管的公司公章、营业执照正副本原件移交给简灿辉持有保管，并协助公司到广西宜州市工商局办理公司法定代表人变更登记手续，该决议的内容没有违反法律、行政法规的规定，是合法有效的股东会决议；现被告陈斯光仍然持有公司公章、营业执照正副本原件，应当移交给简灿辉持有保管，故原告的请求，予以支持。被告及第三人认为被告陈斯光没有未能履行忠实勤勉义务损害公司利益的行为，以及第三人未收到召开股东会的通知和决议内容的告知和决议违反章程规定股东会作出决议必须经四名股东都同意的前提等，故股东会决议是无效的，公司法并没有规定，只有执行董事、法定代表人未能履行忠实勤勉义务损害公司利益等原因才可以罢免其职务，即有故罢免，股东会作为公司的权力机构，罢免执行董事、法定代表人是其职权范围，现代公司法理念是适应市场经济要求，只要股东会认为执行董事、法定代表人不适宜公司发展要求，就可以罢免其职务，即无故罢免，也就是即使被告陈斯光没有违反忠实勤勉义务损害公司利益的行为，股东会也可以罢免其职务；另外，原告在召开股东会的前两天才通知被告陈斯光及第三人陈佳豪，违反公司法要求股东会会议，应当于会议召开15日前通知全体股东的规定，以及第三人未收到召开股东会的通知和决议内容的告知等；再者，本次股东会只有原告两名股东参加会议，违反了章程规定股东会作出决议必须经四名股东都同意的前提，但这些均属于股东会召集程序、表决方式违反法律、章程的规定，法院已经释明，这是属于股东会决议可撤销的情形，不是决议无效的情形，现股东没有提起撤销之诉，故股东会决议合法有效，被告及第三人陈佳豪辩解理由不能成立，不予支持。

广西壮族自治区宜州市人民法院依照《中华人民共和国公司法》第二十二条、第三十七条、第三十九条、第四十一条，《中华人民共和国民事诉讼法》第六十四条、第一百四十二条之规定，判决如下：

一、宜州市圣芝矿业有限公司于2016年1月19日的股东会决议合法有效。

二、被告陈斯光将其持有的宜州市圣芝矿业有限公司公章、营业执照正副本原件移交给原告简灿辉持有保管。

圣芝公司上诉。广西壮族自治区河池市中级人民法院经审理认为：本案二审的争议焦点为：圣芝公司2016年1月19日所作的股东会决议是否有效。关于圣芝公司2016年1月19日所作的股东会决议是否有效的问题。圣芝公司股东会决议只涉及更换公司法定代表人事项，该内容不违反法律、行政法规的规定，简灿辉、陈浩标享有圣芝公司75%的股权，超过2/3的表决权，该股东决议应为有效。圣芝公司股东会决议在召集主体、召集程序、表决方式上违反了《中华人民共和国公司法》关于股东会召集、表决的相关规定及公司章程的相关约定，存在瑕疵。但上述瑕疵并不导致股东会决议无效，根据上述法律规定，股东会决议在召集程序、表决方式违反法律、行政规定或者公司章程等情况的，股东享有撤销权，股东可以自决议作出之日起六十日内，请求人民法院撤销股东会决议。据此，陈斯光以圣芝公司股东会决议召集程序、表决方式违反公司法及公司章程而请求确认无效的理由不成立。圣芝公司2016年1月19日作的股东会决议有效。综上所述，陈斯光的上诉请求不能成立，应予驳回。一审判决认定的事实清楚，适用法律正确，应予维持。

广西壮族自治区河池市中级人民法院依照《中华人民共和国公司法》第二十二条第一款、第二款，《中华人民共和国民事诉讼法》第一百七十条第一款第（一）项的规定，作出如下判决：

驳回上诉，维持原判。

【法官后语】

股东会是公司的权力机构，股东会决议就是公司运营以及所有经营活动的灵魂，所以股东会决议作出是否正确将会影响交易安全乃至整个社会主义市场经济的秩序问题，正因为股东会决议的灵魂性作用，因此股东会决议的效力就应当受到一定的司法审查，但公司法本质上还是属于私法规范，意思自治是民商法的核心理念，故公司法将司法审查的范围只限定于股东会决议无效和股东会决议可撤销两种，这就是公司股东会决议效力瑕疵的“二分法”规定。

本案是确认股东会决议有效的案件，那么决议是否合法有效以及是否无效或者是否可撤销就成为不得不思考的问题，尤其是股东会决议是否属于无效或者可撤销，将会导致两种不同审判思维模式，故正确区分股东会决议无效和股东会决议可撤销是审理本案关键。

由于“二分法”规定的局限性，导致法院是否应当受理本案成为一个极具争议的问题。公司法规定司法审查的范围限定于股东会决议无效和股东会决议可撤销，而本案是确认股东会决议有效，这在实体法上并不存在太大的阻碍，但在程序法上就存在很多新问题出现，尤其是诉讼结构模式的设计问题。从实体法上看，股东会决议一经作出，即具有法律效力，从这层法律意义上看，股东会决议属于形成权的范畴，不应当再需要通过诉讼程序来确认其效力，这可能是程序法上没有设计确认股东会决议有效的司法审查制度的主要原因。但根据民商法领域内“法无明文禁止即可为之”的原则，当事人将这些类型案件诉至法院，法院是否应当受理以及如何审理就出现很多问题。本案原告将该案诉到法院时，就出现强烈争论现象，有部分人认为不应当受理，也有部分人认为应当受理。有部分人认为应当按确认决议无效的反诉模式列本案的当事人，假设一个确认股东会决议无效的本诉，将本诉的原告作为反诉的被告，本诉的被告作为反诉的原告，即将公司和其他的股东作为原告，有利害关系的股东作为被告。也有部分人认为应当按确认决议无效的诉讼模式列本案的当事人，将要求确认决议效力的股东作为原告，公司和有利害关系的其他股东作为被告或者是将公司作为被告、其他股东作为第三人的诉讼模式。

这两种诉讼模式所列当事人的地位均具一定理论依据，但第一种诉讼模式列公司为原告，有利害关系的股东作为被告，这种情况下，公司作出公司股东会决议后，又自己起诉确认股东会决议有效，依法律规定，股东会决议自作出时就具有法律效力，公司不必再提起确认之诉，这样也会导致诉讼当事人双方没有对抗性的尴尬局面，显然有不妥之处；第二种诉讼模式列要求确认决议效力的股东作为原告，这种情形的诉讼模式既有相应理论和法律依据，又有符合诉讼制度的对抗性要求，一审法院采用这种诉讼模式设置当事人的地位，有一定的合理性和科学性，属于诉讼结构模式的创新之举。

编写人：广西壮族自治区宜州市人民法院　廖仅就

28

董事会会议通知与实际表决事项不符的，决议应否被撤销

——周建珍诉江苏建协工程咨询有限公司公司决议撤销案

【案件基本信息】

1. 裁判书字号

江苏省无锡市中级人民法院（2016）苏02民终字第2856号民事判决书

2. 案由：公司决议撤销纠纷

3. 当事人

原告（上诉人）：周建珍

被告（被上诉人）：江苏建协工程咨询有限公司（以下简称建协公司）

【基本案情】

建协公司于2013年6月4日通过的《章程》规定，建协公司注册资本500万元，陈亚平、蒋小娟以及周建珍系公司股东，认缴及实缴出资分别为391.25万元、72.5万元以及36.25万元。公司设董事会，成员为3人，由股东会选举产生。董事会行使下列职权：……决定聘任或者解聘公司经理及其报酬事项，并根据经理的提名决定聘任或者解聘公司副经理、财务负责人及其报酬事项……董事会决议的表决，实行1人1票。董事会的议事方式和表决程序为：1. 召开董事会会议，应当于会议召开10日前以书面形式通知全体董事。三分之一以上董事可以提议召开董事会会议。2. 董事会至少有三分之二董事出席方为有效。董事会决议分为普通会议决议和特别会议决议。普通会议决议以多数通过的决议有效，当赞成和反对票相等时，董事长有最终裁决权；特别会议以三分之二以上的董事同意方可通过。3. 董事因故不能出席董事会会议时，可以书面委托其他董事代为出席通过。4. 董事会

应当对所议事项的决定做成会议记录，出席会议的董事应当在会议记录上签名。

2015年7月20日，周建珍收到建协公司发出的《会议通知》1份，载明：建协公司定于2015年8月6日下午2点，在建协公司办公楼5楼会议室召开公司股东会（董事会）议，会议内容为：1. 审议公司2013年度、2014年度、2015年上半年度公司经营、财务情况和审计报告。2. 聘任公司高级管理人员事项。3. 其他事项等。

2015年8月6日，建协公司如期召开会议，周建珍、陈亚平、蒋小娟均参加会议，签收了2014年、2015年审计报告复印件，周建珍要求查账后表态。董事会决议记载的会议内容包括研究聘任黄国庆为公司总经理，全面负责公司人、财、物、业务等事项，同时解聘所有公司总经理、副总经理、财务负责人，由新上任总经理另聘。表决内容为：同意聘任黄国庆为公司总经理，全面负责公司人、财、物、业务等事项，同时解聘所有公司总经理、副总经理、财务负责人，由新上任总经理另聘。陈亚平、蒋小娟表决同意。周建珍在该董事会决议下方书写其意见为：1. 会议通知中并无解聘的议题，本次会议不应就该问题进行表决，本人在副总职位上未受任何处罚，解聘本人显然没有充分理由。2. 聘任新的高管人员，主持人即陈亚平并未说明原因和必要性，作为董事对此情况尚未了解。3. 拟聘的人选事先并未告知，会议中未就拟聘人选的情况作出详细介绍，董事对此情况不了解。综上，董事长在本次董事会搞突击表决，无论在程序上、实体内容上都有损公司利益，同时对本次董事会决议不予认可。

周建珍认为，上述董事会会议在召集程序和表决方式上存在重大瑕疵，会议表决内容与会议通知不符，未提前告知拟聘请人员信息，损害了公司及股东利益。故诉请法院判令：撤销建协公司2015年8月6日作出的董事会决议。建协公司则认为，董事会会议的召集程序、表决内容、方式都是符合法律及公司章程规定，不存在被撤销的理由。

【案件焦点】

建协公司于2015年8月6日作出的董事会决议是否因会议表决内容与会议通知不符而应被撤销。

【法院裁判要旨】

江苏省无锡市滨湖区人民法院经审理认为：在审理公司决议撤销纠纷案件中应

当审查：会议召集程序、表决方式是否违反法律、行政法规或者公司章程，以及决议内容是否违反公司章程。从召集程序看，建协公司已于董事会会议召开10日前向周建珍发出了会议通知，三位董事均出席董事会，未违反法律、行政法规或公司章程的规定。从表决方式看，董事会决议由三位董事中的两名表决通过，未违反法律、行政法规或公司章程的规定。从决议内容看，建协公司章程规定董事会有权解聘公司副总经理，并不违反公司章程。会议议题中虽未明确载明解聘高级管理人员及拟聘请人员情况，但章程对此并无明确规定，且周建珍已实际到会参加董事会并进行了表决，未影响周建珍行使相关权利，不足以否定决议的效力。至于周建珍主张董事会决议系大股东滥用股东权利损害公司或其他股东的利益的意见，董事会决议免除周建珍副总经理职务，周建珍已行使表决权，并未损害其作为股东的利益，周建珍也未举证证明该董事会决议损害了公司利益。故周建珍要求撤销建协公司董事会决议的诉请不予准许。

江苏省无锡市滨湖区人民法院依照《中华人民共和国公司法》第二十二条第二款之规定，作出如下判决：

驳回周建珍的诉讼请求。

周建珍持原审起诉意见提起上诉。江苏省无锡市中级人民法院经审理认为：从召集程序看，建协公司于2015年7月20日发出《会议通知》定于2015年8月6日召开股东会（董事会）议，符合建协公司《章程》规定的至少提前10日以书面形式通知的程序。虽然在该通知书是以括号的形式备注了股东会或董事会会议，但不足以造成被通知人的误解，且陈亚平、蒋小娟以及周建珍均是建协公司股东董事会决议的表决，实行1人1票，普通会议决议以多数通过的决议有效，特别会议以三分之二以上的董事同意方可通过。案涉董事会决议由陈亚平、蒋小娟表决通过，符合建协公司《章程》规定三分之二以上的董事通过的规定。从表决内容看，该次董事会会议的内容为聘任黄国庆为公司总经理，属建协公司《章程》规定的董事会职权范畴。虽然《会议通知》中载明的会议内容并未明确有解聘事项，但在会议通知内容包含聘任公司高级管理人员的情况下，周建珍到会并表达了对聘任及解聘的意见，其权利并未受到实质影响。故2015年8月6日建协公司董事会会议并未违反法律的强制规定，应认定有效，周建珍要求撤销该决议的依据不足。

江苏省无锡市中级人民法院依照《中华人民共和国民事诉讼法》第一百七十

条第一款第（一）项的规定，作出如下判决：

驳回上诉，维持原判。

【法官后语】

关于董事会议题的问题，公司法仅对股份有限公司股东大会决议事项有规定，即股东大会不得对会议通知中未列明的事项作出决议。建协公司为有限责任公司，召开的是董事会会议，显然不适用公司法对股份有限公司作出的上述规定。而综观公司法，并未对有限责任公司的董事会议题进行强制性规定，也未要求议题必须事先通知。故董事会议题是否需要事先通知赋予了公司章程来规定。但从建协公司的《章程》来看，也并未规定董事会议题必须事先通知董事。建协公司所发的《书面通知》中明确了其中一项会议内容为聘任公司高级管理人员事项，一定程度上将会议的主要议题已经通知了公司董事，并未影响到董事权利。

另外，就本案所涉的公司高管任命和解聘事宜，股东与公司的董事、监事、高级管理人员之间本身即为委托合同关系，而委托合同的双方均可以随时行使解除权，除非在委托合同中对此作出特别限制。解聘事由是否成立属于公司内部事务，应由公司自治机制调整，司法机关不宜干涉。无论该解聘事宜是否损害了周建珍的权益，均不在本案的审查范围之内。

编写人：江苏省无锡市中级人民法院　王俊梅　包梦丹　尹慧

29

公司决议撤销纠纷的审查范围

——崔龙诉江苏盛大世贸商城发展有限公司股东会决议撤销案

【案件基本信息】

1. 裁判书字号

江苏省徐州市睢宁县人民法院（2015）睢商初字第622号民事判决书

2. 案由：股东会决议撤销纠纷

3. 当事人

原告（上诉人）：崔龙

被告（被上诉人）：江苏盛大世贸商城发展有限公司（以下简称盛大世贸公司）

【基本案情】

被告盛大世贸公司2009年9月8日设立，注册资本5000万元，现有股东两名即原告崔龙和法定代表人陈红伟（公司执行董事）。崔龙认缴出资额1500万元，持股比例30%；陈红伟认缴出资额3500万元，持股比例70%。

2015年7月7日，被告法定代表人陈红伟委托张洁在睢宁县公证处两名公证员现场监督下将《江苏盛大世贸商城发展有限公司召开股东会议会议通知》通过顺丰速递（单号为201609658772）向原告送达股东会会议通知书，通知原告崔龙于2015年7月25日上午九时在盛大世贸公司会议室召开股东会议，会议审议事项为："1. 股东未履行出资义务、抽逃出资的催缴或者返还；2. 讨论公司对内、对外融资。"2015年7月16日，原告通过EMS（单号为1008376683515）向被告法定代表人陈红伟送达股东会通知回复函，原告就召开股东会的合法性提出质疑。

2015年7月25日上午九时，在睢宁县公证处公证员张建、周紫薇现场监督下，被告在原告崔龙缺席的情况下召开股东会会议，形成决议如下：一、出资情况 1. 股东崔龙截至2012年2月实际出资695.2万元，应当补缴出资804.8万元。截至2015年7月，股东崔龙向公司转、借款6150365.8元。股东崔龙，应在本股东决议送达后十日内，对其抽逃出资804.8万元如数补足；如其不能及时补足认缴出资，取销（消）其股东资格。股东崔龙，所向公司转、借款项，限其在本股东决议送达后十日内向公司偿还，否则公司将提起诉讼或由公司收购其股份。对股东崔龙抽逃资金、转借款给其他股东，对公司造成的损失，其他股东及公司保留诉权。2. 股东陈红伟，应认缴出资3500万元，实际出资43927182.5万元。其在注册资金之外对公司投资，视为向公司借款，对其向公司借款的回报率由股东会议另行决议。二、拟融资2000万元到5000万元，股东应当积极寻找商业合作伙伴，在寻找到相应投资人时，可以转让股份、以公司名义借款等方式进行重组、融资。具体事项可以另行召开股东会会议决定。公司对内融资，拟采用增资扩股方式，将增加注册资金500万—2000万元。

2015年7月28日，陈红伟委托张洁在睢宁县公证员张建、周紫薇现场监督下，通过顺丰速递（单号为515306323991）向原告送达本次股东会会议记录和股东会会议决议。2015年7月30日，原告通过EMS（单号为1035245386616）向陈红伟送达股东会会议决议异议通知书，其认为陈红伟自始至今未召开过股东会，也未按照公司章程和公司法规来处理公司事务，且认为股东会会议记录中提到的徐州公正会计师事务所的审计报告内容虚假。同时，其为了证明其在审计报告截止日期之外，向公司投资的事实，向法院提供了2012年3月8日向盛大世贸公司打款350万元的江苏睢宁农村商业银行股份有限公司营业部打款记录一份。原告认为该决议第一项内容违反了被告公司章程，不属于股东会的决议事项范围，同时该项决议内容所依据的事实并非全面客观，诉请法院依法撤销被告2015年7月25日作出的股东会决议第一项内容。

【案件焦点】

该决议第一项内容是否违反了被告公司章程，是否属于股东会的决议事项范围。

【法院裁判要旨】

江苏省徐州市睢宁县人民法院经审理认为：本次股东会召集程序未违反法律、行政法规或者公司章程。此次股东会决议的第二项内容经代表三分之二以上表决权的股东陈红伟表决通过，第一项内容如何表决通过，公司章程未规定，但根据举重以明轻的解释原则，拥有三分之二以上表决权的股东陈红伟对公司重大事项的决定有权表决通过，对公司非重大事项的决定更有权表决通过，故在表决方式上未违反法律、行政法规或者公司章程。盛大世贸公司章程对股东会职权作了具体规定，此次股东会执行董事陈红伟提请审议事项（1. 股东未履行出资义务、抽逃出资的催缴或者返还；2. 讨论公司对内、对外融资）属于股东会职权范围，有权对上述事项依法作出决议。但股东会决议第一项内容中的“如其不能及时补足认缴出资，取销（消）其股东资格”违反了相关法律规定，依法认定无效。故股东会决议第一项内容本身未违反盛大世贸公司章程，至于股东会决议第一项内容所依据的事实是否客观全面，理由是否成立，不属于司法审查的范围，如若所依据的事实失实，理由不成立，权利人可通过其他合法救济途径解决。

江苏省徐州市睢宁县人民法院依照《中华人民共和国公司法》第二十条第一款、第二十二条第二款，《中华人民共和国民事诉讼法》第六十四条第一款，《最高人民法院关于适用〈中华人民共和国民事诉讼法〉的解释》第九十条的规定，判决：

驳回原告崔龙要求撤销被告江苏盛大世贸商城发展有限公司于2015年7月25日作出的股东会决议第一项内容的诉讼请求。

【法官后语】

股东自治是指股东有权对公司进行自主决策、管理、经营和监督。股东自治的平台是股东会或股东大会，即通过股东会或股东大会对公司行使自治权。本案所涉股东会的召开及股东会决议的形成，就是股东对公司行使股东自治权的具体体现，只要股东会的召集程序、表决方式不违反法律、行政法规或者公司章程，同时股东会审议事项和形成决议的内容属于公司章程规定的审议和决定范围，即属股东会的职权范围，即使作出决议所依据的事实理由有瑕疵或不成立，该股东会决议在公司内部对股东等公司人员而言有约束力。

若股东会决议所依据的事实理由确实不成立，与该决议有利害关系的股东可拒绝执行该决议。如因股东拒绝执行股东会决议而与公司发生纠纷，双方可协商解决，协商不成可寻求司法救济或救济途径。若寻求司法救济，法院在审理相关案件中就要依法审查判断相关股东会决议是否具有证据力，在此情形下股东会决议所依据的事实理由方为司法审查对象。

尊重公司自治是公司法的基本原则之一，公司内部法律关系原则上由公司自治机制调整，司法机关原则上不介入公司内部事务。就本案而言，法院无须审查股东会决议第一项内容所依据的事实是否属实，理由是否成立，故原告崔龙请求撤销股东会决议第一项内容的诉讼请求不成立，依法予以驳回。

编写人：江苏省徐州市睢宁县人民法院　张超　赵参参

30

公司决议效力确认纠纷之诉的原告资格

——刘朝坤、刘朝忠诉云南省机械设备进出口公司公司决议效力确认案

【案件基本信息】

1. 裁判书字号：

云南省昆明市中级人民法院（2016）云01民终字第2033号民事裁定书

2. 案由：公司决议效力确认纠纷。

3. 当事人

原告（上诉人）：刘朝坤、刘朝忠

被告（被上诉人）：云南世博大厦发展有限公司（以下简称世博公司）

【基本案情】

原告刘朝坤、刘朝忠原系云南南山物资贸易有限责任公司（以下简称南山物资公司）股东，后该南山物资公司被工商部门注销。南山物资公司1996年获得被告世博公司33%股份。1998年到1999年，南山物资公司因转让世博公司股份发生争议，云南省高院（1998）云高经终字第158号民事判决认定争议股份未转让其他股东。被告世博公司召开、表决通过了2000年6月19日《云南世博大厦发展有限公司股东会及董事会决议》、2001年9月10日《股东会决议》、2003年12月2日《关于变更股东的股东会决议》、2003年12月2日《关于变更章程、董事、监事的股东会决议》、2006年11月22日《股东会决议》、2012年6月11日《股东会决议》、2013年5月2日《股东会决议》。原告于2015年9月22日起诉，请求：一、确认2000年6月19日《云南世博大厦发展有限公司股东会及董事会决议》无效；二、确认2001年9月10日《云南世博大厦发展有限公司股东会决议》无效；三、确认2003年12月2日《云南世博大厦发展有限公司关于变更股东的股东会决议》无效；四、确认2003年12月2日《云南世博大厦发展有限公司关于变更章程、董事、监事的股东会决议》无效；五、确认2006年11月22日《股东会决

议》无效；六、确认2012年6月11日《股东会决议》无效；七、确认2013年5月2日《股东会决议》无效。

被告世博公司辩称，原告并非世博公司股东，南山物资公司也并非世博公司股东，原告不具有本案诉讼主体资格。

原告没有提交证据证实在被告世博公司作出本案决议之时以及提起本案诉讼之时，南山物资公司仍是世博公司的股东；同时根据南山物资公司工商登记资料显示，公司除了原告刘朝坤、刘朝忠之外还有另外一名自然人股东，南山物资公司现已注销，公司的权利承继关系处于何种状况原告亦未提交证据予以证明。

【案件焦点】

原告是否具有提起本案公司决议效力确认纠纷之诉的主体资格。

【法院裁判要旨】

云南省昆明市官渡区人民法院经审理认为：公司决议纠纷是指公司股东会或股东大会、董事会决议内容或会议召集程序、表决方式违反法律、行政法规或者公司章程，股东向人民法院提起诉讼，要求确认股东会或股东大会、董事会决议的效力或者撤销股东会或股东大会、董事会决议而产生的纠纷，根据我国《中华人民共和国公司法》第二十二条的规定，把公司决议瑕疵的诉讼区分为确认决议无效诉讼和撤销决议诉讼。在公司决议纠纷诉讼中，原告应具有股东身份，公司其他股东与原告以相同理由请求参加诉讼的，应列为共同原告，股东会或股东大会、董事会为公司机关，因此被告为公司，对决议涉及的相关利害关系人，可以列为共同被告或者第三人。

根据2015年7月6日的工商登记查询表明，世博公司股东为一名自然人及一家法人，没有南山物资公司，南山物资公司是否仍为世博公司股东、拥有股份，需要司法或行政登记确认。南山物资公司工商登记股东除原告外，还有一名自然人。本案中原告是否是被告世博公司股东、享有多少股权，还需要经过股东资格法定确认程序及其他公司法规定程序，故本案原告股东资格需要前置确认程序，现起诉不符合条件。另，本案中涉及的公司决议有七项，决议内容不同，决议涉及的相关利害关系人不同，因此属于不能合并审理的诉讼，应当按照一个决议一个诉讼的原则，分别起诉和审理。本案原告的起诉，目前不符合受理条件。昆明市官渡区人民法院依照《中华人民共和国民事诉讼法》第一百一十九条第（一）项、第一百五十四条第一款第（三）项之规定，裁定如下：

驳回原告刘朝坤、刘朝忠的起诉。

刘朝坤、刘朝忠不服一审裁定，提起上诉，请求撤销裁定，并指定一审法院继续审理本案。

云南省昆明市中级人民法院经审理认为：根据《中华人民共和国民事诉讼法》第一百一十九条第（一）项之规定，原告需是与本案有直接利害关系的公民、法人和其他组织，本案系基于世博公司作出的股东会决议、董事会决议违反法律规定而提起的公司决议效力确认之诉，理应由公司股东或与该决议有直接利害关系的主体提起。上诉人主张因南山物资公司系世博公司股东，在南山物资公司注销后承继了相应的权利，但根据本案查明的事实，南山物资公司并非世博公司登记在册的股东。上诉人虽然主张（1998）云高经终字第158号民事判决对南山物资公司股东身份进行过认定，但该判决仅只能证明在出具该判决的时间点上南山物资公司系世博公司股东，在世博公司作出本案决议之时以及提起本案诉讼之时，南山物资公司是否是世博公司的股东，上诉人未提交证据予以证明。同时根据南山物资公司工商登记资料显示，公司除了上诉人刘朝坤、刘朝忠之外还有另外一名自然人股东，南山物资公司现已注销，公司的权利承继关系处于何种状况上诉人亦未提交证据予以证明。在上诉人未举证证明南山物资公司系世博公司股东，以及上诉人在南山物资公司注销后已经承继了公司权利的情况下，其在本案中主张因承继了南山物资公司在世博公司的股东权利并提起本案诉讼无事实及法律依据。一审法院所作裁判认定事实清楚，适用法律正确，审判程序合法，应当予以维持。

云南省昆明市中级人民法院依照《中华人民共和国民事诉讼法》第一百四十四条、第一百七十条第一款第一项之规定，裁定如下：

驳回上诉，维持原裁定。

【法官后语】

学理上，把公司决议瑕疵的诉讼区分为确认决议无效诉讼和撤销决议诉讼。《中华人民共和国公司法》第二十二条明确规定，撤销决议诉讼的原告资格，应为股东；但是，对确认公司决议无效的原告资格，《中华人民共和国公司法》第二十二条并没有明确规定，只是规定了公司股东会或股东大会、董事会决议内容违反法律、行政法规的无效，对于谁可以提起无效诉讼没有规定。人民法院出版社出版的最高人民法院民事案件案由规定课题小组在《最高人民法院民事案件案由规定理解与适用》一书中，对确认公司决议无效诉讼和撤销公司决议诉讼的原告主体资格均认为是公司股东。

从《中华人民共和国公司法》第二十二条的全部条款规定来看，公司股东当然具备提起公司决议无效诉讼的主体资格，但是该条规定并没有否定其他有利害关系的主体起诉的资格，比如说，董事、监事、实际控制人、隐名股东等。对此，还是应对原告资格持开放态度，以有直接利害关系为限。

综上，公司决议效力确认纠纷诉讼中，原告一般应具有股东身份，特殊情况下，对参与公司决议或公司决议涉及的相关直接利害关系人，也可以作为原告。

编写人：云南省昆明市官渡区人民法院　孙劲松

六、股权转让纠纷

31

公司对股东对赌回购义务提供担保的效力

——北京中厚财富投资中心（有限合伙）诉王政昌、北京立高防水工程有限公司股权转让案

【案件基本信息】

1. 裁判书字号

北京市第三中级人民法院（2016）京03民初字第24号民事判决书

2. 案由：股权转让纠纷

3. 当事人

原告：北京中厚财富投资中心（有限合伙）（以下简称中厚投资中心）

被告：王政昌、北京立高防水工程有限公司（以下简称立高防水公司）

【基本案情】

2012年7月25日，中厚投资中心与立高防水公司及其所有股东签订《增资协议》，增资8000万元并取得公司26.23%的股权。同日，中厚投资中心与立高防水公司及其实际控制人王政昌签订《补充协议》。补充协议约定，最迟在2015年7月31日前，立高防水公司未能首次公开发行股票并上市，中厚投资中心有权要求立高防水公司或王政昌立即回购，立高防水公司和王政昌分别就对方在本协议项下所承担的义务提供无限连带责任保证。

2012年8月27日、2012年8月29日，中厚投资中心向立高防水公司共支付

8000万元增资款，后在工商行政管理局对注册资本、股权情况等进行了变更登记。各方均认可，截至2016年9月，立高防水公司并未改制上市。

中厚投资中心起诉要求王政昌承担股权回购义务，立高防水公司对王政昌的回购义务承担无限连带责任保证。

【案件焦点】

立高防水公司对王政昌回购义务是否需要承担连带保证责任。

【法院裁判要旨】

北京市第三中级人民法院经审理认为：《补充协议》关于立高防水公司对王政昌回购义务承担连带保证责任的约定无效，这主要基于以下几方面的考虑：

第一，《中华人民共和国公司法》第十六条第二款规定："公司为公司股东或者实际控制人提供担保的，必须经股东会或者股东大会决议。"从2012年7月25日签订的《增资协议》《补充协议》的签约主体看，对于立高防水公司承担担保责任的情况，除王政昌之外，其他股东是不知情的；同时，各方当事人在诉讼中均未提供有效证据证明立高防水公司股东会或者股东大会对此担保内容作出过有效的决议或者除王政昌之外的其他股东对此担保内部是知情且认可的，因此，按照《中华人民共和国公司法》的上述规定，立高防水公司为公司股东王政昌向公司增资入股方中厚投资中心提供担保的行为，缺乏有效的股东会或股东大会的决议，应为无效。

中厚投资中心主张，《中华人民共和国公司法》第十六条规定是针对承担担保责任公司内部，目的是约束担保公司内部，该规定属于管理性规定而不是效力性规定，不能约束担保权人，因此，该担保是有效的。对此，本院认为，担保人立高防水公司担保的主债务是中厚投资中心入资立高防水公司成为担保人立高防水公司的股东而产生的债务，回购义务发生时，无论债务人王政昌还是债权人中厚投资中心均为立高防水公司股东，因此，《补充协议》签订时设定的立高防水公司保证责任，本质上是针对立高防水公司未来股东之间的股权转让提供的担保，担保权人中厚投资中心本身就是立高防水公司股东，并不是独立于立高防水公司之外的第三人，因此，《中华人民共和国公司法》第十六条规定对本案具有约束力。

第二，本案性质，本质上是公司为股东内部股权转让提供担保的行为，实际上是以公司资产担保股权转让的实现，一旦需要公司承担担保责任，其后果实质导致公司向受让股权的一方股东退还出资。《中华人民共和国公司法》第三十五条规定："公司成立后，股东不得抽逃出资。"如果立高防水公司为其股东在公司资产范围内承担连带清偿责任，虽然并非直接抽逃出资，但实际上造成了公司资本的不当减少，显然将以牺牲立高防水公司广大债权人的利益和社会交易安全为代价，违背了公司法资本维持与不变原则，应当给予否定评价。

第三，《补充协议》在约定了王政昌回购义务的同时，也约定了立高防水公司的回购义务，立高防水公司本身就是直接的回购义务人。从《补充协议》签订的目的看，无论哪种选择目的均是让立高防水公司、王政昌共同对回购义务承担责任。虽然本案中厚投资中心规避了选择立高防水公司承担回购义务的风险，选择由王政昌承担回购义务，由立高防水公司承担无限连带保证责任，现王政昌存在涉嫌刑事犯罪的情形，如其不能承担责任的情况下，实质变相发生了公司承担回购义务的后果。对此，我们也不应给予肯定性评价。

北京市第三中级人民法院依照《中华人民共和国合同法》第六十条第一款，《中华人民共和国公司法》第十六条第二款、第三十五条之规定，作出如下判决：

一、王政昌于本判决生效之日起十日内从北京中厚财富投资中心（有限合伙）回购北京立高防水工程有限公司22.117%的股份，回购款为增资款8000万元加收相应收益（以8000万元为基数，自2012年8月30日起至实际清偿之日止，按照年利率12%计算）；

二、驳回北京中厚财富投资中心（有限合伙）的其他诉讼请求。

【法官后语】

股东作为回购方、公司对股东对赌回购义务承担连带责任，这是一种变相的投资人与公司之间的对赌，这种变相的对赌模式效力该如何认定？

第一，从担保条款签订的程序看，本案不符合《中华人民共和国公司法》第十六条第二款的规定，担保条款无效。本案担保权人的身份具有特殊性，其在签订担保条款时，已经通过对公司进行增资入股的方式取得了股东身份。即使增资协议签订在对赌协议之后，在担保条款可能发生效力时，担保权人已然是公司股东，其并非独立于担保公司的外部主体，本案实质上是公司为股东之间的股权回购提供担保。故虽然《中华人民共和国公司法》第十六条第二款系管理性规定，也应当对投资人产生约束力。从公司担保条款签订的程序要件看，没有经过股东会或者股东大会决议，应当认定公司担保条款无效。

第二，担保条款设计的特殊性使得公司担保具有公司回购的性质。协议约定了目标公司或其股东承担股权回购义务，同时双方为对方的回购义务相互提供保证责任，从回购及担保条款的设计来看，目标公司及其股东承担的义务就是一致的。合同的公平性不能单从结果来看，而应从缔结时来认定，从合同中关于回购及担保的设定来看，即使投资人选择由公司股东来承担回购义务，由公司对股东的回购义务承担担保责任，在这种情况下，虽然不是公司直接承担回购义务，但实质上产生了公司回购的效果。故投资人无论哪种选择目的均是让目标公司和股东承担回购义务，虽然投资人用诉讼策略的方式来规避直接要求公司承担回购义务而导致无效的后果，但是对于这种行为不应给予肯定性评价。

第三，本案会实际产生与公司为股东之间股权转让提供担保及公司回购相同的法律后果。首先，在股东无回购履行能力的情况下，一旦需要公司承担担保义务，则无异于以公司资产替股东支付股权转让回购款，本质上发生回购本公司股权的情形，与公司法将有限责任公司回购本公司股权的情形严格限定在三种情形之下的规定相违背；其次，公司向转让股东支付转让款，从而导致股东以股权转让的方式从公司抽回出资的后果，该约定不符合公司法关于股东缴纳出资后不得抽回的规定；最后，本案虽然并非股东直接抽逃出资，但实际造成了公司资本的不当减少，将损害公司及债权人合法权益。综上，本案中，要求目标公司对股东的回购义务承担担保责任，实际上将会发生上述多种与法律规定相违背的后果，故该约定应当是无效的。

编写人：北京市第三中级人民法院　宋毅

32

合同无效后是否必然进行股权回转

——郭懿诉吴洪流等股权转让案

【案件基本信息】

1. 裁判书字号

北京市第一中级人民法院（2016）京01民终字第6986号民事判决书

2. 案由：股权转让纠纷

3. 当事人

原告（上诉人）：郭懿

被告（上诉人）：吴洪流、周娥秀、北京凯悦宁医药科技有限公司（以下简称凯悦宁公司）

第三人（原审第三人）：北京博瑞宁生化科技有限公司（以下简称博瑞宁公司）

【基本案情】

周娥秀与吴洪流系母子关系，郭懿与吴洪流于1988年登记结婚。2003年12月，郭懿与吴洪流及案外人陈某各自出资2万元，成立了博瑞宁研究所。2011年1月，博瑞宁研究所召开第一届第三次股东和职工大会，大会达成决议有：同意单位改制为有限责任公司，名称为博瑞宁公司；同意增加新股东周娥秀，同意郭懿将在博瑞宁研究所改制评估后的净资产出资12.49万元转让给周娥秀。吴洪流在庭审中陈述该决议中郭懿的名字不是其本人所签。工商登记档案中有署名为郭懿与周娥秀的出资转让协议书一份，内容为郭懿愿意将博瑞宁研究所改制评估后的净资产出资12.49万元转让给周娥秀。吴洪流陈述该转让协议中郭懿的签字确实非郭懿本人所签。2011年1月周娥秀办理了工商登记手续。后，博瑞宁研究所经核准将其名称变更为博瑞宁公司。

2011 年 11 月，博瑞宁公司的股东周娥秀、陈某召开股东会议，达成的决议载有周娥秀愿意将博瑞宁公司实缴 28.98 万元货币出资股权转让给凯悦宁公司。周娥秀与凯悦宁公司签订了《出资转让协议书》，将所拥有的博瑞宁公司的股权转让给凯悦宁公司，该股权转让已办理完毕工商登记手续。博瑞宁公司的注册资本变更为 101 万元，股东变更为凯悦宁公司。此时凯悦宁公司的法定代表人为吴洪流。

郭懿认为在公司转制过程中，吴洪流伪造郭懿的签名，以 12.49 万元的低价将郭懿所拥有的出资转让给了周娥秀。故请求法院判令：涉案两份《出资转让协议书》无效；第三人博瑞宁公司及被告凯悦宁公司协助恢复郭懿名下拥有的 33.3% 股权。吴洪流称：第一，吴洪流为公司股东，有权处理自己的财产，其处理行为合法有效。第二，虽然原被告是夫妻关系，但原告对受让相对方没有提出异议，在离婚后才提出异议。第三，受让人为善意第三人，且该股权已经做了变更，应维护第三人的利益。综上，应当驳回原告的诉讼请求。

【案件焦点】

合同无效后是否必须进行股权回转。

【法院裁判要旨】

北京市昌平区人民法院经审理认为：吴洪流伪造郭懿签字，与其母亲周娥秀签订协议，将郭懿名下股权转让给周娥秀。而周娥秀系吴洪流之母，其称对吴洪流与郭懿的夫妻关系情况不了解与生活常理不符。周娥秀与吴洪流在未告知郭懿的情况下，恶意串通将郭懿名下的股权进行转让，该行为损害了郭懿作为股东的权利，故周娥秀与署名为郭懿的出资转让协议应为无效。而就周娥秀与凯悦宁公司之间股权转让合同的效力，周娥秀系凯悦宁公司的大股东，而凯悦宁公司此时的法定代表人为吴洪流，上述转让行为无法认定为善意。当事人恶意串通损害他人利益的合同应为无效，故对该协议的效力本院亦不能予以认可。

郭懿要求将已转让的股权恢复原状，但其对博瑞宁公司的股权已经过两次转让，且凯悦宁公司在受让上述股权后，对博瑞宁公司进行了增资，股权状况发生变化，在这种情况下回转股权已客观不能，对郭懿要求将股权恢复登记至其名下的诉讼请求不予支持。

北京市昌平区人民法院依照《中华人民共和国合同法》第五十二条及《中华

人民共和国公司法》第七十一条之规定，作出判决如下：

一、周娥秀与署有郭懿名字的《出资转让协议书》无效；

二、周娥秀与北京凯悦宁医药科技有限公司签订的《出资转让协议书》无效；

三、驳回郭懿的其他诉讼请求。

吴洪流、周娥秀、凯悦宁公司提起上诉，认为涉案协议有效。郭懿提起上诉认为协议无效，应当判决恢复其股份。

北京市第一中级人民法院经审理认为：吴洪流伪造郭懿签字，与其母亲周娥秀签订《股权转让协议书》，将郭懿名下股权转让给周娥秀，周娥秀受让郭懿名下股权未征得郭懿的同意，故吴洪流与周娥秀属于恶意串通损害了郭懿的利益，一审法院判决《股权转让协议书》无效并无不当。周娥秀系凯悦宁公司的大股东，其在取得博瑞宁公司的股权后，又将博瑞宁公司股权转让给凯悦宁公司，而凯悦宁公司此时的法定代表人为吴洪流，故应当认定凯悦宁公司对吴洪流伪造郭懿签名与周娥秀恶意转让股权的行为系明知，故一审法院认定《出资转让协议书》无效，予以认同。郭懿上诉认为诉争股权应当恢复登记至其名下。诉争股权已经过两次转让，且博瑞宁公司进行了增资，已经有其他股东的存在，股权状况客观发生变化，一审法院基于此认为回转股权已客观不能并无不当。

北京市第一中级人民法院依照《中华人民共和国民事诉讼法》第一百七十条第一款第（一）项之规定，判决如下：

驳回上诉，维持原判。

【法官后语】

涉案《出资转让协议书》无效后，意味着当事人之间没有任何合同关系存在，那么首先考虑的是应该让当事人的财产状况恢复到没有订立合同时的状态，即恢复原状，只有不能返还或者没有必要返还的，才应当折价补偿、赔偿损失。本案中，诉争股权已经过多次转让，且博瑞宁公司进行了增资，已经有其他股东的存在，股权状况客观发生变化，恢复郭懿名下拥有的博瑞宁公司33.3%股权已经属于客观不能，会影响到其他新入资股东的利益。郭懿要求恢复股权的请求无法支持，但对于其受到的损失，郭懿有权另案诉讼主张赔偿损失。

恶意串通损害第三人利益的出资转让协议无效后，因公司经过增资，涉案股权多次转让，有其他新股东存在，从维护公司结构稳定的角度看，股权回转已属客观不能，对恢复原股权的诉请法院不予支持，但当事人可另行主张赔偿损失，以此来平衡各方之利益。

编写人：北京市第一中级人民法院　甄洁莹

33

如何认定股权转让合同的目的

——沈阳朗勤置业有限公司诉李建斌等股权转让案

【案件基本信息】

1. 裁判书字号

北京市第一中级人民法院（2016）京01民终字第823号民事判决书

2. 案由：股权转让纠纷

3. 当事人

原告（上诉人）：沈阳朗勤置业有限公司（以下简称朗勤公司）

被告（上诉人）：李建斌

第三人（被上诉人）：四季长和投资有限责任公司（以下简称四季长和公司）

【基本案情】

2011年3月22日，朗勤公司与李建斌签订出资转让协议书，朗勤公司愿意将在四季长和公司中的货币出资3000万元人民币转让给李建斌，李建斌愿意接收朗勤公司在四季长和公司的货币出资3000万元人民币；于2011年3月22日正式转让，自转让之日起，转让方对已转让的出资不再享有出资人的权利和承担出资人的义务，受让方以其出资额在企业内享有出资人的权利和承担出资人的义务。

2011年2月，李建斌从原工作的国家机关退休，同年5月李建斌进入四季长和公司的子公司天津金吉公司（以下简称金吉公司）工作。2011年，金吉公司开发了长和国际公寓项目，该项目位于天津市滨海新区。

2011年5月17日，朗勤公司与李建斌签订四季长和公司股东协议（以下简称5.17股东协议），约定朗勤公司主要负责四季长和公司资金筹措，李建斌主要整合资源，负责日常经营管理，以及项目之运作，朗勤公司已完成四季长和公司全部出资1亿元（其中3000万元替李建斌代垫出资），李建斌应当自四季长和公司成立之日起5年内向朗勤公司偿付其代垫的3000万元出资款，且仅以李建斌就四季长和公司运作项目之经营利润分配部分偿付，5年内分配之利润不足以偿付的，顺延继续从其后的利润中偿付，朗勤公司不得要求李建斌在利润分配之前或之外偿付上述代垫出资款。

自2011年11月起，朗勤公司与李建斌产生纠纷。朗勤公司于2012年2月28日向李建斌邮寄付款通知，李建斌于次日收到。后朗勤公司于2012年12月21日再次邮寄通知要求李建斌支付股权转让款，李建斌拒收。李建斌至今未予支付股权转让款。

诉讼中，应朗勤公司申请，法院委托天正华会计师事务所出具了司法鉴定意见书，显示金吉公司自成立起至今经营利润合计为-19510995.64元。各方当事人均认可力勤金融广场项目属于5.17股东协议第五条中约定的“公司运作项目”，且该项目已经部分完工并取得预售许可证，但是尚未出售。

朗勤公司诉至法院，主张李建斌迟延支付股权转让款，致使其合同目的无法实现，要求解除出资转让协议书，四季长和公司配合李建斌办理将股权返还给朗勤公司的工商变更登记手续。李建斌主张其支付股权转让价款的条件尚未成就，不存在违约情形。四季长和公司同意朗勤公司的意见。

【案件焦点】

是否存在朗勤公司合同目的无法实现的情况。

【法院裁判要旨】

北京市海淀区人民法院经审理认为：金吉公司自成立起一直处于亏损状态，未有利润分配，致使朗勤公司签订出资转让协议书的目的无法实现，可以解除出资转让协议书。但李建斌已取得了四季长和公司股东身份，该股东身份具有一定的人身依附性，出资转让协议书解除的并不必然导致股东身份丧失。

北京市海淀区人民法院作出如下判决：

一、确认出资转让协议书于2013年2月17日解除；

二、驳回朗勤公司的其他诉讼请求。

朗勤公司、李建斌均不服一审判决，提起上诉。北京市第一中级人民法院经审理认为：双方在5.17股东协议中对股权转让的具体事项包括对支付方式作出的明确约定，故5.17股东协议系双方对出资转让协议书的补充，就股权转让价款的支付一节，双方应当按照5.17股东协议的约定进行履行。现四季长和公司成立已逾五年，其运作的天津项目虽现经鉴定经营利润为负数，处于亏损状态，但根据司法会计鉴定意见书显示，天津项目已经完成部分施工，且各方均认可项目已经取得了预售许可证但尚未出售，即四季长和公司运作项目仍存在产生经营利润的可能，李建斌作为四季长和公司的股东，无论其是否参与经营管理，均有权取得四季长和公司的经营利润分配。故根据现有证据，现尚不足以认定李建斌无法通过四季长和公司运作项目之经营利润分配部分偿付股权转让款，亦不足以认定朗勤公司的合同目的已然落空，故朗勤公司要求解除出资转让协议书的诉请，不予支持。现出资转让协议书尚未解除，朗勤公司要求四季长和公司、李建斌配合办理股权返还的工商变更登记手续的诉请亦缺乏依据，故对其该项主张亦不予支持。

北京市第一中级人民法院依照《中华人民共和国合同法》第八条、第九十四条第（四）项、第九十七条，《中华人民共和国民事诉讼法》第一百七十条第一款第（二）项、第一百七十五条之规定，作出如下判决：

一、撤销北京市海淀区（2014）海民（商）初字第20725号民事判决；

二、驳回朗勤公司的全部诉讼请求。

【法官后语】

实践中，对于合同目的的判断大多是依靠法官的职业判断，并无统一的标准。合同是两方以上当事人的意思表示一致的法律行为。双方是何种法律关系往往并不是订立合同的当事人所关注的问题，他们真正注重的是合同为其所带来的利益，海因·克茨在《欧洲合同法》中陈述“合同当事人只有在他们双方都坚持要获取利益时才订立合同”。然而“利益”的内涵并不等同于直接的经济收入，笔者认为可以从当事人的动机出发，探求合同的目的。

但每个合同的特殊目的首先应当结合合同行文本身进行理解。5.17 股东协议中，双方当事人对于股权转让价款履行方式和履行期限具有一定的特殊性，以公司利润分配支付价款，且约定的履行期限不是固定的日期，朗勤公司的股权转让合同目的显然不仅仅是3000 万元的转让款，更重要的是李建斌参与公司的管理，帮助公司运营，这种解释更能体现出双方的利益平衡，也更能解释合同约定的特殊条件。因此，生效判决遵循了当事人签订合同时的意思真意，体现了对当事人意思自治的尊重，对商事交易稳定性的维护，以及对社会诚实信用的引导。

商事主体签订商事合同，约定权利义务，都是建立在商事风险评估基础上作出的商事判断，双方均需承担相应的商业风险。法官作为中立裁判者，很难对商事主体作出的商业判断进行评价。法院在审理股权转让纠纷案件时，对于司法介入股权转让这一典型商业行为的尺度应当是审慎的。法院所做的是最大限度地探求当事人的真意，而非代替当事人作出判断，这也符合《中华人民共和国合同法》之规定的合同解释规则。

编写人：北京市第一中级人民法院　黄丽

34

无偿转让股权与赠与的区别

——方芳诉兰侠股权转让案

【案件基本信息】

1. 裁判书字号

北京市第一中级人民法院（2016）京 01 民终字第 5896 号民事判决书

2. 案由：股权转让纠纷

3. 当事人

原告（被上诉人）：方芳

被告（上诉人）：兰侠

【基本案情】

2011年8月31日，兰侠（转让方）与方芳（受让方）签订《股份转让协议书》，就转让金立翔公司部分股份转让事宜达成一致，转让方自愿并无偿将其在金立翔公司1%股份转让给受让方，具体转让时间以“正式转让合同”中约定为准。受让方同意接受该转让的股份。受让方无须就该转让股份向转让方支付任何费用或交付任何等价物。协议约定内容自签订之后即生效，有效期自协议签订日起至双方签订的“正式转让合同”生效后止。无论转让方因何种原因无法履行协议约定内容或就协议约定内容构成违约，转让方必须向受让方支付与转让股份等值的货币作为补偿或赔偿。双方承诺“正式转让合同”暂定于两年后签订，但最长不得超过五年。

2014年10月，方芳通过电子邮件与金立翔公司协商股权变更事宜未果。2015年4月，兰侠通过其律师向方芳送达了《律师函》，通知方芳因双方签订的《股份转让协议书》系赠与协议，其撤销《股份转让协议书》。2015年5月，利亚德光电股份有限公司（以下简称利亚德公司）与兰侠、奥立彩中心等签订《发行股份及支付现金购买资产协议之补充协议》，就利亚德公司采用发行股份及支付现金的方式收购金立翔公司99%股份达成一致，剩余1%待权属争议解决后由利亚德公司以支付现金方式进行收购。金立翔公司100%股份评估值为26191.41万元，上述99%股份的交易价格为24024.825万元。

因兰侠向方芳送达律师函，告知撤销赠与，方芳提起诉讼主张权利，认为其受让标的为金立翔公司1%股份，兰侠处分股份的性质为转让而非赠与，兰侠无权撤销，应当依据协议书约定承担相应的违约责任。

【案件焦点】

股份转让协议是否为赠与意向，能否撤销。

【法院裁判要旨】

北京市昌平区人民法院经审理认为：首先，对于《股份转让协议书》的性质。双方存有是赠与合同还是股权转让合同的争议。结合协议书内容可知，双方已就兰侠转让其在金立翔公司1%的股权达成一致，协议特别就无须支付费用或其他等价物、生效时间、违约责任等作出明确约定，其名称即为“股份转让协议书”，且考虑到兰侠在金立翔公司的任职及股权情况，上述协议的性质应属于股权转让协议，而非更强调身份意义的赠与合同。在协议书中，已写明转让标的物系兰侠所占金立翔公司1%的股权，方芳主张的股权具体计算方式并无错误，该院予以支持。另外，虽双方协议签订于金立翔公司从有限公司转为股份公司期间、北京市工商局核准之前，但上述协议中转让的标的物为“股份”的描述，并不影响该院对双方基于合同产生的责任进行认定。其次，对于《股份转让协议书》的效力。结合前述，在协议系股份转让性质的前提下，如无特别缘由，兰侠并不享有撤销权；在合同内容于法不悖的情况下，案中《股份转让协议书》成立并生效，对双方当事人均产生拘束力。因该院已确认协议效力，故就方芳提出的第一项诉请，该院不再在判决主文中予以表述。最后，案中方芳第二项诉请的处理。虽《股份转让协议书》约定了合同最长履行期限，但因兰侠已明确表明不再继续履行协议，故此时方芳可依据上述协议约定，要求兰侠承担相应违约赔偿责任。结合在案证据，方芳以利亚德公司收购金立翔公司交易时所做股份评估值为基准，计算双方争议1%股份的具体赔偿额，具有事实和法律依据，予以支持。

北京市昌平区人民法院依照《中华人民共和国合同法》第八条、第一百零七条之规定，作出如下判决：

兰侠于判决生效之日起十日内赔偿方芳2619141元。

兰侠持原审起诉意见提起上诉。北京市第一中级人民法院经审理认为：所谓赠与是将自己的财产无偿给予受赠人，受赠人表示接受赠与的合同，赠与合同原则上是实践性合同，赠与人在赠与财产转移之前可以撤销赠与。而本案中，双方签订合同名称即为“转让”，同时对生效时间、违约责任作出了明确约定，并无任何“赠与”的表述。方芳在与金立翔公司存在关联关系的深圳金立翔公司任职，其主张基于股权奖励无偿受让股权具有一定的事实基础，兰侠主张股份转让协议为赠与意向缺乏事实和法律依据，法院不予支持。股份转让协议是当事人真实意思表示，内容未违反法律法规的禁止性规定，应属有效，双方均应依法履行。双方欲转让金立翔公司股权，而时为有限责任公司的金立翔公司的其他股东不知情、不认可，且双方在股份转让协议中亦约定正式的股权转让合同暂定于两年后签订，故股份转让协议并不产生立即使方芳取得相应股份的后果，但上述情形均不影响协议中确定的违约条款的法律效力。现方芳基于兰侠不能向其转让相应股份而要求其承担违约责任，具有合同依据。

因股份转让协议中明确约定，转让方违约，应向受让方支付与转让股份等值的货币作为补偿和赔偿，故应明确协议约定的欲转让股份的比例及相应价值。协议中，已写明转让的是兰侠在金立翔公司1%的股份，故兰侠主张合同标的物是其股份中的1%的意见缺乏依据，法院不予支持。关于违约赔偿的金额，应按照违约方违约之时股份的价值确定，兰侠于2015年4月明确表示不再向方芳转让股份，其按2014年12月16日的资产评估报告中的股份评估值向利亚德公司转出了金立翔公司99%的股份，故方芳依该报告确定股权价值并无不当。综上所述，兰侠的上诉请求不能成立，应予驳回；一审判决认定事实清楚，适用法律正确，应予维持。

北京市第一中级人民法院作出如下判决：

驳回上诉，维持原判。

【法官后语】

对于无偿转让股权的股权转让协议性质的认定，司法实践中存在两种不同的观点，一种观点认为，双方明确的无偿转让，应视为赠与。赠与人在为实际交付标的的股权之前，赠与人可以根据《中华人民共和国合同法》的规定，撤销赠与。另一种观点认为，不应仅凭股权转让的对价来判定股权处分为赠与，而应进行多元角度理解。

本案中，法院并未因无偿处置股权而认定股权转让协议为赠与性质。这是因为，其一，双方签订合同名称即为“转让”，同时对生效时间、违约责任作出了明确约定，并无任何“赠与”的表述。其二，股权同其他作为合同标的的权利不同，股权转让的对价往往包括现金、劳务、知识产权等多元形式，如在无须支付对价的股权奖励情形中，虽受让方无须支付对价，但股权的对价已体现于受让方此前为公司付出的劳务和贡献中。其三，无偿受让股权并非纯获益的行为，受让股权也并非意味着受让方资产的必然增加，股权相关企业经营还可能存在未知的风险，受让方可能因此承担相应的责任，这也是股权转让的对价。

编写人：北京市第一中级人民法院　刘婷

35

名为转让实为股权让与担保的行为

——顾宝良诉陈章瑜、单县弘润新能源科技有限公司股权转让案

【案件基本信息】

1. 判决书字号

江苏省无锡市中级人民法院（2015）锡商终字第01094号民事判决书

2. 案由：股权转让纠纷

3. 当事人

原告（上诉人）：顾宝良

被告（被上诉人）：陈章瑜、单县弘润新能源科技有限公司（以下简称弘润公司）

【基本案情】

弘润公司的股东为陈章瑜、吴洪常。2011年3月20日至2011年5月7日，顾宝良先后通过银行转账和现金方式借给陈章瑜250万元。

2012年2月18日，陈章瑜与顾宝良签订《股权转让协议书》一份，约定：1. 陈章瑜将持有的弘润公司80%股权中的4.7%的股权以250万元转让给顾宝良；2. 根据陈章瑜的要求，顾宝良将250万元直接注入公司并办理相关手续；3. 顾宝良不参与任何经营管理；4. 为照顾小股东的利益，对顾宝良持有的4.7%股权进行保底分红，每年内分配一次，按注入公司的金额不低于15%的红利进行分配，公司转制为股份有限公司后开始与其他股东一样同股同权，分享公司利润分担相应的风险及亏损等。该协议有顾宝良、陈章瑜签字并盖有弘润公司的公章。

2012年2月18日，弘润公司向顾宝良出具收据一份，载明：收款金额250万元，收款事由投资款。吴洪常称对陈章瑜于2012年2月18日向顾宝良转让弘润公司4.7%股权一事是知情并同意的。此后，弘润公司一直未到工商管理部门办理股东变更登记。顾宝良提出陈章瑜答应退还股权转让款及相应利息，陈章瑜对此予以否认。

顾宝良认为，其与陈章瑜签订的《股权转让协议书》约定陈章瑜应为其办理股权转让手续，但陈章瑜一直推诿拖延，拒绝为其办理股权转让手续；其要求陈章瑜退还股权转让金并支付利息，陈章瑜答应退还，但又称弘润公司没赚到钱，无钱退还；双方原拟以弘润公司的股权抵债，但股权未交付，陈章瑜原有的债务仍需偿还。故诉至法院，请求判令：1. 解除其与陈章瑜签订的《股权转让协议书》；2. 陈章瑜返还股权转让金250万元并承担自2011年4月1日起到实际付清时止按年息15%计算的利息损失，弘润公司承担连带责任。

陈章瑜、弘润公司则认为，案涉《股权转让协议书》已生效，且顾宝良也已履行，顾宝良实际为弘润公司的隐名股东，已取得了弘润公司股权，且陈章瑜不存在任何欺诈或胁迫等恶意或其他致使顾宝良上当的事由，故无须返还股权转让款，弘润公司更无须承担连带责任。

【案件焦点】

案涉《股权转让协议书》的性质；陈章瑜应否向顾宝良返还250万元及相应利息。

【法院裁判要旨】

江苏省江阴市人民法院经审理认为：案涉《股权转让协议书》系双方真实意思表示，且陈章瑜向股东以外的人转让股权得到了弘润公司另一股东吴洪常的同意，不违反法律法规的禁止性规定，应属合法有效。股权变更登记的义务方为弘润公司，现弘润公司、陈章瑜、吴洪常均认可顾宝良的股东身份及股权份额，弘润公司也未拒绝履行变更登记手续，即使弘润公司拒绝办理股东变更登记，顾宝良也应向弘润公司主张权利，故顾宝良的诉讼请求，无事实依据和法律依据，不予支持。

江苏省江阴市人民法院依照《中华人民共和国合同法》第九十四条，《中华人民共和国公司法》第三十二条，《中华人民共和国民事诉讼法》第六十四条第一款之规定，作出如下判决：

驳回顾宝良的全部诉讼请求。

顾宝良持原审起诉意见提起上诉。江苏省无锡市中级人民法院经审理认为：顾宝良与陈章瑜一致认可双方原存在250万元的借贷关系，后陈章瑜并未归还上述借款。双方于2012年2月18日签订的《股权转让协议书》中约定的陈章瑜应支付的“股权转让款”250万元即为上述陈章瑜向顾宝良的借款转化而来，结合“陈章瑜将其在弘润公司的股权转让给顾宝良后，顾宝良不参与弘润公司的任何经营管理，并且享受每年不低于15%的保底分红”的内容，说明顾宝良为了保证自己的债权得以实现，要求债务人陈章瑜将股权转让给自己。该行为实质是通过让与股权所有权的方式担保债务的履行，而非一般的股权转让行为。双方约定以股权转让的方式作为债务的担保，系双方当事人的合意，未违反法律、行政法规关于合同效力性的强制性规定，该种担保方式应认定为合法有效。但担保仅是为了保证主债务的履行，在双方当事人存在原借款合同关系的情况下，陈章瑜应首先履行归还借款的义务，而非强制顾宝良接受弘润公司的股权。即使陈章瑜无法清偿到期借款，也不能直接以其持有的弘润公司的股权直接变更登记给顾宝良以用于抵偿结欠顾宝良的债务，系因此行为符合流质契约的性质，应认定无效。《股权转让协议书》无解除的必要性，但陈章瑜应向顾宝良偿还借款250万元。因双方于2012年2月18日签订的《股权转让协议书》约定顾宝良每年享受不低于15%的保底分红，应认定本案所涉借款的利息标准不低于15%，故顾宝良要求陈章瑜按年息15%承担利息并无不当，应予以准许，但利息的起算时间应为双方签订《股权转让协议书》之日即2012年2月18日。因弘润公司并未明确就上述债务的履行为陈章瑜提供担保，故顾宝良要求弘润公司就250万元及相应利息承担连带责任的依据不足。

江苏省无锡市中级人民法院依照《中华人民共和国合同法》第四条、第五条、第六条、第八条，《中华人民共和国民事诉讼法》第一百七十条第一款第（二）项之规定，作出如下判决：

一、撤销江阴市人民法院（2015）澄商初字第00446号民事判决；

二、陈章瑜于判决生效后十日内向顾宝良归还250万元并承担该款自2012年2月18日起按年息15%计算的利息；

三、驳回顾宝良的其他诉讼请求。

【法官后语】

本案中陈章瑜因向顾宝良借款250万元无法偿还，双方当事人遂签订了案涉《股权转让协议书》。从《股权转让协议书》的内容来看，双方的本意实质上是以让与股权的形式担保债务的履行，符合让与担保的特征。

第一，双方事先存在250万元的借贷关系，随后签订了案涉《股权转让协议书》，双方又一致认可该协议书中约定的陈章瑜应支付的“股权转让款”250万元系陈章瑜向顾宝良的上述借款转化而来。第二，案涉《股权转让协议书》约定的“顾宝良不参与弘润公司的任何经营管理”的内容，有别于以获得股东权利和经营权利为目的的一般股权转让，符合让与担保行为中受让人不享有任何处分权的外观形式。第三，《股权转让协议书》还约定了“顾宝良每年享有按注入公司的金额不低于15%的分红”的内容，该约定区别于股息分红需在公司有可分配利润的情况下才得以享有的一般惯例，也就是说无论弘润公司是否盈利，均须向顾宝良分配。同时该分配并非参照顾宝良享有的股权比例，而是以其投入的250万元，乘以15%的固定年化计算所得，更加符合利息的计算方式，而非股息分红的表现形式。第四，案涉《股权转让协议书》自签订之日起直至顾宝良起诉，弘润公司在三年多的时间内均未办理工商变更登记，也说明双方不以办理股权变更登记为目的。在让与担保行为中，应明确的是双方仍应履行原债权债务关系，而非直接转移担保物的所有权，概因转移所有权构成了流抵，应归为无效。本案中，顾宝良和陈章瑜原有的债权债务关系即为借款关系，顾宝良据此可以要求陈章瑜归还款项。

编写人：江苏省无锡市中级人民法院　王俊梅　尹慧

36

如何根据当事人提交的资料查明域外法

——曾海泉诉珠海市健泰房地产开发有限公司等股权转让案

【案件基本信息】

1. 裁判书字号

广东省高级人民法院（2016）粤民终字第588号民事判决书

2. 案由：股权转让纠纷

3. 当事人

原告（上诉人）：曾海泉

被告（被上诉人）：珠海市健泰房地产开发有限公司（以下简称健泰公司）、东方创业地产发展有限公司（以下简称东方创业公司）、钟小健

【基本案情】

2010年12月3日，钟小健、黄敬良、曾海泉签订《合作协议书》，约定三人为东方创业公司的全体股东。东方创业公司设立健泰公司，以健泰公司名义购入谷铭公司100%股权，从而取得谷铭公司持有的珠海翠前项目。协议签订后，曾海泉向钟小健支付300万元合作款，曾海泉代健泰公司支付合作款960万元。

2013年1月23日，钟小健致函曾海泉，称：曾海泉提出收购谷铭公司股权的建议，最终以钟小健珠海的子公司健泰公司名义购买了谷铭公司100%的股权，金额共计180000000元。收购过程中，黄敬良提出如果健泰公司收购项目成功，则让曾海泉成为健泰公司的股东，占股权15%，并按收购价格15%的比例承担出资额2700万元。截至股东出资要求到位日，曾海泉未能缴付之出资额为1440万元，已全额由钟小健代为支付。钟小健要求曾海泉清缴垫付款，否则曾海泉所持有的股权实际比例以实际出资额占收购价格的比例重新计算。

2013年3月26日，钟小健向曾海泉发出律师函，称：根据《合作协议书》约定，健泰公司为收购投资项目的唯一股东，股权比例为：钟小健70%、曾海泉15%，合作各方按股权比例集资。健泰公司已成功收购项目。曾海泉收到钟小健的催收函后拒不支付垫付的款项，如再拒不支付视为违约。因曾海泉实际出资比例占全部投资额的7%，故曾海泉将按7%的比例对项目享有权益、承担义务。

东方创业公司为澳门特别行政区注册设立的公司。自2010年8月31日至今，东方创业公司的股东为潘某恩和钟小健，公司行政管理机关成员为股东潘某恩和钟小健，签名方式为任何一名行政管理机关成员签署。健泰公司由东方创业公司出资设立，东方创业公司持有其全部股权，钟小健为健泰公司法定代表人。

曾海泉认为，根据《合作协议书》及钟小健函件内容，曾海泉为持有健泰公司15%股权的股东。钟小健为东方创业公司持股90%的大股东，没有按约定将东方创业公司持有的健泰公司15%股权转到曾海泉名下，故起诉请求确认曾海泉在健泰公

司持有15%股权，由东方创业公司、钟小健变更股权登记，并停止侵犯曾海泉股东权利的行为等。

东方创业公司、健泰公司、钟小健认为，东方创业公司是健泰公司唯一股东，曾海泉从未与东方创业公司达成股权转让协议，也没有向其支付股权转让款。即使曾海泉有过出资行为，对项目的出资和向东方创业公司支付股权转让款为两个不同的法律概念，故曾海泉无权取得健泰公司15%股权。

【案件焦点】

东方创业公司是否应向曾海泉转让健泰公司股权为本案的争议焦点问题，钟小健签订《合作协议书》并致函曾海泉的行为对东方创业公司是否具有约束力为该焦点问题的先决问题。

【法院裁判要旨】

广东省珠海市中级人民法院经审理认为：曾海泉、钟小健系澳门居民，东方创业公司为澳门公司，故本案属涉澳股权转让纠纷。当事人均选择适用我国内地法律，故本案应适用我国内地法律审理。东方创业公司持有健泰公司全部股权，要获得健泰公司股权，必须从东方创业公司获得受让。东方创业公司未参与《合作协议书》的订立，且协议未涉及健泰公司股权转让，钟小健向曾海泉致函并非代表东方创业公司。故因曾海泉无法证明其与东方创业公司之间就转让健泰公司15%股权的事宜形成合同关系，对曾海泉诉请不予支持。

广东省珠海市中级人民法院依照《中华人民共和国合同法》第十二条、第四十四条，《最高人民法院关于适用〈中华人民共和国民事诉讼法〉的解释》第九十条、第九十一条第一款第（一）项之规定，作出如下判决：

驳回曾海泉的诉讼请求。

曾海泉持起诉意见提起上诉。广东省高级人民法院经审理认为：本案为涉澳股权转让纠纷，应参照适用《中华人民共和国涉外民事关系法律适用法》的相关规定选择准据法。

关于钟小健签订《合作协议书》、致函曾海泉的行为对东方创业公司是否具有约束力，应先审查钟小健的上述行为对东方创业公司是否具有约束力这一先决问题。该先决问题属于公司民事行为能力、股东权利义务的范畴，应适用东方创业公司登记地即澳门的法律。双方均提交了澳门相关法律规定以及澳门律师出具的法律意见书，法院组织双方对此发表意见。法院认为双方均主张应适用澳门《商法典》第二百三十六条对先决问题进行审查，且提交的法律条文内容一致，故对该条的内容进行确认。在条文理解方面，两份法律意见书是从不同角度对条文中的“指出该身份”进行解释，并无分歧，故均予采纳。根据该条规定，钟小健签订《合作协议书》、致函曾海泉的行为对东方创业公司不具有约束力。因曾海泉与东方创业公司之间不存在股权转让合同关系，曾海泉无权要求东方创业公司向其转让健泰公司股权。虽然《合作协议书》对钟小健、曾海泉具有约束力，但曾海泉未按约定支付投资款，故其无权要求钟小健先履行《合作协议书》约定义务。综上，对曾海泉关于转让股权、办理变更登记的诉讼请求均不予支持。

广东省高级人民法院依照《中华人民共和国合同法》第二条第一款、第六十六条，《中华人民共和国民事诉讼法》第一百七十条第一款第（一）项以及《最高人民法院关于适用〈中华人民共和国涉外民事关系法律适用法〉若干问题的解释（一）》的规定；参照《中华人民共和国涉外民事关系法律适用法》第八条、第十四条第一款，《最高人民法院关于适用〈中华人民共和国涉外民事关系法律适用法〉若干问题的解释（一）》第二条、第十二条、第十八条以及《最高人民法院关于贯彻执行〈中华人民共和国民法通则〉若干问题的意见（试行）》第一百九十三条的规定，作出如下判决：

驳回上诉，维持原判。

【法官后语】

本案为涉澳股权转让纠纷，故查明澳门的相关法律规定是审理先决问题的基础。因澳门与我国内地为不同法域，故该查明为域外法的查明。

司法实践中，具体案件的域外法查明可分为“查”与“明”两个阶段。“查”强调域外法的真实性、客观存在性，“明”强调对域外法的理解正确性。本案中，在“查”的阶段，法院确认本案应当适用澳门《商法典》第二百三十六条对先决问题进行审查，并对该条内容予以确认。在“明”的阶段，法院就如何理解澳门《商法典》第二百三十六条特别是第四款的含义进行分析。在对双方提供的澳门律师法律意见书进行比较后，法院认为澳门《商法典》第二百三十六条第四款规定公司行政管理机关成员在代表公司行为时应当“指出该身份”，鉴于“指出”既可以通过在文件或合同中以文字注明的方式实现，又可以通过其他可让对方知晓的方式实现，故两份法律意见书对该条的理解不存在分歧，是从不同角度对“指出该身份”进行解释，因此对两份法律意见书关于该条的理解意见均予以采纳，并据此对该条的含义予以明确。

编写人：广东省高级人民法院　焦小丁

37

投资人与被投公司股东约定的由被投公司股东承担回购义务的对赌条款应被认定为有效

——无锡江南大学国家大学科技园有限公司诉魏钢股权转让案

【案件基本信息】

1. 裁判书字号

江苏省无锡市中级人民法院（2016）苏02民终字第265号民事判决书

2. 案由：股权转让纠纷

3. 当事人

原告（被上诉人）：无锡江南大学国家大学科技园有限公司（以下简称江大公司）

被告（上诉人）：魏钢

第三人：江苏中卡教育科技股份有限公司（以下简称中卡公司）

【基本案情】

中卡公司系股份有限公司，注册资本1000万元，实收资本1000万元，公司股本总额为1000万元。魏钢系中卡公司控股股东并任职中卡公司董事长。

2012年6月12日，中卡公司、江大公司签署《投资合同书》，约定：中卡公司及中卡公司控股股东同意江大公司投资300万元以持有中卡公司总股本6%的股份；

中卡公司在企业计划上市前可以高于江大公司投资额10%的价格优先回购江大公司所持中卡公司的股份，也允许江大公司保留股份；在中卡公司因故不上市的情况下，江大公司有权选择继续保留或以不低于原始投资额退出中卡公司所持股份的权利，如江大公司退出所持中卡公司股份，则由中卡公司控股股东负责回购江大公司所持中卡公司股份。中卡公司在《投资合同书》上盖章，魏钢作为中卡公司代表签字。2012年6月28日，江大公司向中卡公司支付了300万元。

2013年6月6日，中卡公司出具《承诺函》，载明：根据双方于2012年6月12日共同签署的《投资合同书》，承诺在未来江大公司选择退股时，中卡公司承诺江大公司所退出的股份价值不低于300万元，如出现不足部分，由中卡公司的控股股东魏钢予以补足和承担相关连带责任。中卡公司在《承诺函》上盖章确认，魏钢以中卡公司董事长的名义签字。

中卡公司因故未能上市。2014年8月30日，中卡公司形成《股东会会议纪要》，载明：董事长魏钢认为目前公司经营状况不佳，公司已无法继续经营，作为经营者承担全部责任；股东一致同意公司于2014年9月5日前退出经营用房，公司暂时停业，公司财务委托江大公司托管；公司无形资产以魏钢股东为主负责处理，江大公司协助，2014年10月底前处理完毕，确保江大公司10月底前以300万元的价值完成退股，具体方式由双方协商解决。

后因魏钢未能如期接受股份并支付对价，江大公司提起诉讼，请求判令：魏钢支付其公司股权回购款300万元及利息损失（按同期银行贷款利率计算，自2014年11月20日起算至实际给付之日止）。魏钢答辩称：其并非《投资合同书》的当事人，其系代表中卡公司出具了《承诺函》并形成了《股东会会议纪要》，故《投资合同书》《承诺函》及《股东会会议纪要》均不能约束其本人；《投资合同书》约定的条款系江大公司与中卡公司对赌，应为无效。

【案件焦点】

江大公司与魏钢之间是否形成了关于回购中卡公司股权的对赌条款，该约定是否有效。

【法院裁判要旨】

江苏省无锡市滨湖区人民法院经审理认为：控股股东魏钢虽非《投资合同书》

的直接当事人，但魏钢作为中卡公司的代表在《投资合同书》上签字确认。《投资合同书》明确约定有控股股东回购股权的内容，而作为控股股东魏钢对此未曾表示过异议，应视为魏钢接受该条款。从《投资合同书》整体内容来看，股权回购是江大公司投资中卡公司的重要保证条款，是双方整个投资行为必不可少的部分，魏钢身为中卡公司董事长在经办该项投资时应是明知和认可的。中卡公司的《承诺函》《股东会会议纪要》，亦再次明确了有关股权回购的内容，魏钢均在上签字，亦能说明股权回购是经魏钢认可的。故《投资合同书》《承诺函》有关股权回购的条款对魏钢具有约束力。根据《投资合同书》的约定，在中卡公司因故不上市的情况下，魏钢负有回购江大公司股权的义务。中卡公司于2014年8月30日形成的《股东会会议纪要》对退股的时间、价格均作出了具体、明确的约定，符合契约的特征，魏钢应按该纪要的约定向江大公司回购股权。现魏钢未按约定收购江大公司股权，构成违约，应承担相应的违约责任。江大公司要求魏钢支付股权回购款300万元并承担逾期付款利息损失的诉讼请求，于法有据。

江苏省无锡市滨湖区人民法院依照《中华人民共和国合同法》第八条、第一百零七条，《中华人民共和国公司法》第一百三十七条之规定，作出如下判决：

魏钢于判决生效后三十日内向江大公司支付股权回购款300万元及逾期付款利息损失（自2014年11月20日起至实际给付之日止，按同期银行贷款利率计算）。

魏钢持原审答辩意见提起上诉。江苏省无锡市中级人民法院经审理认为：魏钢虽非《投资合同书》列明的当事人，但是《投资合同书》中明确约定有控股股东魏钢回购股权的条款，魏钢在《投资合同书》上的签字应理解为双重身份，即魏钢既代表中卡公司与江大公司签订《投资合同书》，又以其控股股东身份与江大公司达成了关于回购股权的约定。2014年8月30日，中卡公司形成《股东会会议纪要》，载明“确保江大公司于10月底前以不低于300万元的价值完成退股”，魏钢和江大公司均在该会议纪要上签字。虽然该会议纪要并非严格的股权转让协议，但是从该会议纪要的内容来看，该会议纪要对于退股、退股的时间、价格均作出了约定，股权转让的合意十分明确。双方已经通过该会议纪要约定了于2014年10月底之前完成退股，无论当初《投资合同书》约定的股权回购条件是否成就，魏钢都应按照双方的约定承担回购股权的责任。

江苏省无锡市中级人民法院依照《中华人民共和国民事诉讼法》第一百七十

条第一款第（一）项的规定，作出如下判决：

驳回上诉，维持原判。

【法官后语】

江大公司在本案中虽然仅起诉了魏钢，未要求中卡公司回购其持有的股权，但江大公司与中卡公司之间对赌协议的效力问题更值得关注。

对于股东与公司之间约定在特定情形下补偿股东利益损失的情况，不宜直接以影响公司的偿债能力及对其他潜在债权人存在损害为由认定无效，系因尚有其他途径可保护其他债权人的利益，即适用衡平居次原则。在公司对外结欠多项债务时，股东对公司的债权可劣后于在此期间产生的公司的一般债权获得清偿。退一步讲，即使存在产生该债权之前的侵权、违约而在其后主张的赔偿等债权，债权人也可以在股东受偿之后起诉撤销公司对股东的支付行为。

对于股东与公司约定特定条件下公司回购股东股权的情况，亦不宜直接认定无效，因股权可在已有股东之间进行分配，或者重新转让给第三方，或者进行减资。如果公司回购股权又进行了转让，公司资本总额未变，没有影响到债权人利益；如果公司收回股权后减资，依照减资程序发出通知，债权人可以要求清偿或者提供相应担保，也不减损债权人的实际利益。

编写人：江苏省无锡市中级人民法院　王俊梅　包梦丹　尹慧

38

股权转让未登记的法律后果

——冯东岳诉王翀股权转让案

【案件基本信息】

1. 裁判文书字号

湖北省宜昌市中级人民法院（2016）鄂05民终字第388号民事判决书

2. 案由：股权转让纠纷

3. 当事人

原告（被上诉人）：冯东岳

被告（上诉人）：王翀

【基本案情】

2014年10月，被告王翀和案外人杜某雅共同出资成立了宜昌谷雨映画文化传播有限公司，公司注册资本4.2万元，法定代表人为王翀。同年10月6日，公司召开了首次股东会会议，通过了公司章程，选举王翀为公司董事、经理、法定代表人，选举杜某雅为公司监事。10月8日，王翀和杜某雅共同签订了《宜昌谷雨映画文化传播有限公司章程》，公司章程第十条、第十二条、第三十一条、第三十二条约定："公司股东为王翀、杜某雅，其中王翀出资3万元、杜某雅出资1.2万元……公司应当将股东姓名向公司登记机关登记，登记事项发生变更的，应当办理变更登记。未经登记或变更登记的，不得对抗第三人……股东向股东以外的人转让股权，应当经其他股东过半数同意。股东应就其股权转让事项书面通知其他股东征求同意，其他股东自接到书面通知之日起满三十日未答复的，视为同意转让……股东依法转让股权后，公司应当相应修改公司章程和股东名册中有关股东及其出资额的记载，并到公司登记机关办理股东变更登记……"2014年11月24日，被告王翀和原告冯东岳签订了《股份转让协议》，约定王翀将其持有的宜昌谷雨映画文化传播有限公司15%股权转让给冯东岳，股权转让价格10万元。协议签订后，冯东岳依约向王翀转款10万元。截至案件审理时，该公司未办理股东变更登记手续，股东登记为王翀、杜某雅两人。

因原告向被告主张转让无效未果，故诉至法院，请求判令：1. 确认原、被告于2014年11月24日签订的《股份转让协议》无效；2. 要求被告返还股份转让费10万元，并按同期银行贷款利率6%承担自2014年11月27日至2015年9月27日的利息5000元。

【案件焦点】

1. 股权转让等商事活动中，是否需要以工商登记为必要条件；2. 合同无效的认定及法律后果。

【法院裁判要旨】

湖北省宜昌市西陵区人民法院经审理认为：《中华人民共和国公司法》对股权的转让有强制性规定，股东向股东以外的人转让股权必须书面通知其他股东征求意见，经其他股东过半数同意，并在公司登记机关办理变更登记。被告王翀将其股份转让给原告冯东岳，一未书面征求另一股东杜某雅的同意，二未依法办理变更登记手续，因此被告王翀转让股权的行为无效。被告辩称原告日常参与公司经营活动，并负责财务工作，但该辩称不能对抗公司法对股权转让的强制性规定。由于被告未按规定书面征求其他股东意见及办理变更登记，因此被告对协议无效有过错。协议无效，应返还原物，并赔偿损失，因此王翀应返还冯东岳10万元，并赔偿相应利息损失。

湖北省宜昌市西陵区人民法院依照《中华人民共和国公司法》第三十一条、第三十二条、第七十一条、第七十三条，《中华人民共和国合同法》第五十二条、第五十八条，《最高人民法院关于审理民间借贷案件适用法律若干问题的规定》第二十九条之规定，作出如下判决：

一、确认原告冯东岳与被告王翀于2014年11月24日签订的《股份转让协议》无效；

二、被告王翀应于本判决生效后十日内返还原告冯东岳人民币10万元，并按年利率6%的标准支付自2015年10月9日至全部清偿之日时的资金占用利息。

湖北省宜昌市中级人民法院经审理认为：王翀与杜某雅共同出资成立宜昌谷雨映画文化传播有限公司后，王翀违反公司章程规定，未经杜某雅同意并同意放弃优先购买权，向冯东岳转让公司股权，亦未配合办理股东名册的变更登记，王翀与冯东岳签订的股权转让协议，应认定无效。王翀应向冯东岳返还股权转让款并适当赔偿损失。王翀以上述《中华人民共和国公司法》之规定并非效力性强制性规定，股权转让工商登记是公示性行为，而非设权性行为，主张与冯东岳签订的股权转让协议有效，法律依据不足。

湖北省宜昌市中级人民法院依照《中华人民共和国民事诉讼法》第一百七十条第一款第（一）项之规定，作出如下判决：

驳回上诉，维持原判。

【法官后语】

本案系二审维持案件，涉及股权转让、宣示性登记、商法的外观主义原则等知识点。

股权转让合同不以工商变更登记为生效要件。就股权转让行为的外部效果而言，股权的工商变更登记仅为行政管理行为，这种变更登记并非设权性登记，而是宣示性登记，旨在使公司有关登记事项具有公示效力。本案中认定合同无效，并非以股权未工商登记为由，而是以被告未经其他股东同意而私自转让股权为由。本案中的公司有点“挂羊头卖狗肉”之嫌，虽然有公司章程、营业执照、股东会决议，股权转让前也在工商部门登记，但综观整个经营过程，从创立之初到倒闭关门，双方当事人实际是按“个人合伙”模式经营。公司的财产实际和个人财产混同，没有规范的会计做账，没有按时召开股东会，公司主要就是被告一个人在操作。被告拉拢原告投资入股，未按公司法规范经营，这也导致日后原、被告反目，形成诉讼。

编写人：湖北省宜昌市西陵区人民法院　周云

39

股权内部转让时公司章程的特别规定优先适用

——朱麒麟等诉陈荣福等股权转让案

【案件基本信息】

1. 裁判书字号

江苏省无锡市中级人民法院（2016）苏02民终字第1522号民事判决书

2. 案由：股权转让纠纷

3. 当事人

原告（被上诉人）：朱麒麟、徐嘉栋、严华、彭君、刘桂英、陆新农、林瑜明、陈玉高

被告（上诉人）：陈荣福、吴惠明、谢进良、胡建阴、武杰、尹建华、钟长军、徐林林、陈熊、程小弟、李达进、朱昭明

【基本案情】

原被告双方系联众公司的20名股东。联众公司章程规定：联众公司注册资本为20万元，有自然人股东20人（即8名原告和12名被告），每名股东出资额均为1万元，参股比例均为5%；股东之间可以相互转让其全部或部分出资，股东可以内部转让其出资，股东向股东转让其出资时，必须经全体股东过半数同意；经股东同意转让的出资，在同等条件下，其他股东对该出资有优先购买权；股东在公司登记后不得抽回出资，公司对股份实施记名，严禁私自转让；凡私自转让股金，公司可将该股金收回，经股东大会讨论，由其他股东平均受让。

2015年9月15日，尹建华、徐林林、李达进、朱昭明、陈熊、谢进良、程小弟、钟长军、吴惠明、武杰、胡建阴（即被告11名股东）与陈荣福签订《股权转让协议》，约定被告11名股东将持有联众公司的股权转让给陈荣福。后被告12名股东达成《股东会决议》，签字确认了上述股权转让事宜。本次股权转让未通知原告8名股东。

2015年9月25日，联众公司办理了工商变更登记：原20名股东减少至19名（朱昭明退出），股东认缴额陈荣福变更为11万元（占55%），陈熊、谢进良、程小弟、钟长军、吴惠明、武杰、胡建阴、尹建华、徐林林、李达进（即被告10名股东）均变更为0.1万元（各占0.5%），朱麒麟、徐嘉栋、严华、彭君、刘桂英、陆新农、林瑜明、陈玉高（即原告8名股东）仍为1万元（各占5%）。

原告8名股东诉至法院，认为被告12名股东之间相互转让股权，未通知原告8名股东，属私自转让，侵害了原告的知情权和优先购买权，而且根据公司以往惯例，股东间转让股权的，其他股东都是均分受让，请求判令：2015年9月15日被告12名股东之间签订的《股权转让协议》无效。被告12名股东则抗辩称，股东之间相互转让股权，是自由处分自己资产的行为，完全合法有效。

【案件焦点】

案涉股权转让是否违反公司章程的规定而无效；公司股东之间转让股权的，其他股东有无优先购买权。

【法院裁判要旨】

江苏省无锡市北塘区人民法院审理认为：股东的优先购买权仅存在于股东对外

转让股权的情形，公司内部股东间股权转让时，不存在优先购买权；关于股东之间转让股权，公司法仅规定可以相互转让，公司章程对股权转让另有规定的从其规定，法律赋予了公司充分的自治权。本案中，联众公司章程对股权内部转让作了特别规定："股东向股东转让其出资时，必须经全体股东过半数同意"，"严禁私自转让"。该特别规定不违反法律法规强制性规定，应为合法有效。2015 年 9 月 15 日的本次股权转让未通知其他股东并征求意见，未经全体股东过半数同意，实际剥夺了其他股东的知情、决策的权利，故违反公司章程的规定而无效。

江苏省无锡市北塘区人民法院依照《中华人民共和国公司法》第七十一条之规定，作出如下判决：

2015 年 9 月 15 日被告 12 名股东之间签订的《股权转让协议》无效。

宣判后，被告 12 名股东不服一审判决，提出上诉。江苏省无锡市中级人民法院经审理后判决：

驳回上诉，维持原判。

【法官后语】

关于公司内部股权的流转，公司法赋予了公司自治权，充分尊重公司的意识自治，公司章程有特别规定的从其规定。由于有限公司具有很强的人合性和自治性，公司章程中对股东成员的组成、股东各自的股权比例、股东之间转让股权等作出的特别规定，不违反法律法规强行性规定的，理应受到尊重并执行。因此，对于股东内部转让股权效力的认定，在存在章程特别规定的情况下，应根据公司章程的规定来判定。公司章程中对股东自由处分自己股份时作出的限制性规定，该限制系所有股东自愿协商形成的、对股东之间转让股权所作的特别规定，符合公司自治的原则，且不违反法律规定，对全体股东均具有约束力，涉案的股权转让因违反章程约定而无效。

法律既尊重财产的自由转让权，又同时保护对自由转让权进行限制的约定。不可否认，作为股东的私人财产，股东有自由转让股权的权利，但作为股东间的契约性质的公司章程对股份的内部流通进行了限制，如禁止私自转让，须取得其他股东的过半数同意等规定，同样应当遵守。

编写人：江苏省无锡市梁溪区人民法院　姜海

40

从法律关系被告不能对主法律关系当事人提出反诉

——尊贵控股有限公司诉张秀华等股权转让案

【案件基本信息】

1. 裁判书字号

陕西省高级人民法院（2015）民二终字第291号民事裁定书

2. 案由：股权转让纠纷

3. 当事人

原告：尊贵控股有限公司（以下简称尊贵公司）

被告：张秀华、张肃、张哲

第三人：赵桂秋、陕西中金装饰工程有限公司（以下简称中金公司）

【基本案情】

原告尊贵公司与被告张秀华、张肃签订股权转让合同，被告张哲作为张秀华、张肃的担保人承担担保责任，第三人赵桂秋作为尊贵公司的担保人承担担保责任。尊贵公司因该股权转让纠纷，向陕西省高级人民法院起诉，请求判令：张秀华、张肃连带返还尊贵公司支付的合同订金2000万元及利息，连带支付违约金3500万元，保证人张哲对上述订金及其利息和违约金承担连带清偿责任。庭审过程中，张秀华、张哲提出反诉，请求判令：1. 尊贵公司向张秀华、张哲支付违约金3500万元；2. 赵桂秋对前述违约责任承担连带给付责任；3. 诉讼费全部由尊贵公司承担。

【案件焦点】

在保证人被诉承担连带保证责任的情形，保证人作为被告能否提起反诉。

【法院裁判要旨】

陕西省高级人民法院经审理认为：依照《最高人民法院关于适用〈中华人民共

和国民事诉讼法〉的解释》第二百三十三条第一款“反诉的当事人应当限于本诉的当事人的范围”的规定，张秀华、张哲二人提出反诉请求的范围应当限于本案的原告尊贵公司，其所提出的反诉请求第二项“赵桂秋对前述违约责任承担连带给付责任”，实际上将本案的第三人作为反诉被告并要求其承担民事责任，该反诉请求不符合前款规定。尊贵公司提起的诉讼中包含两个不同的法律关系，对张肃、张秀华的诉讼基于股权转让合同的法律关系，对张哲的诉讼基于保证法律关系，前者系本案的主法律关系，后者系本案的从法律关系。张哲以其系中金公司实际股东为由，向尊贵公司提出其应承担违约责任的反诉请求，与本案尊贵公司诉张秀华、张肃、张哲的诉讼标的及诉讼请求所依据的事实、理由不存在关联，张哲作为本案保证合同的当事人，以实际股东的名义对尊贵公司提出反诉并要求第三人赵桂秋承担连带民事责任，不符合我国民事诉讼法关于反诉的规定，应另行起诉。

该案上诉后，最高人民法院认为，张秀华、张哲提出反诉要求本诉第三人赵桂秋承担连带民事责任，不符合民事诉讼法关于反诉的规定，维持了一审裁定。

【法官后语】

实践中，在保证人被诉承担连带保证责任的情形，保证人作为被告能否依据上述规定提起反诉，存在不同观点。一种观点认为，保证人具有被告的身份，且保证人也承担着实体性的法律责任，保证人对于原告既可以提出抗辩，也可以提出反诉。另一种观点认为，保证人不能提起反诉。保证人是从法律关系的当事人，仅承担着债务履行责任，对于债权人在保证法律关系并无实体法上的权利主张。

本案裁判采用第二种观点。保证人提出反诉，只能在保证法律关系之外引入其他与本诉无关的法律关系，不但不符合我国反诉制度的规定，也容易使诉讼关系复杂化，难以实现反诉制度合理配置司法资源的目的。

第一，保证人对于保证责任的反击不适宜适用反诉制度解决。保证人在诉讼中享有作为诉讼当事人的各项诉讼权利，但保证人不是主债权债务关系的当事人，其保证责任的承担依附于主债权债务关系的成立和效力。从实体法律关系的角度，因保证人仅是从债务人，提起反诉不符合其法律关系属性。

第二，保证人对于债权人提出反诉难以符合反诉的法定条件。在保证法律关系中，债权人起诉保证人承担连带保证责任的，保证人与债权人之间的保证法律关系便构成了本诉的诉讼标的，保证人提出反诉，也只能是对于保证法律关系中的权利义务提出反诉，否则就缺乏得以依存的本诉。从实体法律关系角度来看，保证人在保证法律关系中并无对于债权人可以行使的独立的实体权利主张，保证人对于保证法律关系之诉提出反诉，只能依据保证法律关系之外的其他法律关系提出请求，如主张对债权人存在其他金钱债权，要求行使抵销权等，但此类法律关系已与保证法律关系属于不同法律关系，不具有关联性。依据最高人民法院司法解释的规定，只有具有相同法律关系或者原因关系以及相同事实的，才能提起反诉，保证人提出反诉则不符合这一规定要求。

编写人：陕西省高级人民法院　吴强　赵霜

41

阴阳股权转让协议究竟以何为准

——叶金和诉黄鑫股权转让案

【案件基本信息】

1. 裁判书字号

江苏省盐城市中级人民法院（2016）苏09民终字第3412号民事判决书

2. 案由：股权转让纠纷

3. 当事人

原告：叶金和

被告：黄鑫

【基本案情】

2011年7月26日，张友宏（丁方）与叶金和（甲方）、潘祥军（乙方）、徐往扣（丙方）签订《投资意向协议书》一份。该协议约定，甲、乙、丙、丁四方为合作经济，拟在大丰市白驹工业园区新办建筑材料矿粉项目企业，项目总投资约

1600万元，各方投资额为：甲方450万元，乙方350万元，丙方500万元，丁方300万元。办理营业执照按协议比例等。

江苏恒创新型建材有限公司（以下简称恒创公司）于2011年9月19日经工商管理部门核准登记成立，由香港睿辉有限公司独资设立，注册资本为700万美元，企业类型为有限责任公司（台港澳法人独资），法定代表人为徐往扣。上述四名意向投资人均未登记为恒创公司的股东，但恒创公司实际由四名意向投资人经营。

2013年1月31日，投资协议人叶金和、仲银存、徐往扣、潘祥军签订《协议书》一份，约定：一、公司总投资确定为1750万元。其中：叶金和577.50万元，占33%；徐往扣490万元，占28%；潘祥军376.50万元，占21.50%；仲银存306万元，占17.50%。

2013年11月5日，叶金和、杨树霞、王海浦、潘祥军、仲银存、黄鑫签订《股权转让协议书》一份，约定杨树霞的股权全部转让给叶金和，徐往扣的股权全部转让给王海浦，仲银存的股权全部转让给黄鑫。

2014年3月7日，恒创公司形成股东会决议一份，主要内容为：1. 同意叶金和将其持有恒创公司的股权1023.21954万元人民币（占公司注册资本的27%）转让给王海浦。2. 同意叶金和将其持有恒创公司的股权776.88951万元人民币（占公司注册资本的20.5%）转让给潘祥军。3. 同意叶金和将其持有恒创公司的股权625.30086万元人民币（占公司注册资本的16.5%）转让给黄鑫。股东叶金和、杨树霞、王海浦、潘祥军、黄鑫出资比例分别为28%、8%、27%、20.5%、16.5%。

2014年3月7日办理股东工商变更登记时，叶金和与王海浦签订《股权转让协议》一份，约定内容与2014年3月7日恒创公司形成的股东会决议一致。2014年3月10日，恒创公司经工商登记变更，现股东名称为叶金和、杨树霞、王海浦、潘祥军、黄鑫。

2014年3月22日，恒创公司召开董事会，参加人员为叶金和、杨树霞、王海浦、潘祥军、黄鑫，列席人员为陈平（陈平系恒创公司的债权人），记录人为徐明选（徐明选是恒创公司的材料会计）。董事会记录，经股权流转后，各股东所占公司股份为：叶金和28%、王海浦27%、黄鑫16.5%、潘祥军20.5%、杨树霞8%。

【案件焦点】

原告仅凭在工商登记部门2014年3月7日的《股权转让协议》主张被告支付股权对价能否成立。

【法院裁判要旨】

江苏省盐城市大丰区人民法院经审理认为：

从恒创公司的演变过程来看，其名为外资独资企业，实际系由四名自然人投资并运作，但自然人之间的股权转让在工商登记中并无任何记载，于是便产生了显名股东与隐名股东的情形，叶金和通过受让方式成了显名股东，而潘祥军、徐往扣、张友宏（后为仲银存）几位实际投资人则成了隐名股东。

恒创公司登记的注册资本与实际投资资本存在不一致的情况下，在处理实际投资人之间的债权、债务关系时，只能以投资人之间的投资协议作出判定。2014年3月7日，股东会决议既是为了解决隐名股东转变为显名股东的问题，更是为了与工商登记的注册资本相吻合，双方均不持有原件，完全是为了工商登记备案所用，通过这份股权转让协议，使隐名股东的身份转变为显名股东。故此协议并非实际投资人债权债务关系的真实记载，原告更不可以将此作为债权凭证。

江苏省盐城市大丰区人民法院依法作出如下判决：

驳回原告叶金和的诉讼请求。

盐城市中级人民法院经审理认为一审判决认定事实清楚，适用法律正确，依法维持原判。

【法官后语】

本案的关键问题是“阴”“阳”股权转让协议以何为准。

欠缺真实意思的民事法律行为不成立，故欠缺当事人真实意思的备案股权转让协议对双方当事人不具有约束力。关于工商登记备案对合同效力的影响，我国《中华人民共和国公司法》第三十二条第三款规定：“公司应当将股东的姓名或者名称向公司登记机关登记；登记事项发生变更的，应当办理变更登记。未经登记或者变更登记的，不得对抗第三人。”备案股权转让协议虽约束双方当事人，但登记备案公示对抗效力的保护对象是第三人。

综上，股权转让人与受让人之间股权转让合意应以双方真实意思表示为准，能够证明双方真实意思的投资意向书、未提交登记备案的股权转让协议等与登记备案的转让协议内容不一致的，登记备案的转让协议因欠缺真实合意对当事人之间不具有约束力，仅对第三人确认受让人股东资格、出资责任等具有公示对抗效力。

编写人：江苏省盐城市大丰区人民法院　李洵洵

42

能否依公司资产直接确定股权转让价格

——左阿华诉青岛天丰造纸有限公司、安郁滋股权转让案

【案件基本信息】

1. 裁判书字号

山东省青岛市中级人民法院（2016）鲁02民终字第7510号民事判决书

2. 案由：股权转让纠纷

3. 当事人

原告（上诉人）：左阿华

被告（被上诉人）：青岛天丰造纸有限公司（以下简称天丰公司）、安郁滋

【基本案情】

原告与被告安郁滋原均系被告天丰公司职工，均于2001年公司改制时成为公司股东。原告入股2万元，占公司注册资本350万元的0.57%。原告于2005年5月18日将上述股权全部转让给被告安郁滋，双方签有《股权转让、受让协议》，该协议未约定股权转让价格。同日，被告天丰公司召开股东会并作出《关于转让股权的股东会决议》，同意原告左阿华将占公司0.57%的股权转让给新股东被告安郁滋，其他股东放弃优先购买权。上述股权转让已在工商机关办理了变更登记。

被告天丰公司于2010年3月27日作出《关于〈关于股东提前转让所持公司股份的有关规定〉补充规定的决议》，说明股东提前转让所持股份，每股按1元价格转让。

被告天丰公司章程第一章第三条规定：本公司经上级有关部门批准，由天丰公

司职工集体购买公司整体产权；第三章第一条规定：本公司职工股份总额350万股，每股面值1元，共计人民币350万元，按实收资本注册，第四条规定：股权转让由董事会提出股份转让指导价格，由公司股本管理部门予以公示，按股权管理规定进行转让。

原告要求按照被告天丰公司现资产数额确定股权转让价格，由两被告连带支付股权转让费60万元。两被告不同意，并称应按1股1元计算，被告安郁滋同意支付原告股权转让费2万元。

【案件焦点】

能否对原告与被告安郁滋股权转让的价格进行确定。

【法院裁判要旨】

山东省青岛市市北区人民法院经审理认为：天丰公司的股东之间可以相互转让其全部或者部分股权。公司章程对股权转让另有规定的，从其规定。根据被告天丰公司章程：股权转让由董事会提出股份转让指导价格，由公司股本管理部门予以公示，按股权管理规定进行转让。原告和被告安郁滋均是被告天丰公司股东，双方之间的股权转让符合法律规定和公司章程约定，且已经公司股东会决议通过并在工商机关办理变更登记。因股权转让是股东将自己的股东权益有偿转让给买受人，买受人支付对价并取得股权的民事行为。股权转让的价格是该类合同的重要条款，需转让方和受让方协商确定，在双方未于合同中对股权转让价格明确约定时，法院不宜对双方股权转让的价格予以确定。为此，被告安郁滋先支付原告股权转让款2万元，原告可再与其协商确定股权转让价格。

山东省青岛市市北区人民法院依照《中华人民共和国公司法》第七十二条，《中华人民共和国民事诉讼法》第六十四条之规定，作出如下判决：

一、被告安郁滋于本判决生效之日起十日内支付原告左阿华股权转让款2万元；

二、驳回原告的其他诉讼请求。

原告对上述判决不服提起上诉。山东省青岛市中级人民法院经审理认为：被上诉人天丰公司系由内部职工集体出资整体买断国有资本产权改制而来的股份合作制企业，该类企业不同于有限责任公司与股份有限公司，对于该类企业改制过程中出现的纠纷，应依据其章程确定当事人的权利义务。上诉人左阿华与被上诉人安郁滋签订的股权转让协议虽然未约定股权转让价格，但结合公司章程及同时期其他股东转让股权的情形来看，可以确定其他股东均以1元1股价格完成股权转让。有关上诉人左阿华与被上诉人安郁滋之间的股权转让与其他股东转让股权时的形式一致、内容相同，一审法院按照其他股东转让的价格判令安郁滋支付股权转让款并无不当。

山东省青岛市中级人民法院依照《中华人民共和国民事诉讼法》第一百七十条第一款第（一）项之规定，判决如下：

驳回上诉，维持原判。

【法官后语】

本案的焦点为能否依据公司资产确定股权转让的价格。

价格是股权转让合同的重要条款，该转让价格需转让方和受让方协商确定。双方确定的股权转让价格因人而异，有的以股权的真实价值为依据来协商股权转让价格，此时的转让价格等同于被转让股权所对应的公司资产的价值；有的以当事人的真实意愿来协商股权转让价格，此时的转让价格可能脱离股权的真实价值，存在高于或低于股权真实价值的情形，甚至会出现股权无偿转让即零元转让的情形。

本案中，原告主张按照被告天丰公司现资产确定股权转让的价格，一、二审法院均未采纳该主张。因为，公司经营活动受市场因素影响较大，公司资产情况并非处于固定不变状态，而是随着市场现行的变化而不断变化，所以，当转让双方未在股权转让合同中对股权转让价格进行明确约定时，法院不宜比照公司资产对该股权转让价格予以确定。

编写人：山东省青岛市市北区人民法院　邹岩

43

如何认定证据内容不利于证据持有人

——金洪茹诉陈东股权转让案

【案件基本信息】

1. 裁判书字号

北京市第一中级人民法院（2016）京01民终字第2091号民事判决书

2. 案由：股权转让纠纷

3. 当事人

原告（被上诉人）：金洪茹

被告（上诉人）：陈东

【基本案情】

2005年12月18日，金洪茹与陈东签订《股权转让协议》，该协议载明：“经双方协商，转让方金洪茹同意将所持北京万达时代工贸有限公司股份的48万元，转让给受让方陈东，受让方陈东同意接受其转让。转让前的债权债务由金洪茹承担，转让后的债权债务由陈东承担。”同日，万达公司召开股东会并作出股东会决议，同意金洪茹将其持有的股权转让给陈东，并免去金洪茹担任的执行董事及公司经理职务。嗣后，万达公司在工商管理部门办理了法定代表人及股东的变更登记手续，变更后万达公司的法定代表人为陈东，股东为陈东、魏淑敏。

金洪茹称陈东受让万达公司股权后，始终未向其支付股权转让款。双方并未约定股权转让款的交付期限，故金洪茹要求陈东依约向其支付48万元。一审诉讼中，陈东主张其已按照该约定，于2005年12月以现金形式向金洪茹交付了股权转让款48万元。但未提交证据予以证明。二审中陈东称支付了20多万元股权转让款，对于该项主张其亦未提交证据予以证明。

2015年4月24日，金洪茹的女儿金颖依据陈东出具的授权委托书代表万达公司与金石腾飞中心签订了《协议书》。金洪茹、金颖代表万达公司进行了地上物交接。金颖领取了8986289.02元拆迁补偿款。金洪茹向陈东支付了60万元。金洪茹称支付60万元是因为陈东威胁如果不给60万元就不让办拆迁事宜。

二审诉讼中，陈东提交一份其与金洪茹在2016年1月28日的谈话录音，录音中陈东称“金颖让咱俩还写了东西，说这事处理完了。到现在您不承认，您说让我怎么办呀?”金洪茹称“我没不承认，写的东西我也承认。那个条你跟金颖要，金颖也没有，唯一的复印件在我这呢！那个条你也甭要了，那个条对你绝对是有利的，保证你60万绝对有戏，知道吗？60万我给你就完了。”陈东主张金洪茹持有的“条”的内容为：陈东将万达公司股权转回给金洪茹，万达公司的所有债权债务由金洪茹承担，之前陈东的股权转让款不用再支付给金洪茹，金洪茹给陈东60万元补偿款。

【案件焦点】

对金洪茹持有的证据载明的内容如何认定。

【法院裁判要旨】

北京市石景山区人民法院经审理认为：金洪茹与陈东签订的《股权转让协议》系双方真实意思表示，不违反国家法律及行政法规的强制性规定，不侵害第三人的合法利益，应属有效。依法成立的合同，对当事人具有法律约束力，当事人应当按照约定全面履行己方义务。现双方均认可金洪茹已按《股权转让协议》将其所持有的股权转让给陈东，并已完成工商变更登记。则陈东取得股权后，应向金洪茹支付相应的股权转让款。庭审中，陈东主张其已将股权转让款项48万元以现金形式支付给金洪茹，但其未能提供收据、收条等形式的直接证据证明金洪茹已收到上述钱款，亦无法对款项来源、交付过程作出明确、合理的解释，视为陈东无法向本院提供证据证明其事实主张。陈东应承担举证不能的不利后果，本院对其已支付相应股权转让款的答辩意见不予采信。

关于陈东提出的魏淑敏已就股权转让一事起诉过，且金洪茹提起的本案诉讼距《股权转让协议》的签订已有十年时间的答辩意见，魏淑敏提起的诉讼与本案并非同一法律关系；因双方当事人在《股权转让协议》中未明确约定付款时间，故按照法律规定金洪茹可以随时主张权利。陈东虽表示双方曾口头约定完成企业营业执照变更登记时付款，但并未提供相应证据证明其主张，故陈东的该项答辩意见缺乏事实和法律依据，亦不予采信。金洪茹要求陈东支付股权转让款48万元的诉讼请求，合法有据，予以支持。

北京市石景山区人民法院依照《中华人民共和国合同法》第八条、第一百零九条，《中华人民共和国公司法》第七十一条之规定，作出如下判决：

陈东于本判决生效后十日内给付金洪茹股权转让款48万元。

陈东提交了一份新的录音，提起上诉。北京市第一中级人民法院经审理认为：金洪茹与陈东签订的《股权转让协议》系双方真实意思表示，不违反法律及行政法规的强制性规定，应属合法有效，双方均应按照合同约定履行自己的义务。金洪茹已经按照协议约定将其持有的万达公司48%股权转让给陈东并办理了工商变更登记。陈东一审中称已经支付了48万元股权转让款，二审中称支付了20多万元股权转让款，对于该项主张陈东并未提交证据予以证明，故认定陈东未向金洪茹支付48万元股权转让款。

二审诉讼中，陈东提交了一份其与金洪茹的谈话录音，该录音显示：1. 陈东与金洪茹之间关于万达公司的事宜已处理完毕；2. 金洪茹持有一份证据，该证据对陈东绝对有利；3. 金洪茹承诺给陈东60万元。根据《最高人民法院关于民事诉讼证据的若干规定》第七十五条“有证据证明一方当事人持有证据无正当理由拒不提供，如果对方当事人主张该证据的内容不利于证据持有人，可以推定该主张成立”的规定，法院已依法向金洪茹进行了释明要求其提交持有的证据，金洪茹无正当理由拒不提供；且陈东系万达公司股东及法定代表人，万达公司拆迁事宜与金洪茹无关，金洪茹所称陈东威胁如果不给60万元就不让办拆迁事宜，不属合理解释；金颖代表万达公司签署拆迁补偿协议并领取拆迁款、金洪茹进行了地上物交接及向陈东支付60万元的事实表明陈东与金洪茹之间存在关于处理万达公司事宜的约定。综上，对陈东关于其与金洪茹之间就万达公司股权转让、债权债务承担进行了约定，之前的48万元股权转让款不用再支付给金洪茹的主张予以认定，对其上诉请求予以支持。

北京市第一中级人民法院依照《最高人民法院关于民事诉讼证据的若干规定》第七十五条，《中华人民共和国民事诉讼法》第一百七十条第一款第（二）项之规定，作出如下判决：

一、撤销北京市石景山区人民法院（2015）石民（商）初字第4885号民事判决；

二、驳回金洪茹的诉讼请求。

【法官后语】

本案是在审判实践中对《最高人民法院关于民事诉讼证据的若干规定》第七十五条的具体运用。实践中，涉及本条规定的主要存在两种情形：一种情形是一方当事人不仅有证据证明对方当事人持有对其不利的证据，而且有证据证明该证据上不利于证据持有人的内容是什么；另一种情形是一方当事人仅能证明对方当事人持有对其不利的证据，但没有证据证明证据上不利于证据持有人的内容是什么，本案即属于后一种情形。实践中运用的难点即在于如何确定证据上不利于证据持有人的内容。一方当事人主张证据的内容除涉及案件争议的股权转让款外，还涉及其他多项内容，而二审查明的关于拆迁补偿的一系列事实可以看出双方之间确实存在关于处理公司事宜的约定，由此可以推定出一方当事人主张的证据上不利于证据持有人的内容成立。从本案中可以看出，推定证据上不利于证据持有人的内容并非凭空推定，即使是在证据持有人自认该证据对对方当事人有利的情况下，也还需要通过调查取证、对双方当事人的询问、逻辑推理等各种手段进一步明确证据的内容，从而夯实判决的基础。

编写人：北京市第一中级人民法院 张岩

44

股权增资对赌协议中损失条款的认定

——上海华铭智能终端设备股份有限公司、高勤诉北雁明翔有限公司等股权转让案

【案件基本信息】

1. 裁判书字号

上海市浦东新区人民法院（2016）沪0115民初字第44731号民事判决书

2. 案由：股权转让纠纷

3. 当事人

原告：上海华铭智能终端设备股份有限公司（以下简称华铭公司）、高勤

被告：北雁明翔有限公司（以下简称明翔公司）、郭音、周凯

【基本案情】

被告明翔公司、郭音、周凯系阿不思网络科技（上海）有限公司（以下简称目标公司）的股东。2015年6月26日，原告华铭公司、高勤与被告明翔公司、郭音、周凯及目标公司签订《增资入股协议》，约定原告华铭公司、高勤向目标公司分别增资350万元及150万元，并分别获得目标公司7%和3%的股权。为保证原告华铭公司、高勤增资目的得以实现，目标公司的原股东即被告明翔公司、郭音、周凯在协议中向原告华铭公司、高勤作出承诺，目标公司2015年度实现营业收入1000万元左右，税后净利润250万元左右；2016年度实现营业收入6000万元左右，税后净利润1500万元左右；2017年度实现营业收入1亿元左右，税后净利润2500万元左右，并约定如目标公司未实现上述营业收入之承诺，则被告明翔公司、郭音、周凯以增资价格作为回购价格，回购原告华铭公司、高勤增资取得的股权，且被告明翔公司、郭音、周凯应赔偿原告华铭公司、高勤全部损失。

之后，原告华铭公司、高勤于2015年8月6日分别支付增资款，并登记成了目标公司的股东。上述投资行为完成后，因目标公司未实现上述承诺的营业收入，2016年3月至4月，原告华铭公司、高勤分别向被告明翔公司、郭音、周凯及目标公司发函，要求被告明翔公司、郭音、周凯回购股权、并赔偿原告华铭公司、高勤损失。

后双方协商未果，故原告华铭公司、高勤诉至法院，要求：被告明翔公司、郭音、周凯回购原告华铭公司、高勤增资获得的股权，并办理相应的股权变更工商登记手续；支付回购款350万元和150万元；赔偿以上述增资款金额为本金，自增资款支付日即2015年8月6日起至实际支付日止按中国人民银行同期同类贷款基准利率计算的增资款利息；按被告明翔公司、郭音、周凯承诺的目标公司2015—2017年营业收入及原告华铭公司、高勤的持股比例为标准，分别赔偿原告华铭公司、高勤预期利润损失297.50万元和127.50万元。

【案件焦点】

原告华铭公司、高勤主张的增资款利息损失及预期分配利润损失是否可予支持。

【法院裁判要旨】

上海市浦东新区人民法院经审理认为：原告华铭公司、高勤与被告明翔公司、郭音、周凯签订的协议合法有效。因双方对支付股权回购款、办理股权变更登记手续的事项并无分歧，法院对原告华铭公司、高勤的该部分诉请予以支持。

审理中，法院将原告华铭公司、高勤的诉请损失可分为两部分，即以回购义务产生为节点，一部分为投资过程中的增资款利息损失及预期分配利润损失，另一部分为投资结束及回购义务形成后，未支付回购款的资金占用利息损失。

对于第一部分的损失，法院认为，因本案系风险投资，原告华铭公司、高勤的投资行为应当承担相应风险，而目标公司能否盈利，就是原告华铭公司、高勤的投资风险。因《增资入股协议》已经对上述风险作出了安排，即当目标公司未能实现上述经营收入时，原告华铭公司、高勤有权要求被告明翔公司、郭音、周凯以约定价格回购涉案股权，故不应再将该部分风险作为损失而要求被告明翔公司、郭音、周凯赔偿。对于第二部分损失，当时回购条款的适用条件已然成就，但被告明翔公司、郭音、周凯未按时支付回购款，因此产生了原告华铭公司、高勤资金占用损失，故应予赔偿。

【法官后语】

风险投资中，对赌协议的设立已经成为新常态。在该投资模式中，若目标公司为实现相关营业收入、产品研发、公司上市等承诺时，则公司原股东应承担回购股权、赔偿损失等责任。该条款本身并无违反法律规定，大多情况下应当承认其效力。但是，商业投资固有其风险，投资者向公司进行投资，系期望公司获得高额收入后，其即可获得相应投资回报。但市场经营存在风险及不确定性，公司未能实现相应收入时，投资方也应当承担相应的投资风险。而商业风险和损失并不是等同概念，投资者将资金投入目标公司，应当用于目标公司的经营，基于前述市场及经营风险，公司盈亏均属正常，投资者作为公司股东，理应承担由此产生的投资风险。

原告华铭公司、高勤主张投资期间的投资款利息，形式上虽为资金占用费，但该费用实质系原告华铭公司、高勤此次投资所产生的机会成本，亦即投资风险，而非损失；公司是否盈利及是否分配利润也需受到市场情况、公司治理等不确定因素的影响，故本案预期分配利润损失的诉请也混淆了商业风险和损失的概念。故在双方未对违约金及其计算方式予以明确约定的情况下，基于股权投资的风险本质，上述损失均不应予以支持。仅有在回购义务产生后，因回购义务方怠于履行回购义务时，所产生的资金占用成本才实际成了投资方的损失，对此类损失，回购义务方应当予以赔偿。

编写人：上海市浦东新区人民法院　曹克睿　陆申甲

45

证据真伪的认定及举证责任的分担

——阮国忠诉徐瑞、王廷领股权转让案

【案件基本信息】

1. 裁判书字号

北京市第一中级人民法院（2016）京01民终字第379号民事判决书

2. 案由：股权转让纠纷

3. 当事人

原告（上诉人）：阮国忠

被告（被上诉人）：徐瑞、王廷领

【基本案情】

许翠华与王文智系夫妻。2003年2月25日，许翠华与徐瑞签订股东出资转让协议书，将其在中冶公司的全部出资550.4万元人民币转让给徐瑞。当日，中冶公司股东会作出决议，同意上述股权转让行为。2004年1月7日，徐瑞出具还款计划称，中冶公司欠王文智股权转让费（合同计500万元人民币），除2003年已还欠款外，剩余欠款2004年年底还清，2003年春节还10万元。

阮国忠提举王廷领于2012年2月24日签字的情况说明以证明王文智于当日向

连带保证人王廷领主张债务，债权诉讼时效中断，阮国忠于2014年2月9日受让债权并于之后向王文智、王廷领邮寄债权转让通知并要求其还款均在诉讼时效期间内。该情况说明载明："中冶公司欠王文智股权转让费确有此事。2004年1月7日书写的还款计划，本人在场可以证明。（另起一段）中冶公司当时的法人代表徐瑞出具的'承诺书'，签名是哪一年的6月20日，现在记不清楚了。每年都在找徐瑞要这个钱。（另起一段）中冶公司给付王文智的股权款项，当时有合同约定。是怎么转的具体情况是他们谈的，我也参加了会议。以后要我签个字，我也签了。开始是证明人，以后签了保证人。这个事没解决，我还做保证人，到解决后为止。（另起一段）以上情况特此说明。"徐瑞、王廷领认可该份证据上王廷领签字的真实性，但主张该情况说明的内容系在王廷领签字后被部分伪造。王廷领提交另一份由其本人留存的《情况说明》，该份证据与阮国忠提交的《情况说明》的内容大部分一致，区别在于：阮国忠提举的《情况说明》比王廷领提交的《情况说明》在第二自然段及第三自然段段尾留白处各增加一句话，即"每年都在找徐瑞要这个钱""这个事没解决，我还做保证人，到解决后为止"。阮国忠对王廷领提交的《情况说明》的真实性无异议，但主张该份证据系当日由律师书写的草稿，由王廷领签字的，应以阮国忠提交的《情况说明》为准。阮国忠及王廷领均主张该份情况说明的内容系由一名前去找王廷领的律师书写，阮国忠主张该律师系由王文智委派，而王廷领主张不清楚律师的委托人是谁，但是当时看过该名律师的律师证。经询，三方均不能说清书写两份《情况说明》律师的具体身份信息。

在本案二审期间，王廷领陈述称其提交的《情况说明》与阮国忠提交的《情况说明》的内容均是由王文智指派的同一位律师书写的，但是律师具体叫什么名字记不清了，王廷领确认其提交的《情况说明》是先于阮国忠提交的《情况说明》形成的，王廷领在签署自己手中的《情况说明》时要求书写律师对部分内容进行了修改，修改后书写的律师另行抄写形成了阮国忠提交的《情况说明》，王廷领确认其提交的《情况说明》是草稿，阮国忠提交的《情况说明》是定稿，但是其始终主张阮国忠提交的《情况说明》涉诉争议的两句话是后添加形成的。

阮国忠请求：1. 判令徐瑞偿还阮国忠股权转让款220万元及利息（自2010年6月27日起按银行同期贷款利率计算至清偿之日止）；2. 判令王廷领对上述债务承担连带清偿责任。

【案件焦点】

1. 对阮国忠提交的《情况说明》真实性的认定；2. 本案债权是否经过诉讼时效。

【法院裁判要旨】

北京市海淀区人民法院经审理认为：关于阮国忠提交的《情况说明》的真伪。该份证据较之王廷领提交的《情况说明》，区别仅在于多出的两句话，而该两句话也事关诉讼时效及保证期间是否已经过的关键问题。多出的两句话均位于自然段落的段尾留白处，而该情况说明的内容又均非王廷领书写，阮国忠作为证据的提供方亦不能说清书写的律师究竟为何人，故该多出的两句话存在于王廷领签字之后被加上去的可能，该院对其真实性不予采信。

北京市海淀区人民法院作出如下判决：

驳回阮国忠的全部诉讼请求。

阮国忠持原审起诉意见提起上诉，并主张：1. 一审法院对于情况说明的相关事实认定错误；2. 一审法院关于情况说明适用法律错误。王廷领主张：阮国忠提交的情况说明内容有篡改，应当由王廷领提交证据加以证明。

北京市第一中级人民法院经审理认为：关于阮国忠提交的2012年2月24日《情况说明》是否真实有效的认定问题。阮国忠提交的《情况说明》与王廷领提交的《情况说明》的关键性差距在于：阮国忠提交的《情况说明》中多出两句话，即“每年都在找徐瑞要这个钱”“这个事没解决，我还做保证人，到解决后为止”。王廷领主张其在签署阮国忠提交的《情况说明》时，上述两句话并不存在，是书写的律师在王廷领签字后另行添加的。

关于阮国忠提交的《情况说明》的真实性问题，法院认为：阮国忠作为主张诉讼时效没有经过的一方当事人，为了证明其主张，提交《情况说明》原件予以证明，王廷领对该情况说明原件中“王廷领”签字的真实性予以确认。王廷领在二审中确认其提交的《情况说明》与阮国忠提交的《情况说明》之间是草稿与定稿的关系，王廷领手中的《情况说明》是在先形成的草稿，形成过程中有部分修改的痕迹，阮国忠提交的《情况说明》是在后形成的定稿，因此认为应当以阮国忠提交的《情况说明》确定文本内容。阮国忠提交《情况说明》原件证明其债权的诉讼时效没有经过。王廷领现主张阮国忠提交的《情况说明》系篡改的意欲推翻该证据的真实性，但其仅仅提交一份作为草稿的《情况说明》，并未提交有效证据足以推翻阮国忠提交的《情况说明》的真实性，王廷领应当对其主张承担举证不能的法律后果。

北京市第一中级人民法院依据《中华人民共和国民法通则》第一百四十条，《中华人民共和国合同法》第六十二条，《最高人民法院关于贯彻执行〈中华人民共和国民法通则〉若干问题的意见（试行）》第一百七十三条，《最高人民法院关于适用〈中华人民共和国民事诉讼法〉的解释》第九十条，《中华人民共和国民事诉讼法》第一百七十条第一款第（二）项之规定，判决如下：

一、撤销北京市海淀区人民法院（2015）海民（商）初字第16536号民事判决；

二、徐瑞于本判决生效后七日内向阮国忠支付股权转让款220万元整及利息（以220万元为基数，按照中国人民银行同期贷款利率计算，自2014年5月11日起计算至实际付清之日止）；

三、王廷领对上述第二项、第三项确定的徐瑞的给付义务承担连带保证责任；

四、王廷领承担上述保证责任后，有权向徐瑞追偿；

五、驳回阮国忠的其他诉讼请求。

【法官后语】

应当明确本案关键性待证事实系阮国忠的债权是否经过诉讼时效，在王廷领、徐瑞就债权的诉讼时效提出异议时，阮国忠作为债权人应当提交证据证明其债权并未超过诉讼时效，此时的阮国忠应当承担该事实的举证责任。阮国忠提交了王廷领作为保证人书写的《情况说明》作为证据，该情况说明中，保证人明确写明原债权人王文智作为债权人时每年都向王廷领索要借款，债权的诉讼时效因此中断，重新起算。此时，阮国忠已经就诉讼时效未超过的事实完成了举证责任。

在负有举证责任的一方提交证据证明待证事实后，该事实能否被推翻应当由反驳一方承担举证责任。王廷领、徐瑞作为反驳一方，提供一份相似的《情况说明》用以证明阮国忠提交的《情况说明》的真实性存在瑕疵。但是，王廷领作为签字确认人，其对于两份《情况说明》的形成过程进行了陈述，自认其手中的《情况说明》是草稿，阮国忠手中的《情况说明》是定稿。据此，可以看出两份《情况说明》的形成过程，也就推出王廷领手中《情况说明》并不能推翻阮国忠提交的《情况说明》的结论。在阮国忠已经提交《情况说明》证据原件，且王廷领确认该份《情况说明》真实性的情况下，如果一方当事人想要反驳该份证据涉及的争议事实，就应当承担相应的举证责任。举证责任在诉讼过程中是不断变化和转移的，需要根据待证事实予以确认。

对于案件关键性证据的真实性不能确认的情况下，一方面须考量对待证事实何方应当承担举证责任的问题，另一方面也须考量证据的形成过程，认定法律事实。

编写人：北京市第一中级人民法院　孙鑫

七、损害股东、公司利益责任纷纷

46

高级管理人员及谋取公司商业机会的认定

——朗易酩庄（北京）酒业有限公司诉张言志损害公司利益责任案

【案件基本信息】

1. 裁判书字号

北京市第三中级人民法院（2016）京03民终字第10666号民事判决书

2. 案由：损害公司利益责任纠纷

3. 当事人

原告（被上诉人）：朗易铭庄（北京）酒业有限公司（以下简称朗易酩庄公司）

被告（上诉人）：张言志

【基本案情】

2012年9月9日，蒋立才作为甲方与作为乙方的张言志签订《合作协议书》，约定甲乙双方合作开发葡萄酒销售，现甲乙双方就葡萄酒销售公司的成立、葡萄酒销售的分工及投资等达成如下框架协议，并共同遵守：葡萄酒销售公司注册资金100万元，甲方出资70万元，占70%股份，乙方出资30万元，占30%股份，公司名称朗易酩庄公司；甲方负责公司的组建和公司的注册登记等工作；甲方负责销售工作，担任公司法定代表人；乙方负责进酒工作，乙方所进葡萄酒应当适合中国市场的口味和适合中国市场的营销价格；乙方担任董事长职务，公司不向乙方支付工资；所有的酒进入朗易酩庄公司必须有张言志认证证明；乙方负责朗易酩庄公司所有人员的技术培训；所有进口葡萄酒的工作均由乙方负责，包括电子商务备案等工作，直接进口的产品，甲方需向乙方公司支付1%的代理费；朗易酩庄公司和酒易酩庄公司对外批发价和团购价格应一致。

2013年3月15日，朗易酩庄公司成立，注册资本100万元，股东及其出资为蒋立才出资70万元，张言志出资30万元。朗易酩庄公司工商登记张言志为监事。

2013年6月26日，朗易酩庄公司作为甲方与作为乙方的德生源智公司签订《产品经销合同》，约定甲方授权乙方为授权经销商；销售的产品种类以及价格参见本协议附件二《产品价格单》。附件二产品价格单：1. 产品名称Comte de tassin，中文名称唐莎伯爵干红葡萄酒；2. 产品等级波尔多法定产区命名葡萄酒（AOC）；3. 价格：双方约定以欧洲采购底价为基础，增加2.5元作为甲方服务费，其中，欧洲采购价为1.5欧元，中国完税价21.45元，结算汇率预计按8.3计算，实际结算以银行外汇单据为依据；4. 订货量：10000箱×6瓶，1×6瓶纸箱包装；5. 总金额：23.95元×6万瓶=143.7万元。

2013年8月29日，酒易酩庄公司就葡萄酒进口进行海关申报，货物名称唐山伯爵干红葡萄酒COMTE DE TASSIN，数量6万瓶，原产国法国，单价1.5欧元。2013年8月30日，德生源智公司在酒易酩庄公司收货确认单上盖章，确定收到酒易酩庄公司唐莎伯爵干红葡萄酒2012，数量6万瓶，单价23.95元，总金额1437000元。

2014年朗易酩庄公司以损害公司利益责任纠纷为由向张言志起诉，要求张言志返还货款143.7万元。2014年10月29日，法院判决驳回朗易酩庄公司的诉讼请求。

另查，酒易酩庄公司成立于2010年11月23日，公司类型为有限责任公司（自然人独资），股东及法定代表人为张言志。

【案件焦点】

1. 张言志是否属于朗易铭庄公司的高级管理人员；2. 张言志的行为是否构成谋取朗易铭庄公司商业机会，是否负有赔偿责任。

【法院裁判要旨】

北京市朝阳区人民法院经审理认为：张言志属于朗易酩庄公司高级管理人员。虽张言志在工商部门登记为朗易酩庄公司监事，但根据蒋立才与张言志签订的《合作协议书》，蒋立才与张言志共同出资设立朗易酩庄公司的目的即为合作开发葡萄酒销售，张言志担任“董事长”职务，负责葡萄酒的进酒、朗易酩庄公司所有人员的技术培训等工作，故认定张言志属于朗易酩庄公司的高级管理人员。

张言志对公司负有忠实、勤勉义务。张言志作为朗易酩庄公司的监事、高级管理人员，负责朗易酩庄公司的进酒工作，但其在朗易酩庄公司与德生源智公司签订《产品经销合同》后，以其作为独任股东及法定代表人的酒易酩庄公司名义向德生源智公司提供进酒服务并收取德生源智公司货款，违反对朗易酩庄公司的忠实、勤勉义务。

北京市朝阳区人民法院依照《中华人民共和国公司法》第一百四十八条，《最高人民法院关于适用〈中华人民共和国民事诉讼法〉的解释》第一百零八条、第二百四十七条第一款之规定，判决如下：

被告张言志于本判决生效之日起十日内给付原告朗易酩庄（北京）酒业有限公司 15 万元。

张言志持原审答辩意见提起上诉。北京市第三中级人民法院经审理认为：张言志是否属于朗易酩庄公司的高级管理人员应当从以下两个方面认定：第一，经庭审询问，张言志称其在朗易酩庄公司未实际履行监事职责，具体负责业务板块。故不能仅以工商登记的信息即认定其是否为高级管理人员。第二，蒋立才与张言志签订的《合作协议书》对此进行了约定。从张言志的具体职务来看，张言志属于朗易酩庄公司的高级管理人员。一审法院认定正确，予以确认。

张言志违反法律规定的忠实义务。根据查明的事实，张言志同时为酒易酩庄公司的股东且为酒易酩庄公司的法定代表人。在朗易酩庄公司与德生源智公司签订《产品经销合同》后，张言志以酒易酩庄公司的名义向德生源智公司提供了进酒服务并收取了相关货款，致使其所在的朗易酩庄公司失去了该次商业机会。张言志作为朗易酩庄公司的高级管理人员，违背了法律规定的忠实义务，给朗易酩庄公司造成了利润损失。现张言志未能举证证明扣除代理费的相关依据，故张言志应当向朗易酩庄公司返还利润 15 万元。一审法院对此认定正确，予以确认。张言志的上诉请求不能成立，应予驳回；一审判决认定事实清楚，适用法律正确，应予维持。

北京市第三中级人民法院依照《中华人民共和国民事诉讼法》第一百七十条第一款第（一）项之规定，判决如下：

驳回上诉，维持原判。

【法官后语】

本案争议焦点在于公司高级管理人员及谋取公司商业机会的认定。司法实践中，公司治理结构不规范，投资者不重视工商登记等情况屡见不鲜，经常出现股东、高管、监事身份重叠，职务名称随意，由此导致司法实践中，当事人往往以其非工商登记高级管理人员为由进行抗辩，高管的认定成了案件争议的焦点。本案一、二审均未简单依据公司工商登记信息进行高管身份的认定，而是综合公司日常经营管理情况及股东间约定，明确认定张言志为朗易铭庄公司高级管理人员。

本案涉及谋取商业机会的认定，一、二审综合朗易铭庄公司与德生源智公司签订的《产品经销合同》，张言志在朗易铭庄公司职务，酒易铭庄公司进口红酒品类、时间、价格等情况，认定张言志未经股东会同意谋取公司商业机会，违反了对公司的忠实义务，并负有赔偿利润损失的责任。

编写人：北京市朝阳区人民法院　李泽帅

47

损害公司利益赔偿范围的认定

——李建军诉夏敏损害公司利益赔偿案

【案件基本信息】

1. 裁判书字号

北京市第二中级人民法院（2016）京02民终字第2813号民事判决书

2. 案由：损害公司利益赔偿纠纷

3. 当事人

原告：李建军

被告：夏敏

第三人：北京龙城飞工贸有限公司（以下简称龙城飞公司）

【基本案情】

2008年1月10日，夏敏、李建军及金燕三人共同出资15万元成立龙城飞公司。2008年1月10日至2009年2月5日，夏敏担任公司的法定代表人、执行董事及经理等职。2009年2月5日，夏敏离任，其所持股份转让给段亚平，并由段亚平担任公司法定代表人。夏敏离任时，未移交公司财务凭证资料及公司财产。2009年10月22日，龙城飞公司将被告夏敏诉至法院，2010年1月29日，被告夏敏向法院提交了其在龙城飞公司任职期间的财务会计凭证资料及票据。经对上述财务会计凭证及票据核查，发现夏敏隐瞒与德国维卡塑料（上海）有限公司（以下简称维卡公司）购买型材的交易事实，销售额没有记账。根据龙城飞公司的销售政策，销售额的25%应归龙城飞公司所有。根据（2011）大民初字第3276号案件审理过程中，法院调取的维卡公司开具的发票显示，销售额为1107041.85元，按照110万元的25%计算，应当有27.5万元归于公司。因此，夏敏的行为违反公司法的相关规定，损害了公司利益。

【案件焦点】

股东夏敏损害北京龙城飞工贸有限公司利益，具体赔偿金额应如何认定。

【法院裁判要旨】

北京市大兴区人民法院经审理认为：李建军作为龙城飞公司的股东及监事，认为夏敏在任公司董事长和总经理期间有损害公司利益的行为，有权提起本案的诉讼。龙城飞公司与维卡公司之间的买卖合同利润属于龙城飞公司的经营所得，理应归龙城飞公司所有。依据龙城飞公司出台“关于成立销售部及销售政策”的规定及案件审理过程中各方当事人的确认，龙城飞公司按维卡公司出厂价的75%购进型材，维卡公司向龙城飞公司开具的增值税发票单价金额与维卡公司出厂单价的75%的含税价款相同，因夏敏担任总经理期间，未为龙城飞公司建立真实、合法的财务、会计账目，且未提交证据证明龙城飞公司的实际销售情况，案件审理过程中未就增值税发票票面载明金额与龙城飞公司账面显示的付款金额之间的差异的原因提交证据、作出合理解释。故认定维卡公司出具的说明中，称由夏敏、段亚平代为支付的部分货款，属于二人的职务行为，应视为龙城飞公司的付款。认定龙城飞公司向维卡公司购进的型材均已使用、销售，而该销售价格均高于维卡公司的出厂价，故维卡公司出厂价的25%应当作为公司可分配利润。而维卡公司向龙城飞公司开具的增值税发票的总金额1107041.85元除以75%，计算所得为维卡公司的出厂价，出厂价的25%即为该部分公司可分配利润。依据此种计算方式所得公司利润为369013.95元。依据销售政策约定，型材销售利润由公司和销售部同样按四六分配，故应当归于公司的利润为147605.58元。

北京市大兴区人民法院依据《中华人民共和国公司法》第五十三条、第一百四十九条、第一百五十一条之规定，作出如下判决：

一、被告夏敏于本判决生效后十日内赔偿第三人北京龙城飞工贸有限公司147605.58元；

二、驳回原告李建军的其他诉讼请求。

李建军、夏敏持原审起诉意见提起上诉。北京市第二中级人民法院经审理认为：损害公司利益责任纠纷，是指公司股东滥用股东权利或者董事、监事、高级管理人员违反法定义务，损害公司利益而引发的纠纷。龙城飞公司与维卡公司之间的买卖合同利润应属于龙城飞公司的经营所得，依据龙城飞公司订立的《北京龙城飞工贸有限公司关于成立销售部及销售政策》，所产生的型材销售利润由公司与销售部按四六分配的规定。故李建军关于夏敏违反忠诚义务和勤勉义务，其私自购进维卡公司型材的销售利润应当全部归公司所有的上诉意见，没有事实依据，对此不予支持。根据案外人维卡公司向北京市公安局大兴分局经侦大队提交的情况说明，2008年3月至2008年11月，龙城飞公司向维卡公司购买共计1107041.85元的货物。一审法院结合《维卡公司塑料门窗型材价格表》中载明的维卡公司给龙城飞公司相关型材的出厂价格及《北京龙城飞工贸有限公司关于成立销售部及销售政策》中的相关规定，计算出涉案型材所产生的归属于龙城飞公司的利润金额。夏敏在其担任龙城飞公司总经理职务期间，未为龙城飞公司建立真实合法的财务会计账目，且未提交证据证明龙城飞公司关于涉案型材的真实销售情况，故应当对龙城飞公司的损失承担相应的责任。夏敏关于其未损害公司利益及一审法院计算归属于公司利润金额有误的上诉意见，因无事实依据，对此不予支持。综上，一审法院认定事实清楚、适用法律正确、处理结果并无不当，予以维持。

北京市第二中级人民法院依照《中华人民共和国民事诉讼法》第一百七十条第一款第（一）项之规定，作出判决如下：

驳回上诉，维持原判。

【法官后语】

本案处理重点主要在于对赔偿范围的认定。在夏敏担任总经理期间，未为龙城飞公司建立真实、合法的财务、会计账目，且未提交证据证明龙城飞公司的实际销售情况，案件审理过程中未就增值税发票票面载明金额与龙城飞公司账面显示的付款金额之间差异的原因提交证据、作出合理解释。故维卡公司出具的说明中，称由夏敏、段亚平代为支付的部分货款，应属于两人的职务行为，应视为龙城飞公司的付款。鉴于此，龙城飞公司向维卡公司购进的型材均已使用、销售，而该销售价格均高于维卡公司的出厂价，故维卡公司出厂价的25%应当作为公司可分配利润。而维卡公司向龙城飞公司开具的增值税发票的总金额1107041.85元除以75%，计算所得为维卡公司的出厂价，出厂价的25%即为该部分公司可分配利润。依据此种计算方式所得公司利润为369013.95元。依据销售政策约定，型材销售利润由公司和销售部同样按四六分配，故应当归于公司的利润为147605.58元。

编写人：北京市大兴区人民法院　郝文婷　刘娇

48

股东勤勉义务的认定

——北京东方网信科技股份有限公司诉何咏泽损害公司利益责任案

【案件基本信息】

1. 裁判书字号

北京市第一中级人民法院（2016）京01民终字第5551号民事判决书

2. 案由

损害公司利益责任纠纷

3. 诉讼双方

原告（上诉人）：北京东方网信科技股份有限公司（以下简称东方公司）

被告（被上诉人）：何咏泽

【基本案情】

东方公司章程中记载：公司高级管理人员包括财务负责人。公司章程关于董事的忠实义务和勤勉义务的规定，同时适用于公司高级管理人员。公司高级管理人员执行职务时违反法律、行政法规、部门规章或该章程的规定，给公司造成损失的，应当承担赔偿责任。2015年7月17日，何咏泽担任东方公司财务总监。2015年9月11日上午，东方公司通过银行汇款的方式，分三笔向深圳市彭胜瑞达贸易有限公司（以下简称鹏胜公司）的银行账户汇入款项合计200万元。诉讼中，何咏泽称，其个人微信中已将唐晖加为微信联系人，其于2015年9月11日早上7时又添加了一个名称为“唐晖”的微信联系人。何咏泽当庭出示了其本人手机的微信聊天界面，上述两个微信联系人的名称与微信头像经比对属完全一致。新微信联系人自称为唐晖本人，并指示何咏泽向鹏胜公司以实时到账方式支付200万元，表示手续过后再补签。何咏泽提交东方公司数份财务凭证的照片打印件，证明该公司内部存在总经理、副总经理通过电话、短信、微信、电子邮件等方式作出付款指示。东方公司认可公司法定代表人曾通过微信方式进行过付款指示，但认为案涉转账不符合具体付款流程要求。何咏泽关于其因被诈骗而将东方公司200万元转出的刑事报案事项，目前已经由公安机关开始立案侦查。

【案件焦点】

本案东方公司200万元是否系第三人诈骗以及高级管理人员勤勉义务是否包括识别网络诈骗。

【法院裁判要旨】

北京市海淀区人民法院经审理认为：何咏泽作为东方公司财务总监，确因受第三人误导将该公司资金转出。目前，在对第三方的刑事诉讼结果未能形成之前，法院对其勤勉义务履行状况判断依据不足。东方公司有权按法定程序将资金予以追回，何咏泽并非资金的非法占有主体，故东方公司对自有资金能否追回以及能够在何种范围内追回资金，应取决于另案刑事诉讼程序的最终追诉结果。导致本案纠纷发生的根本原因，并非何咏泽是否履行上述流程，而系第三方实施有以何咏泽为对象的欺骗行为。何咏泽是否存在东方公司所主张的财务违规行为，确有可能构成对其责任进行判断的依据之一，但却并非界定何咏泽实际责任范围的根本性依据。关于何咏泽要求将本案移送至公安机关处理的抗辩意见，东方公司于本案中的诉请内容显属公司内部治理事项。

北京市海淀区人民法院依据《中华人民共和国民事诉讼法》第六十四条第一款之规定，作出如下判决：

驳回东方公司的全部诉讼请求。

东方公司不服提起上诉。北京市第一中级人民法院经审理认为：首先，案涉东方公司的200万元款项系被第三人诈骗这一事实，目前尚无定论，现在尚不足以确定案涉200万元系因诈骗而丢失，故东方公司主张何咏泽损害公司利益的事实基础并未成立。其次，如果本案确系案外第三人伪造唐晖的微信实施的诈骗，那焦点问题在于，高级管理人员勤勉义务是否包括识别网络诈骗，该问题需综合本案多方面的情况进行考虑。第一，应考虑何咏泽依据唐晖的微信指示付款是否符合东方公司的财务制度。东方公司认可唐晖确曾通过微信方式进行过付款指示，如果确系唐晖本人真实的微信向何咏泽发出付款指示，何咏泽据此付款符合东方公司的财务制度。何咏泽主张唐晖本人系用款申请人、部门负责人和审批人三者身份合一，故唐晖一人的微信指示即可。考虑到唐晖法定代表人的身份及其之前微信发出付款指示的事实，对何咏泽的主张予以采信。第二，应考虑是否何咏泽一人的受骗导致案涉款项的损失。综观整个款项丢失过程，东方公司法定代表人的姓名、何咏泽的微信号、职务等几项重要信息均被犯罪分子所掌握，应认定犯罪分子诈骗的对象系东方公司。现有证据亦不能认定是何咏泽导致了上述信息的泄露，故东方公司案涉款项丢失责任不应归于何咏泽一人。第三，应考虑高级管理人员勤勉义务是否包括了要求何咏泽分辨唐晖的微信真假，识别网络诈骗。根据《中华人民共和国公司法》第一百四十七条和东方公司章程规定，高级管理人员对公司负有勤勉义务，但对财务总监勤勉义务的具体内容章程并无详细列明。董事、高级管理人员的勤勉义务应指向执行公司职务等专业性行为层面，而不应包括识别网络诈骗。仅应考虑其在履行职务行为层面是否有过错及重大过失，而不应将受骗完全认定为何咏泽的责任。综合本案的事实及证据，东方公司主张何咏泽违反勤勉义务，并据此要求何咏泽赔偿利息损失的诉讼请求，缺乏事实及法律依据，本院不予支持。

北京市第一中级人民法院依据《中华人民共和国民事诉讼法》第一百七十条第一款第（一）项之规定，作出如下判决：

驳回上诉，维持原判。

【法官后语】

本案中，东方公司主张何咏泽违反了高管的勤勉义务，此时法院衡量的焦点不应是何咏泽在面对诈骗时是否尽到了足够的注意义务，而应考量何咏泽在履行财务总监的工作职能时是否遵守了东方公司的财务制度。因东方公司存在法定代表人通过微信直接审批款项的财务惯例，故二审判决认定何咏泽依据唐晖的微信指示汇款符合东方公司的财务制度，何咏泽在履行财务总监职务层面不存在违反勤勉义务的情形。

关于违反勤勉义务的赔偿责任问题，应注意以下几点：一是应以损失的确实发生为赔偿的基本前提，此时强调公司损失的实际发生和不可追回，如果公司可以通过其他途径向直接侵权者或违约者追回损失，应首先追回损失，就不能追回部分向违反勤勉义务的主体追究补充赔偿责任；二是赔偿责任应考虑相关主体履行工作职责从公司获得的收益，避免收益与赔偿相差巨大，显失公平；三是应考虑违反勤勉义务的主体的失职行为对公司损失形成的责任比例，即分析是该主体一人行为导致公司损失还是多主体、多原因导致公司损失，由此认定赔偿的范围。

当前网络金融诈骗多发，公司不应仅着眼于公司员工工作是否足够谨慎、是否能够识别诈骗，而应着重于规范公司内部各项制度，建立合理有序的公司治理模式，方能从根源上阻止诈骗的发生。

编写人：北京市第一中级人民法院　王晴

49

监事可否以自己名义起诉侵害公司利益的董事

——邓有骥诉邓有骏损害公司利益责任案

【案件基本信息】

1. 裁判书字号

福建省厦门市集美区人民法院（2016）闽0211民初字第1955号商事判决书

2. 案由：损害公司利益责任纠纷

3. 当事人

原告：邓有骥

被告：邓有骏

第三人：厦门品硕贸易有限公司

【基本案情】

第三人厦门品硕贸易有限公司于2010年由原告邓有骥与被告邓有骏发起设立，原告邓有骥与被告邓有骏各占50%股份，被告邓有骏任法定代表人、执行董事、经理，原告邓有骥任监事。2014年5月13日，第三人厦门品硕贸易有限公司签署声明书，将该公司名下第8924671号“PINLI品立”注册商标、第10992629号“品立PINLI”注册商标转让至被告邓有骏名下，该声明书经福建省南安公证处以（2014）闽南证内字第764号、第763号公证书予以公证。

2014年7月24日，第三人厦门品硕贸易有限公司与被告邓有骏签署《注册商标转让合同》，第三人将该公司名下6个商标（第13325217号“PINLI品立”注册商标、第13325179号“PINLI品立”注册商标、第7546122号“LEEDANCE”注册商标、第9032470号“LEEDANCE”注册商标、第9121428号“立舞尚品”注册商标、第9121417号“立舞尚品”注册商标）无偿转让至被告邓有骏名下，转让合同上均盖有第三人厦门品硕贸易有限公司的公章。

【案件焦点】

公司监事是否可以自己名义起诉执行董事损害公司利益。

【法院裁判要旨】

福建省厦门市集美区人民法院经审理认为：原告邓有骥既为第三人厦门品硕贸易有限公司的股东，又为该公司的监事，在本案中具有诉讼主体资格，有权对作为公司执行董事的被告邓有骏提起诉讼。

本案中，关于涉案商标的转让是否经过公司股东会的同意，被告作为公司的法定代表人，掌握公司内部资料，对此负有举证责任，其未在法庭规定的时限内提供证据，应承担举证不能的责任，故涉案商标转让行为应认定为未经过公司股东会同意。依前述法律规定，被告邓有骏作为执行董事，在未经股东会同意的情况下，以本公司所拥有的 8 个涉案商标为标的与自己订立合同或者采用其他形式，无偿转让公司资产，该行为应属无效。

涉案商标的所有权，仍应属于第三人厦门品硕贸易有限公司所有。对于无效民事行为所取得的财产，应当予以返还。被告的答辩意见均没有事实与法律依据，本院不予采信。至于原告诉请中主张确认第 8924671 号“PINLI 品立”注册商标、第 10992629 号“品立 PINLI”注册商标的公证赠与行为无效一节，因从现有证据不能判断第 8924671 号“PINLI 品立”注册商标、第 10992629 号“品立 PINLI”注册商标是通过赠与的形式转让的，故概括将其认定为以其他形式转让。

依据《中华人民共和国合同法》第五十二条第（五）项、第五十八条，《中华人民共和国公司法》第五十三条第（六）项、第一百四十八条第（四）项，《中华人民共和国民事诉讼法》第六十四条第一款，《最高人民法院关于适用〈中华人民共和国民事诉讼法〉的解释》第二百四十条之规定，判决如下：

一、确认第三人厦门品硕贸易有限公司与被告邓有骏通过合同或其他形式将第 8924671 号“PINLI 品立”注册商标、第 10992629 号“品立 PINLI”注册商标、第 13325217 号“PINLI 品立”注册商标、第 13325179 号“PINLI 品立”注册商标、第 7546122 号“LEEDANCE”注册商标、第 9032470 号“LEEDANCE”注册商标、第 9121428 号“立舞尚品”注册商标、第 9121417 号“立舞尚品”注册商标的商标所有权转让至被告邓有骏的行为无效；

二、确认第 8924671 号“PINLI 品立”注册商标、第 10992629 号“品立 PIN-

LI”注册商标、第13325217号“PINLI品立”注册商标、第13325179号“PINLI品立”注册商标、第7546122号“LEEDANCE”注册商标、第9032470号“LEEDANCE”注册商标、第9121428号“立舞尚品”注册商标、第9121417号“立舞尚品”注册商标归第三人厦门品硕贸易有限公司所有；

三、被告邓有骏于本判决生效之日起十日内向第三人厦门品硕贸易有限公司返还第8924671号“PINLI品立”注册商标、第10992629号“品立PINLI”注册商标、第13325217号“PINLI品立”注册商标、第13325179号“PINLI品立”注册商标、第7546122号“LEEDANCE”注册商标、第9032470号“LEEDANCE”注册商标、第9121428号“立舞尚品”注册商标、第9121417号“立舞尚品”注册商标的所有权；

四、驳回原告邓有骥的其他诉讼请求。

【法官后语】

本案中的公司是由原告与被告两人发起设立的，原告与被告各占50%股份，被告邓有骏任法定代表人、执行董事、经理，原告邓有骥任监事。原告邓有骥既为第三人厦门品硕贸易有限公司的股东，又为该公司的监事，其双重身份使其有权直接对作为公司执行董事的被告邓有骏提起诉讼。

公司监事应该以自己的名义还是以公司的名义提起诉讼？关于此问题，理论学界与司法实践有两种观点，一是公司监事是公司内设机构，无权对外以自己名义提起诉讼，应以公司的名义提起；二是监事以自己名义提起诉讼，既可以保护公司的利益，又可以保护股东自身的利益，符合该项制度设计精神。笔者赞同第二种观点。从实践操作看，公司监事的主要职责在于监督，其若要以公司名义提起诉讼，势必要获取公司认同及授权，以本案为例，被告不仅是公司执行董事还是法定代表人，原告基本很难获取公司授权来提起诉讼，救济制度若无法真正实施则无意义；从法律规定看，笔者认为法无明文禁止公司监事以自己名义提起诉讼，公司监事则应有诉讼主体资格。

编写人：福建省厦门市集美区人民法院　吴淑贞

50

侵害股东利益的认定

——陈晓炜诉苏艺损害股东利益责任案

【案件基本信息】

1. 裁判书字号

福建省厦门市中级人民法院（2015）夏民终字第3267号民事判决书

2. 案由：侵害股东利益责任纠纷

3. 当事人

原告（被上诉人）：陈晓炜

被告（上诉人）：苏艺

第三人：郑华娜、厦门均和资产评估咨询有限公司（以下简称均和评估公司）

【基本案情】

原告和被告均为晶华公司的股东，分别享有股权30%、70%。2011年5月30日，原被告及第三人郑华娜签订《关于资产评估并办理股权转让的股东会决议》，约定原告将晶华公司30%股权转让给郑华娜，股权转让价格为晶华公司截至2011年5月31日的经营性净资产价值的30%，晶华公司应聘请第三人均和评估公司对晶华公司截至2011年5月31日的资产负债表中的存货等固定资产进行评估，于2011年6月15日之前完成评估报告等。此后，晶华公司委托第三人均和评估公司进行资产评估，第三人均和评估公司作出《资产评估报告书》。2011年8月，晶华公司向第三人均和评估公司发函称，因公司工作人员有变动，从今日起晶华公司与均和评估公司的一切业务活动均与郑华娜接洽。2011年8月，原告向被告、郑华娜、晶华公司发函，要求履行股权转让协议相关义务。

【案件焦点】

1. 被告是否为适格主体；2. 原告的主张是否具有事实和法律依据。

【法院裁判要旨】

厦门市思明区人民法院经审理认为：原告明确本案的法律关系为“损害股东利益责任纠纷”，并基于《中华人民共和国公司法》第一百四十七条、第一百五十二条的规定向被告提出主张，故苏艺作为晶华公司的独立董事成为本案被告并无不当，法院予以准许。第三人均和评估公司已通知了晶华公司领取评估报告，但被告怠于履行职责导致晶华公司未领取报告书。根据《关于资产评估并办理股权转让的股东会决议》的内容，晶华公司应先聘请第三人均和评估公司进行评估，然后根据评估报告委托普和会计所进行审计，原告再根据审计结果确定股权转让价格将股权转让给第三人郑华娜，故被告未代表晶华公司领取评估报告的行为导致原告未能顺利转让股权，已侵犯了原告的合法权益。同时，被告作为晶华公司的董事，应当遵守法律、行政法规和公司章程的规定，对公司负有忠实义务和勤勉义务，但其未积极履行《关于资产评估并办理股权转让的股东会决议》的内容，导致股权转让协议约定的股权转让条件即资产评估及负债审计程序无法正常进行，以致原告至今无法转让股权，该行为损害了原告的股东权益，被告应继续履行《关于资产评估并办理股权转让的股东会决议》，该评估报告可作为审计依据继续履行。

福建省厦门市思明区人民法院依照《中华人民共和国公司法》第一百四十七条、第一百五十二条，《中华人民共和国民事诉讼法》第六十四条第一款的规定，判决如下：

一、被告苏艺应于本判决生效之日起十日内履行《关于资产评估并办理股权转让的股东会决议》，即以厦门晶华特种陶瓷有限公司的名义聘请厦门普和会计师事务所王泉升会计师对公司截至2011年5月31日的资产负债表进行审计；

二、驳回原告陈晓炜的其他诉讼请求。

一审宣判后，被告苏艺提起上诉。厦门市中级人民法院判决：

驳回上诉，维持原判。

【法官后语】

本案中董事侵害股东权益的方式较为特殊。原告与被告及第三人郑华娜签订的

《关于资产评估并办理股权转让的股东会决议》表明，晶华公司聘请指定的评估公司对其公司资产进行评估以及聘请指定的会计所对其公司的资产负债表进行审计是原告向第三人转让股权的前置程序，苏某身为公司执行董事，未积极履行公司股东会决议，甚至为决议的最终履行设置了障碍。虽然原告未能提交直接的证据证明其催促晶华公司领取报告及缴纳费用，但苏某作为执行董事本应尽到董事的勤勉义务，随时跟踪、及时关注评估报告的进展情况，积极领取评估报告。但苏某迟迟未领取，也未能举证证明原告对评估公司的正常评估工作进行干扰或影响导致评估报告的结果有失公平。因苏某无故拒领评估报告的行为，导致原告与第三人郑某的股权转让协议约定的前置程序无法完成，股权转让的履行条件无法成就，从而原告的股权最终无法转让，损害了原告作为公司股东的合法权益。此种情形符合《中华人民共和国公司法》第一百五十二条规定的董事损害股东利益的情形。

编写人：福建省厦门市思明区人民法院　李莹

51

损害公司利益的关联交易无效

——无锡中欧教育咨询有限公司诉无锡鱼果文化传媒有限公司、郭云损害公司利益责任案

【案件基本信息】

1. 裁判书字号

江苏省无锡市中级人民法院（2016）苏02民终字第1863号民事判决书

2. 案由：损害公司利益责任纠纷

3. 当事人

原告（被上诉人）：无锡中欧教育咨询有限公司（以下简称中欧公司）

被告（上诉人）：无锡鱼果文化传媒有限公司（以下简称鱼果公司）、郭云

【基本案情】

2012年5月30日，费九一、周建德，顾蔚波及郭云四人共同出资设立中欧公司，费九一为法定代表人，郭云为执行董事。郭云取得了中欧公司营业执照，并保管公司印章，还开通了公司网银。公司成立当晚，郭云与顾蔚波之女因中欧公司视频制作事宜产生了分歧，郭云当即表示要卸任执行董事职务，退出其股份。同时，郭云系鱼果公司法定代表人，占股比例为99%。

2012年6月5日，鱼果公司与中欧公司订立《广告设计合同》，合同约定由鱼果公司为中欧公司提供广告设计服务，中欧公司应支付合同价款7.1万元及10万元的中介服务费。关于该合同的订立过程和合同内容，中欧公司的其他股东均不知情，由郭云一人经手操办。2012年6月6日，郭云擅自从中欧公司划款7.1万元至鱼果公司账户，2012年6月23日，郭云又擅自从中欧公司账户划款10万元至何某账户，何某已将该款交付郭云。

中欧公司诉至法院，请求判令：1. 依法确认鱼果公司与中欧公司签订的《广告设计合同》无效；2. 鱼果公司返还或赔偿中欧公司17.1万元并支付利息损失，郭云承担连带责任。

鱼果公司和郭云认为鱼果公司与中欧公司之间签订的《广告设计合同》有效，形式上虽是关联交易，但事先已经过披露，且其他股东均知悉，不存在中欧公司与鱼果公司之间的恶意串通，损害中欧公司利益的行为。郭云作为中欧公司股东，未违反忠实义务，未侵犯公司利益，鱼果公司依据广告设计内容及提供的居间服务，收取费用和报酬是适当的，请求法院驳回中欧公司的诉请。

【案件焦点】

中欧公司与鱼果公司签订的《广告设计合同》是否有效。

【法院裁判要旨】

江苏省江阴市人民法院经审理认为：中欧公司未明确授权郭云可以对外订约，且订约前郭云已经与中欧公司其他股东产生分歧，郭云亦未能举证证明其有权代表中欧公司订约，故郭云无权代中欧公司行使订约权利，所定协议亦不能认定为中欧公司的真实意思表示，且以所定《广告设计合同》为依据，转移中欧公司财产，实际损害了中欧公司的合法权益，故本案中的《广告设计合同》应属无效。鱼果公司应向中欧公司返还基于《广告设计合同》取得的财产，郭云对鱼果公司不能清偿的部分承担赔偿责任。

江苏省江阴市人民法院依照《中华人民共和国合同法》第五十二条第一款第（五）项、第五十八条，《中华人民共和国公司法》第二十一条，《中华人民共和国民事诉讼法》第六十四条第一款之规定，作出如下判决：

一、确认无锡中欧教育咨询有限公司与无锡鱼果文化传媒有限公司签订的《广告设计合同》无效；

二、无锡鱼果文化传媒有限公司于本判决发生法律效力之日起十日内返还无锡中欧教育咨询有限公司17.1万元及该款自2013年3月26日起至判决确定给付之日止，按中国人民银行同期基准贷款利率计算的利息；

三、郭云对上述第二项无锡鱼果文化传媒有限公司应付无锡中欧教育咨询有限公司的款项中不能清偿部分承担赔偿责任；

四、驳回无锡中欧教育咨询有限公司的其他诉讼请求。

鱼果公司、郭云不服一审判决，提起上诉。无锡市中级人民法院经审理认为：《广告设计合同》是否有效，关键在于识别该关联交易是否为法律禁止的不当关联交易。首先，从交易主体上看，签订《广告设计合同》时，鱼果公司的印章由郭云保管，郭云又系鱼果公司的绝对控股股东，双方之间的交易行为属于关联交易，且郭云对中欧公司具有控制力和重大影响力。其次，从交易程序上看，郭云作为中欧公司的执行董事，虽然在中欧公司成立之前，各股东曾提及由郭云进行中欧公司广告设计的内容，但并未确定广告设计的具体项目、价格等内容，因此郭云仍然负有及时向各股东披露合同内容，并经过协商同意的程序，而郭云签订《广告设计合同》时，其他股东均不知情，两笔设计费的支付亦未经过其他股东的确认，由郭云径直办理划款手续。且在郭云掌握和控制中欧公司印章期间，仅凭盖有中欧公司印章的设计方案确认书不足以证明鱼果公司已实际向中欧公司交付了设计成果。因此从整个交易流程看，可以认定郭云在作出重大决定前既未召开股东会进行协商，也未征求其他股东的意见，本案所涉合同违背了公司真实意思表示，该合同亦未对中欧公司产生利益，郭云经手将中欧公司款项划至鱼果公司的行为直接损害了中欧公司的利益。

江苏省无锡市中级人民法院依照《中华人民共和国民事诉讼法》第一百七十

条第一款第（一）项的规定，判决如下：

驳回上诉，维持原判。

【法官后语】

法律并不禁止所有关联交易，只是禁止损害公司利益的关联交易，该种类型的关联交易是无效的或可撤销的。关联交易的内容必须遵守民法通则、合同法、公司法、证券法、税法及国务院行政法规等。

从民法和合同法角度看，关联交易是否实质有效，主要看：(1) 是否符合诚实信用原则及公平、公正、等价有偿原则。(2) 关联方是否以欺诈、胁迫的手段或恶意串通订立合同，损害国家、集体或者第三人利益。(3) 是否以合法形式掩盖非法目的。(4) 是否损害社会公共利益。(5) 是否违反法律、行政法规的强制性规定。

从公司法角度看，主要看关联交易的内容是否违反公司法禁止性规定。我国公司法虽然没有明确涉及关联交易的条文，但规定了董事、经理的忠实义务。本案中，郭云利用掌握中欧公司印章和财务的优势，未经公司合法授权，与其绝对控股的鱼果公司进行交易，其代表的并不是中欧公司的意志，且损害公司利益，当属无效，其行为依据《中华人民共和国公司法》第二十一条之规定，已然构成侵权，依法应当承担侵权责任。

编写人：江苏省无锡市江阴市人民法院　王杰兵　朱静媛

52

法定代表人与公司发生诉讼时诉讼代表人的确定

——杭州宝宏体育用品有限公司诉唐坚等损害公司利益责任案

【案件基本信息】

1. 裁判书字号

上海市第二中级人民法院（2016）沪 02 民终字第 3064 号判决书

2. 案由：损害公司利益责任纠纷

3. 当事人

原告（被上诉人）：杭州宝宏体育用品有限公司（以下简称宝宏公司）

被告（上诉人）：唐坚、上海泽友贸易发展有限公司（以下简称泽友公司）、许利明、陈根宝、陈勇

【基本案情】

唐坚系宝宏公司的总经理，也是泽友公司唯一的股东。2010年6月，原告审计时发现有720万元资金支付给了案外公司却没有收到相应的货物。经查，该款系唐坚利用职务便利为其控制的泽友公司向案外公司支付的货款，唐坚也承认了该事实。为此，宝宏公司与唐坚、泽友公司、原告的境外股东之一铭发控股有限公司（以下简称铭发公司）及上海宝原体育用品商贸有限公司（以下简称宝原公司）就此事宜的解决进行协商，并于2010年10月31日签订了《债务清偿与保证协议》，唐坚承认其在管理原告宝宏公司期间与被告泽友公司共同挪用了原告的资金，并由此给原告造成损失，唐坚和泽友公司同意在2011年8月底前赔偿原告损失683万元及前期利息损失111.493万元。

但至协议约定日，两被告并未按约还本付息，故于2011年8月29日，唐坚与宝宏公司签订《还款协议》，约定分期付款计划；同日，宝宏公司分别与许利明、唐坚及陈根宝、陈勇、唐坚签订《房地产抵押协议》，分别以房屋为上述债务提供抵押担保，并办理了抵押登记。嗣后，被告又支付部分欠款，至2014年6月12日，宝宏公司与被告唐坚签订《协议书》约定剩余款项的支付方式及逾期利息计算方式。原告认为各被告应按协议约定履行还款义务或承担相应的担保责任。

被告唐坚、泽友公司辩称，铭发公司董事虽到法院现场签署了委任陈森心为监事的书面材料，但监事委派应当通知原告宝宏公司的另一股东泽友公司，或进行工商登记，工商登记信息显示原告宝宏公司的监事仍然是张磊，故监事委派并未生效，陈森心无权作为原告的诉讼代表人。根据公司章程规定，被告唐坚作为宝宏公司的总经理，其才是公司的法定代表人。对原告宝宏公司提供的《债务清偿及保证协议》、《还款协议》及《房地产抵押协议》等证据材料的真实性不予认可，其中落款处的“唐坚”二字并非被告唐坚本人所签，被告泽友公司也不清楚其公章是怎么盖在这两份书面材料上的。

被告许利明、陈根宝、陈勇辩称，对房产抵押协议及抵押登记的真实性没有异议，但被告陈根宝、陈勇是受铭发公司员工欺骗才签了该协议，办了抵押登记。各被告均不同意原告的诉讼请求。

【案件焦点】

1. 原告与其法定代表人发生诉讼时，由谁代表公司提出诉讼；2.《债务清偿与保证协议》、《还款协议》及《协议书》等书面证据材料的落款处“唐坚”二字是否系被告唐坚本人所签。

【法院裁判要旨】

上海市虹口区法院经审理认为：诉讼过程中，原告股东在法院现场签署了对原告原监事的免职书和新任监事委派书，在没有其他证据材料证明该项委派系无效法律行为的情况下，应当认定其法律效力。在原告与其登记的法定代表人发生诉讼时，且公司董事会也因设置问题无法作出董事会决议时，公司的监事可以代表公司与公司登记的法定代表人进行诉讼。

原、被告之间的另一争议是《债务清偿与保证协议》、《还款协议》及《协议书》等书面证据材料的落款处“唐坚”二字是否系被告唐坚本人所签。对于此争议，被告唐坚虽否认，并在诉讼中提出鉴定申请，但在启动司法鉴定程序后，又撤回了该申请。法院认为，被告唐坚虽然对上述证据材料的真实性提出了异议，其他被告也认同被告唐坚的此项异议，但除陈述之外，并未提供其他证据材料予以印证，故对被告提出的该项异议，法院不予采信，由此认定上述证据材料的真实性。进一步从《债务清偿与保证协议》中约定的内容可见，被告唐坚和泽友公司同意共同赔偿原告损失及前期利息，而《审计报告》记载的有关内容也印证了该项债权债务产生的基础原因，考虑到被告唐坚在原告担任总经理职务及其与泽友公司的关联关系，足以认定在签订《债务清偿与保证协议》时被告唐坚和泽友公司对原告存在该协议记载的债务是确实可信的。以此项债权债务为基础，随着债务的履行，原告又与被告唐坚签订《还款协议》《协议书》，故在被告未提供其他相反证据材料的情况下，法院对原告主张的债务予以认定。被告许利明、陈根宝、陈勇对其不应承担担保责任的辩称均未提出相应证据材料予以证明，法院对该些辩称意见不予采信，故该些被告应按照约定承担相应的担保责任。

上海市虹口区人民法院支持了原告的各项诉请。

各被告不服提出上诉，二审法院审理后维持原判。

【法官后语】

本案系公司作为原告起诉其法定代表人侵害公司利益责任纠纷，若仍由法定代表人代表公司，即会出现上述“自己告自己”的情况，因此，本案将确定谁能代表公司作为原告参与诉讼作为案件审理的前置程序，通过“主动释明”的方式，引入诉讼代表人，由公司自行确定诉讼代表人及案件代理人。虽被告以工商登记的监事另有其人为由对抗原告的诉讼代表人，承办法官并未拘泥于依据外部的工商登记备案情况加以判断，而是认为监事变更属于备案事项，仅具有对外公示之意义，最终还是要以任免书的签署为生效要件，且原告已通过快件方式通知了被告，尽到了通知义务，因该快件“未妥投”等原因未能办理原告的工商变更登记，不影响监事委派书的生效。故原告的诉讼代表人自委派书签署之日起即为原告公司监事，具有诉讼代表人资格，有权代表原告提起诉讼。

编写人：上海市虹口区人民法院　张士锋　高扬

53

股东代表诉讼和股权质押合同

——张建芳诉杨振武、云南物流产业集团投资控股有限公司损害股东利益案

【案件基本信息】

1. 裁判书字号

云南省昆明市中级人民法院（2016）云01民终字第2034号民事判决书

2. 案由：损害公司利益纠纷

3. 当事人

原告（上诉人）：张建芳

被告（被上诉人）：杨振武、云南物流产业集团投资控股有限公司（以下简称物流投资公司）

第三人：云南雷兰生物科技有限公司（以下简称雷兰生物公司）

【基本案情】

雷兰生物公司系有限责任公司，张建芳系该公司股东，杨振武系该公司法定代表人、总经理，吕永明系该公司监事。

2014 年 11 月 20 日，原告张建芳持有的股权（占公司总股权比例 90%）中的 51%（占公司总股权比例）质押给被告物流投资公司，并到宜良县工商行政管理局办理了备案登记。另查明，2015 年 6 月 10 日，原告书面向公司监事吕永明提出申请，认为公司法定代表人杨振武损害了公司利益，要求对杨振武提起诉讼，监事吕永明当日明确表示放弃对杨振武的起诉。

【案件焦点】

1. 张建芳是否有权起诉杨振武与物流投资公司；2. 杨振武的行为是否侵犯了张建芳的权利；3. 张建芳的数个诉讼请求能否一并提起诉讼。

【法院裁判要旨】

云南省宜良县人民法院经审理认为：本案系股东代表诉讼，原告张建芳为第三人雷兰生物公司股东，原告认为公司高级管理人员杨振武侵犯了公司的合法权益，并已经书面请求公司监事提起诉讼，而公司监事明确表示拒绝，原告对被告杨振武的起诉符合《中华人民共和国公司法》的规定。当事人对自己提出的主张，有责任提供证据。原告认为第三人雷兰生物公司受到损害，要求被告杨振武、物流投资公司进行赔偿，应由原告张建芳就第三人雷兰生物公司受到损害承担举证责任。但原告张建芳所提交的证据并不能证实雷兰生物公司遭受了损失及具体的损失情况，应由原告承担举证不能的不利后果。因此，对于原告要求被告杨振武、物流产业公司共同赔偿第三人雷兰生物公司损失 15 万元的诉讼请求不予支持。

根据《中华人民共和国公司法》第三十三条第二款的规定，原告张建芳作为公司股东，有权要求查阅公司会计账簿，但向原告履行查询义务的主体应当是雷兰生物公司，而不是原告所主张的由被告杨振武履行，杨振武虽然是公司的法定代表人、总经理，但不能等同于雷兰生物公司。被告杨振武作为公司的高级管理人员对雷兰生物公司负有忠实、勤勉义务，但原告要求被告杨振武提供本案所涉质押合同的主债务合同、与主合同有关的会计账簿及与之相关的原始凭证等会计资料的诉讼请求没有法律依据，不予支持。

在本案的审理过程中，原告一直诉称在《股权质押合同》《股权出质设立登记申请书》《股东会决议》等证据中，“张建芳”签名系假签名，不是原告张建芳所签，但未能提交相应的证据证实，对该事实不作评判，原告可另行起诉。

云南省宜良县人民法院依照《中华人民共和国公司法》第三十三条第二款、第一百四十七条第一款、第一百五十一条，《中华人民共和国民事诉讼法》第六十四条，《最高人民法院关于民事诉讼证据的若干规定》第二条之规定，判决如下：

驳回原告张建芳的全部诉讼请求。

张建芳认为一审认定事实不清提起上诉。云南省昆明市中级人民法院经审理认为：本案系上诉人雷兰生物公司股东张建芳认为被上诉人杨振武作为雷兰生物公司总经理，未经法定程序将张建芳所持有的股权质押给被上诉人物流投资公司，侵犯雷兰生物公司合法权益而提起的诉讼。且在本案诉讼之前张建芳已书面征询时任雷兰生物公司监事的吕永明是否代公司提起本案诉讼，吕永明已明确表示放弃起诉。根据《中国人民共和国公司法》的相关规定，上诉人张建芳提起本案诉讼符合《中华人民共和国公司法》对股东代表诉讼及其前置程序的规定，依法属于人民法院民事诉讼受案范围及受诉人民法院管辖。根据前述规定以及各方当事人所提举的证据材料，雷兰生物公司法定代表人杨振武确实在执行公司职务的过程中与物流投资公司签订了《股权质押合同》，但其行为是否给公司造成损失的事实，上诉人张建芳并无充分有效的证据证实其主张赔偿雷兰生物公司 15 万元损失是因两被上诉人的过错而直接导致的公司经济损失，其主张赔偿 15 万元的计算依据是签订股权质押合同之日（2014 年 11 月 20 日）起至提起本案诉讼之日止的同期银行贷款利息来计算，而本案中并无产生贷款利息的基础法律关系存在，故也无从产生银行贷款利息，上诉人张建芳主张由杨振武及物流投资公司共同赔偿雷兰生物公司损失 15 万元人民币的主张，因无事实根据及法律依据，不予支持。

针对上诉人张建芳“要求杨振武提供本案涉及的质押合同的主债务合同，及与该主债务合同有关的会计账簿及与之相关的原始凭证等会计资料，并说明有关借款支出情况”的该项诉请，该项诉求是行使股东知情权，其与上诉人张建芳主张的第一项诉求即损害公司利益及责任属两个不同的法律关系，该两项请求所涉及的当事人主体、程序、救济途径等均有所不同，且两项请求所涉及的当事人主体、当事人之间所确定的权利义务、法律后果及责任承担亦不同，上诉人张建芳在本案中将上述请求一并主张，不符合《中华人民共和国民事诉讼法》合并审理的条件，张建芳提起本案诉讼不符合《中华人民共和国民事诉讼法》“一案一诉”的基本原则，对此情况法院向上诉人张建芳予以了释明，上诉人明确表示愿意撤回对该项诉请的起诉，并提交了书面撤诉申请。经审查，上诉人张建芳撤回该项诉请的起诉符合法律的规定，本院予以准许。一审法院认定事实清楚，适用法律及审理程序存有瑕疵，处理结果不当，应当予以改判。

云南省昆明市中级人民法院依照《中华人民共和国民事诉讼法》第一百七十条第一款第（二）项、第一百一十八条之规定，作出如下判决：

一、撤销云南省宜良县人民法院（2015）宜狗民初字第169号民事判决；

二、维持云南省宜良县人民法院（2015）宜狗民初字第169号民事判决中对“由被告杨振武及被告云南物流产业集团投资控股有限公司共同赔偿云南雷兰生物科技有限公司损失15万元人民币”的诉讼请求予以驳回的判决内容。

【法官后语】

本案原告张建芳系第三人雷兰生物公司股东，原告认为公司利益受损，即被告杨振武与物流投资公司的行为损害了公司的利益，在其书面请求公司监事向人民法院提起诉讼遭到拒绝后，原告有权直接提起诉讼。

被告杨振武与物流投资公司的行为是否损害了雷兰生物公司的利益呢？雷兰生物公司因经营需要，其公司法定代表人（总经理）杨振武找到物流投资公司，经协商，物流投资公司同意借款给雷兰生物公司，但首先要将雷兰生物公司的股权质押给物流投资公司，随后便办理了股权质押及备案登记。但最后雷兰生物公司与物流投资公司因各种原因最终未能签订借款合同，但股权质押一直未撤销。质押合同是借款合同的从合同、附属合同，必须以主合同的存在为前提，自身不能独立存在。本案最终没有签订主合同，虽然签订了从合同，但从合同即质押合同因缺乏主合同而无效，雷兰生物公司只需按照法定程序将股权质押撤销即可。原告张建芳没有充分的证据证实被告方的行为直接损害了公司的利益，因此，一、二审法院均认定被告杨振武及物流投资公司的行为没有损害雷兰生物公司的利益，原告要求二被告赔偿雷兰生物公司损失的诉讼请求不予支持。

美中不足的是，在一审过程中，没有留意到原告的多个诉讼请求实属不同的法律关系，不能合并审理，错误将其一并进行处理。在二审过程中，经向当事人释明，当事人选择撤回了其中关于股东知情权部分的诉讼请求，最终二审法院撤销了一审判决，而又维持了一审判决中对原告股东代表诉讼中部分诉讼请求的判决。

编写人：云南省昆明市宜良县人民法院　刘元庆

八、股东损害公司债权人利益责任纠纷

54

公司股东不应与全资子公司承担连带责任

——邻水县中信建筑工程有限公司诉纳雍博鳌房地产开发有限公司、四川博鳌地产集团有限公司股东损害公司债权人利益责任案

【案件基本信息】

1. 裁判书字号

四川省邻水县人民法院（2016）川1623民初字第2157号民事判决书

2. 案由：股东损害公司债权人利益责任纠纷

3. 当事人

原告：邻水县中信建筑工程有限公司（以下简称中信公司）

被告：纳雍博鳌房地产开发有限公司（以下简称纳雍博鳌公司）、四川博鳌地产集团有限公司（以下简称博鳌集团公司）

【基本案情】

原告中信公司系从事房屋建筑工程施工、建筑装修装饰等工程的有限责任公司。被告纳雍博鳌公司系被告博鳌集团公司出资组建，并经工商行政管理局登记注册的全资子公司，博鳌集团公司累计出资860万元，占100%股份，经营范围为房地产开发经营、物业管理等。

2013年3月1日，中信公司与纳雍博鳌公司签订《纳雍博鳌丽都项目单位工程建筑安装施工合同》，纳雍博鳌公司将其开发的贵州省纳雍县博鳌丽都G4、G5栋商住

楼发包给原告承建施工。工程完工后，中信公司与纳雍博鹜公司于2016年8月2日进行了工程结算，工程总价款为43399782.71元。2016年8月23日，经双方对账，纳雍博鹜公司已支付中信公司工程款35239400元，下欠工程款8160382.71元至今未付。

另查，2016年8月22日，纳雍博鹜公司与纳雍博鹜丽都G4、G5栋土建工程承建人甘某、李某就纳雍博鹜丽都项目G4、G5栋土建工程中的部分工程款用纳雍博鹜丽都资产进行抵扣的事宜达成《纳雍博鹜丽都资产抵扣G4、G5栋土建工程款协议》，协议约定：一、抵扣额度：在甲方（纳雍博鹜公司）欠付乙方（纳雍博鹜丽都G4、G5栋土建工程承办人）的工程款余额中，用甲方开发建设的纳雍博鹜丽都项目的商业部分（含车位）资产抵扣约120万元（人民币大写壹佰贰拾万元）的工程款。余款以现金形式分期支付。二、抵扣价格：甲方用纳雍博鹜丽都项目的商业部分资产抵扣乙方的部分工程款，其资产抵扣的单价一层为2200元/平方米，二层为2100元/平方米。三、本抵扣部分资产由甲方配合办理相关产权手续，并确保能够办理下来。四、本协议履行过程中产生的争议，双方协商解决。甲方授权刘某在该协议上签字并加盖纳雍博鹜公司印章，乙方甘某、李某在该协议上签字。现原告请求纳雍博鹜公司支付原告工程款8160382.71元，博鹜集团公司承担连带清偿责任。

【案件焦点】

公司股东是否依法行使股东权利、滥用公司法人独立地位和股东有限责任损害公司债权人利益。

【法院裁判要旨】

四川省邻水县人民法院经审理认为：原告中信公司与被告纳雍博鹜公司签订的《纳雍博鹜丽都项目单位工程建筑安装施工合同》系当事人真实意思表示，且不违反法律法规强制性规定，对其合法有效性予以确认，该合同对双方具有法律约束力。工程完工后，经中信公司、纳雍博鹜公司结算对账，纳雍博鹜公司下欠工程款8160382.71元至今未付，中信公司作为履行合同的主体向纳雍博鹜公司主张工程余款，符合法律规定，予以支持。纳雍博鹜公司以2016年8月22日与纳雍博鹜丽都G4、G5栋土建工程承建人甘某、李某就纳雍博鹜丽都项目G4、G5栋土建工程中的部分工程款用纳雍博鹜丽都资产进行了抵扣，并达成《纳雍博鹜丽都资产抵扣

G4、G5栋土建工程款协议》，主张下欠工程款应抵扣120万元。该以物抵扣工程款协议约定抵扣工程款的部分资产至今未办理权属登记，实际双方并未履行，加之中信公司与纳雍博骜公司2016年8月23日对工程款支付情况对账也未扣减该抵扣部分工程款，故纳雍博骜公司的此项抗辩意见，不予采纳。

公司股东应当遵守法律、行政法规和公司章程规定，依法行使股东权利、不得滥用公司法人独立地位和股东有限责任损害公司债权人利益。首先，本案原告以纳雍博骜公司系博骜集团公司的全资子公司，纳雍博骜公司与股东博骜集团公司之间人员、经营、财务管理混同，纳雍博骜公司法人资格与股东博骜集团公司之间界限模糊，在法律上已丧失法人人格独立为基础，根据《中华人民共和国公司法》第二十条第三款“公司股东滥用公司法人独立地位和股东有限责任，逃避债务，严重损害公司债权人利益的，应当对公司债务承担连带责任”的规定，主张博骜集团公司应对纳雍博骜公司下欠的工程款债务承担连带清偿责任。二被告提供的公司档案、《公司变更登记资料》、公司章程，《四川华蓥山会计事务所报告书》《四川全信会计事务所报告书》，能够证明纳雍博骜公司虽系博骜集团公司的全资子公司，但两者均是经工商部门登记注册合法成立，具有独立的经营场所，在财务上独立核算，债务上各自承担，各自具有独立法人地位。其次，被告提供的中联会验（2007）342号、中联会变验（2008）03号《验资报告书》，能够证明博骜集团公司（原四川博骜房地产开发有限公司）已经缴足注册资本，履行了股东出资义务，不存在出资不实、虚假出资或抽逃出资等情形。再次，《四川华蓥山会计事务所报告书》中第七项、第八项、第十六项虽反映纳雍博骜公司、博骜集团公司之间有资金往来，但该报告书也说明了原因是“未见借款合同”“会计账务处理错误”或“部分附件不全”，属于纳雍博骜公司内部工作制度不完善，提交审计资料不全。被告提供了纳雍博骜公司、博骜集团公司之间的借款协议，博骜集团公司与纳雍博骜公司系母公司与子公司关系，两者之间有资金往来属于正常的商业行为，不能据此认定二者之间存在财务混同。最后，原告诉称案涉工程项目开发资金来源于博骜集团公司拨款，工程项目销售回款后的资金基本被抽回了博骜集团公司，但原告并未举示诸如公司股东存在滥用公司人格的外部表象、公司营运过程中存在明显瑕疵等盖然性证据予以佐证。

四川省邻水县人民法院依照《中华人民共和国合同法》第六十条、第一百零七条，《中华人民共和国公司法》第三条、第十四条第二款之规定，作出如下判决：

一、被告纳雍博骜房地产开发有限公司于本判决生效之日起十日内支付原告邻水县中信建筑工程有限公司工程款8160382.71元；

二、驳回原告邻水县中信建筑工程有限公司对被告四川博骜地产集团有限公司的诉讼请求。

【法官后语】

本案处理重点主要在于对公司股东滥用公司法人独立地位和股东有限责任的理解。二被告提供的相关证据能够证明纳雍博骜公司虽系博骜集团公司的全资子公司，但两者均是经工商部门登记注册合法成立，具有独立的经营场所，在财务上独立核算，债务上各自承担，各自具有独立法人地位。并且博骜集团公司已经缴足注册资本，履行了股东出资义务，不存在出资不实、虚假出资或抽逃出资等情形。纳雍博骜公司、博骜集团公司之间系母公司与子公司关系，两者之间有资金往来属于正常的商业行为，不能据此简单认定两者存在财务混同。

原告主张案涉工程项目开发资金来源于博骜集团公司拨款，工程项目销售回款后的资金基本被抽回了博骜集团公司，但由于原告并未举示诸如公司股东存在滥用公司人格的外部表象、公司营运过程中存在明显瑕疵等盖然性证据予以佐证。故纳雍博骜公司经工商行政管理部门登记注册，取得了企业法人营业执照，独立核算、自负盈亏，且其财产、财务均未与博骜集团公司混同，具有法律意义上的独立人格，能够对外独立承担民事责任，并不存在博骜集团公司滥用股东地位和股东有限责任，使公司人格形骸化，规避公司义务和逃避债务的情形。

编写人：四川省邻水县人民法院　何兵

55

股东损害公司债权人利益的责任认定

——阮正华诉阮文兵等股东损害公司债权人利益责任案

【案件基本信息】

1. 裁判书字号

浙江省台州市椒江区人民法院（2016）浙1002民初字第4693号民事判决书

2. 案由：股东损害公司债权人利益责任纠纷

3. 当事人

原告：阮正华

被告：阮文兵、葛学文、魏启雷

【基本案情】

阮正华与台州市银马轻工有限公司（以下简称银马公司）买卖合同纠纷一案，经浙江省台州市椒江区人民法院审理，判决银马公司支付阮正华货款319046.4元及赔偿经济损失，诉讼费3040元由银马公司承担。该案在执行过程中，阮正华与银马公司自行和解，银马公司未按和解协议约定履行。银马公司的机器设备经法院拍卖后，阮正华受偿诉讼费1661.69元。2015年11月3日，债权人黄元方向法院提出对银马公司进行破产清算申请。因银马公司及其股东不能向法院提交公司财务账册等重要文件，亦不能支付破产费用，无法对银马公司进行破产清算，浙江省台州市椒江区人民法院于2016年4月18日裁定终结银马公司破产程序。起诉时，根据银马公司工商登记反映，阮文兵、葛学文、魏启雷系银马公司股东。

阮正华认为，阮文兵、葛学文、魏启雷系银马公司股东，在破产程序中经通知不提供真实完整的财务账册，致使破产管理人无法追查该公司的财产，原告作为该公司的债权人，有权要求该三被告承担连带清偿责任。

【案件焦点】

原股东魏启雷股份转让后未办理股权变更登记，是否应对银马公司债务承担连带清偿责任。

【法院裁判要旨】

浙江省台州市椒江区人民法院经审理认为：原告阮正华与银马公司之间的买卖合同纠纷在诉讼主体、法律关系等方面与本案并不相同，故本案诉讼并不违反一事不再理的原则。被告阮文兵、葛学文作为银马公司的股东，在破产程序中经通知不提供真实完整的财务账册，致使破产管理人无法追查该公司的财产，原告作为该公司的债权人，有权要求该两被告承担连带清偿责任。根据《中华人民共和国企业破产法》第四十六条第二款关于"附利息的债权自破产申请受理时起停止计息"的规定，法院已于2015年11月14日裁定受理银马公司破产清算申请，故原告阮正华对银马公司享有的债权自破产申请受理时起不计利息，被告阮文兵、葛学文作为连带债务人承担清偿责任的范围应以银马公司应承担的债务为限。故原告要求被告阮文兵、葛学文承担自2015年11月14日起至实际给付之日止的利息损失，不符合法律规定，不予支持。

根据（2013）台椒商初字第593号民事判决书，被告阮文兵、魏启雷之间签订的《股权转让协议书》合法有效，法院已对被告阮文兵协助被告魏启雷办理银马公司的股权变更登记手续作出了生效判决，而生效法律文书对外具有公示效力，被告魏启雷自2013年5月9日起已非银马公司的股东，故被告魏启雷已经丧失股东身份，并非银马公司的清算义务人，无须对公司的债务承担连带清偿责任。因此，原告要求被告魏启雷对银马公司的债务承担连带偿还责任，无事实及法律依据，不予支持。原告诉讼请求的合理部分，予以支持；不合理部分，予以驳回。

浙江省台州市椒江区人民法院依照《最高人民法院关于适用〈中华人民共和国公司法〉若干问题的规定（二）》第十八条第二款，《中华人民共和国企业破产法》第四十六条第二款，《中华人民共和国民事诉讼法》第六十四条第一款、第一百四十四条之规定，作出如下判决：

一、被告阮文兵、葛学文于本判决发生法律效力之日起十日内就（2013）台椒商初字第724号民事判决书项下人民币319046.4元、以该款为基数自2013年4月8日起至2015年11月13日止按中国人民银行规定的同期贷款基准利率标准计算的经济损失及诉讼费损失 1378.31 元债务向原告阮正华承担连带清偿责任；

二、驳回原告阮正华的其他诉讼请求。

一审宣判后，当事人在法定期限内没有上诉，判决已发生法律效力。

【法官后语】

公司股东在滥用股东权利给公司或者其他股东造成损失时承担赔偿责任是有基础法律依据的，且并不以公司主体是否仍然存续为必要。股东责任认定需同时满足以下条件：在责任主体上包括有限责任公司的股东、股份有限公司的董事和控股股东，在行为上需怠于履行义务，在结果上需造成公司主要财产、账册、重要文件等灭失，无法进行清算。

本案中，在银马公司破产清算案件受理前，被告魏启雷为与被告阮文兵关于银马公司股权转让纠纷曾提起诉讼，已经一审判决生效且进入了执行程序，被告魏启雷的工商登记信息虽未变更，但法院的民事判决对外亦具有公示效力，故本案中被告魏启雷已非银马公司股东，其对银马公司不存在清算义务，故并非本案的责任主体。被告阮文兵、葛学文均系银马公司的股东，对银马公司负有依法组织清算的义务。在银马公司的破产清算案件受理后，被告阮文兵、葛学文经法院通知不提供真实完整的财务账册，致使破产管理人无法追查该公司的财产，无法清算，法院亦在破产清算中作出了破产清算终结的裁定，故被告阮文兵、葛学文应对银马公司债务直接承担连带责任。

编写人：浙江省台州市椒江区人民法院　黄欢

九、公司破产、解散和清算

56

股东认可冲突不可调和是否属于经营管理发生其他严重困难情形

——郭仕启诉北京优尼凯尔科技有限公司公司解散案

【案件基本信息】

1. 裁判书字号

北京市朝阳区人民法院（2016）京0105民初字第59084号民事判决书

2. 案由：公司解散纠纷

3. 当事人

原告：郭仕启

被告：北京优尼凯尔科技有限公司（以下简称优尼凯尔公司）

第三人：北京绿泽宇和科技有限公司（以下简称绿泽宇和公司）

【基本案情】

2012年5月7日，郭仕启与绿泽宇和公司共同出资成立优尼凯尔公司。公司成立后，一直由郭仕启任法定代表人的北京优尼企业管理有限公司（以下简称优尼管理公司）进行经营管理，由其支付承包费。因优尼凯尔公司经营一直亏损，2015年1月后，优尼凯尔公司一直处于停业状态。郭仕启与绿泽宇和公司之间失去信任和合作的基础，多次商量优尼凯尔公司的经营问题及优尼凯尔公司未来的存留和转型方式，均不能达成一致意见。2016年6月和8月，郭仕启两次要求公司股东会，讨论优尼凯尔公司解散和清算事宜。绿泽宇和公司均拒绝出席。绿泽宇和公司认为优尼凯尔公司经营期间，账目混乱，要求对优尼凯尔公司进行审计，但郭仕启亦置之不理。

诉讼中，绿泽宇和公司开始表示目前不符合法定解散条件，故在优尼凯尔公司未进行审计查清账目之前，绿泽宇和公司不同意解散公司。综合考虑双方的关系、公司经营情况等因素后，本院主持双方股东进行调解，郭仕启表示优尼凯尔公司经营管理存在严重问题，其与绿泽宇和公司存在巨大冲突，亦无法通过出让股权或者其他方式救济，郭仕启坚持要求解散公司。绿泽宇和公司于庭后提交书面意见，同意解散优尼凯尔公司，但请求法院在判决书中要求郭仕启依法进行审计、成立清算组并办理相关解散事宜。

【案件焦点】

公司股东认可各股东之间存在重大矛盾冲突，无法就公司继续经营和协商解散公司形成有效股东会决议，且均不同意寻求其他救济途径以使公司存续的，法院可否直接认定符合经营管理发生其他严重困难情形。

【法院裁判要旨】

北京市朝阳区人民法院经审理认为：公司经营管理发生严重困难，继续存续会使股东利益受到重大损失，通过其他途径不能解决的，持有公司全部股东表决权百分之十以上的股东，可以请求人民法院解散公司。郭仕启持有优尼凯尔公司51%的股份，有权起诉请求解散公司。对于优尼凯尔公司的经营管理是否发生严重困难的判断，应当从公司的股东会、董事会或执行董事及监事会或监事的运行现状进行综合分析。优尼凯尔公司的股东包括自然人股东郭仕启和法人股东绿泽宇和公司，持股份额分别为51%和49%。上述股东在诉讼中均表示股东之间存有重大矛盾冲突，无法就公司继续经营形成有效股东决议。又鉴于优尼凯尔公司成立后即交由郭仕启为法定代表人的优尼管理公司经营，现优尼管理公司不再继续经营优尼凯尔公司，郭仕启与绿泽宇和公司亦无意愿继续经营优尼凯尔公司，且亦同意解散公司。郭仕启与绿泽宇和公司已不能有效形成包括解散优尼凯尔公司在内的股东会决议，故依据双方的意愿判令解散公司，符合双方股东的利益，对郭仕启要求解散优尼凯尔公司的诉讼请求，予以支持。在判决解散公司后，当事人可依法自行组织清算或者另行申请法院对公司进行清算。

北京市朝阳区人民法院依照《中华人民共和国公司法》第一百八十二条、《最高人民法院关于适用〈中华人民共和国公司法〉若干问题的规定（二）》第一条第一款之规定，判决如下：

解散被告北京优尼凯尔科技有限公司。

一审宣判后，当事人双方均未上诉。

【法官后语】

审理公司解散纠纷，法院既要鼓励公司长续经营，又要保障股东权益，保护两方主体的具体利益及其体现的价值取向需要平衡，故法院审理公司解散纠纷的过程就是寻找平衡点的过程。实践中，股东冲突的情形五花八门，何种情形可以认定“经营管理发生其他严重困难”，亦属于个案审查和判断的问题。法院最终的处理需要多方考量。

本案郭仕启的起诉尚未完全具备解散公司的条件和一般要求，但是法院基于对优尼凯尔公司的经营模式、股东之间关系等因素的考虑，认为优尼凯尔公司股东冲突亦不可调和，公司已无继续存续之必要，使股东忍受一定的期限并要求股东寻求其他救济途径，已无实际意义，优尼凯尔公司实际已发生“经营管理发生其他严重困难”的情形。故为了避免使股东陷入长期的争执和诉讼纠纷之中，也为使公司的存续问题根本解决，法院以征询双方股东对解散公司意见的方式，确认双方的解散公司合意，最终判决解散公司。

编写人：北京市朝阳区人民法院　赵仕

57

非公司股东作为公司清算组成员未依法清算，是否应当对债权人承担赔偿责任

——无锡宏继伟业金属制品有限公司诉胡锡明等清算责任案

【案件基本信息】

1. 裁判书字号

江苏省常州市中级人民法院（2016）苏04民终字第87号民事判决书

2. 案由：清算责任纠纷

3. 当事人

原告（被上诉人）：无锡宏继伟业金属制品有限公司、胡锡明、王惠芬

被告（上诉人）：王国安

【基本案情】

2012 年 2 月至 9 月，原告公司供给跃升机械公司共计价值 1035041.9 元的轴承钢钢丝，跃升机械公司开具了发票。截至同年 10 月 25 日，跃升机械公司共支付货款 760000 元，尚欠 275041.9 元，经原告公司催要后，跃升机械公司于 2014 年 1 月 9 日在原告公司出具的企业询证函上盖章确认。

被告胡锡明、王惠芬系夫妻关系，被告王国安系王惠芬的父亲、胡锡明的岳父。2006 年 7 月 11 日，王国安受胡锡明、王惠芬委托办理跃升机械公司设立手续，后该公司于 2006 年 7 月 24 日设立，公司的注册、经营地就在王国安家中。胡锡明、王惠芬系该公司股东，各占 50% 股份，胡锡明为公司法定代表人。2013 年 11 月 11 日，该公司召开股东会决议解散公司，并决议由胡锡明、王惠芬、王国安三人组成清算组，由王国安代办申请注销事项。2013 年 11 月 16 日，清算组在《江苏经济报》公告公司解散事宜，2014 年 2 月 24 日该公司完成注销。公司注销后，遗留的设备仍由王国安在安排进行生产活动。

【案件焦点】

1. 王国安是否是适格的清算组成员；2. 如果王国安为适格的清算组成员，其是否存在过错，是否应当承担赔偿责任。

【法院裁判要旨】

江苏省常州市武进区人民法院经审理认为：王国安虽非跃升公司的股东，但是其作为委托代理人参与该公司设立、注销等重大事项，并且其自愿加入该公司的清算组参与清算公司事项，应当认定其具有清算组成员的资格。跃升公司清算时，清算组应书面通知宏继伟业公司而未尽到通知义务导致宏继伟业公司无法及时申报债权，清算组成员存在重大过失，因此应当承担赔偿责任。

江苏省常州市武进区人民法院依据《中华人民共和国合同法》《中华人民共和

国公司法》的相关规定，作出如下判决：

被告胡锡明、王惠芬、王国安自本判决生效之日起十日内给付原告无锡宏继伟业金属制品有限公司货款275041.9元，并承担自2014年2月17日起至判决确定的给付之日止按同期银行贷款利率计算的利息损失。

王国安不服一审判决，提起上诉，主要理由为：1. 一审判决认定王国安是清算组成员不符合法律规定。《中华人民共和国公司法》第一百八十三条规定，有限公司的清算组由股东组成。该条规定属于确定性和强制性的规定。本案中，王国安不是跃升机械公司的股东，因此，一审判决认定王国安是清算组成员违反了公司法的规定。2. 王国安不存在过错。王国安在跃升机械公司注销过程中是作为代理人办理工商注销登记手续的，即便是在清算报告上签字，也是代理人的身份。公司注销是根据公司股东会决议及公司的清算报告，跃升机械公司在《江苏经济报》上也发布了公告通知了债权人，且债务偿还的落实由股东承担，整个过程中，王国安按照规定办理，没有过错。3. 债务应由股东承担，不应由王国安承担。工商登记注销资料查询表和清算报告都明确注明，如有遗留债务由全体股东按出资比例承担。这些工商登记文件，具有确定的法律效力，一审判决认定王国安承担责任，否定了行政机关有关文件的效力。依照工商登记文件及公司法的规定，宏继金属公司完全可以向跃升机械公司股东主张权利，要求王国安承担责任明显不当。一审判决王国安偿还公司债务，违背了《中华人民共和国公司法》第三条关于公司以其全部财产对公司的债务承担责任的原则性规定，判令非公司股东的其他人承担遗留债务于法无据。故请求撤销原判，驳回宏继金属公司对王国安的诉讼请求。

江苏省常州市中级人民法院二审另查明：跃升机械公司向常州市武进工商行政管理局申请注销时，提供了跃升机械公司清算报告，清算报告中关于具体债权债务清理情况的内容为：1. 公司总资产为282.91万元，公司负债185.56万元，净资产97.35万元。2. 根据原出资比例进行清算，各股东的资产、负债、净资产分配清算如下：(1) 总资产为282.91万元，其中：胡锡明出资比例为50%，分得总资产为141.455万元；王惠芬出资比例为50%，分得总资产为141.455万元；(2) 公司负债185.56万元，其中：胡锡明出资比例为50%，分得总资产为92.78万元；王惠芬出资比例为50%，分得总资产为92.78万元；(3) 公司净产值97.35万元，其中：胡锡明出资比例为50%，分得总资产为48.675万元；王惠芬出资比例为50%，分得总资产为

48.675万元。至本清算报告出具之日，公司已清算完毕。如有遗留债务由全体股东按出资比例承担。该清算报告由清算组成员胡锡明、王惠芬、王国安签字确认。

江苏省常州市中级人民法院经审理认为：在跃升机械公司决议解散的股东会决议中，明确载明王国安是清算组成员，王国安亦作为清算组成员在公司的清算报告中签字，且其作为跃升机械公司股东会决议中明确指定的注销事项经办人员，实际办理了跃升机械公司注销的事宜。王国安的清算组成员身份是由跃升机械公司通过召开股东会正式确定的，且其已作为清算组成员实际履职，王国安具备清算组成员的资格。

对于已知债权人，清算组应当按照公司法及司法解释的规定，分别以书面形式予以通知。公司明知存在已知债权人的情况下，如果仅是采取公告方式、而未将公司清算事宜直接告知债权人，即应当认定清算组成员存在过错，王国安应当对债权承担赔偿责任。

江苏省常州市中级人民法院依照《中华人民共和国民事诉讼法》第一百七十条第一款第（一）项之规定，作出如下判决：

驳回上诉，维持原判。

【法官后语】

实践中，清算工作往往事务繁杂且专业性较强，公司完全有权自主决定由公司的出资者、经营管理人或者聘请具有专业知识和技能的人员进行清算。事实上，在由法院组织的强制清算程序中，根据司法解释的规定，人民法院可以从公司股东、董事、监事、高级管理人员，依法设立的律师事务所、会计师事务所、破产清算事务所等社会中介机构以及这些机构中具备相关专业知识并取得执业资格的人员中指定清算组成员。在公司自行清算的情况下，清算组成员亦可以由公司董事、股东或其他经公司决定的人员担任。一些参与公司登记、经营、注销等具体事务的人员亦应纳入该条文所规制的股东范围。

对于清算组成员的通知义务，公告仅是清算中的法定程序之一，对象是未知债权人，并不能替代通知。对于已知债权人，清算组应当按照公司法及司法解释的规定，分别以书面形式予以通知。公司明知存在已知债权人的情况下，如果仅是采取公告方式、而未将公司清算事宜直接告知债权人，即应当认定清算组成员存在过错。

编写人：江苏省常州经济开发区人民法院　赵晋鹏

58

公司解散纠纷中股东利益的保护

——沈启祥诉海门市苏兴化工贸易有限公司公司解散案

【案件基本信息】

1. 裁判书字号：

江苏省南通市中级人民法院（2016）苏06民终字第2613号民事判决书

2. 案由：公司解散纠纷

3. 当事人

原告（被上诉人）：沈启祥

被告（上诉人）：海门市苏兴化工贸易有限公司（以下简称苏兴公司）

第三人：顾津铭、黄岳良、叶锋

【基本案情】

苏兴公司设立于2008年1月8日。自2008年2月起，公司股东为沈启祥、顾津铭、黄岳良、叶锋，每人的持股比例均为25%，每人享有全部股东表决权的25%。公司设有董事会。

2010年，沈启祥、顾津铭、黄岳良、叶锋在苏兴公司经营上产生分歧和矛盾，且愈演愈烈。2011年10月17日，沈启祥、顾津铭、黄岳良、叶锋四人签订分组协议，甲组为黄岳良、沈启祥，乙组为顾津铭、叶锋。各方约定，各组划归到的客户应收款由各组包收使用，等到公司清算后，该进该出相互找还。各组新发生的销货款由各组自行安排收取使用。进销业务费用由各组自己支付。税费核算到组，无法核算的到户拼入共同费用进行摊派。因四股东内部矛盾，沈启祥、叶锋先后退出小组。

自2011年10月以后，公司没有召集成股东会或董事会，未形成过股东会决议或董事会决议。目前，四股东不再共同经营，顾津铭、黄岳良利用公司场地和设备各自独立从事经营活动，沈启祥、叶锋不参与经营。原告沈启祥认为公司若继续存续会使其利益遭受重大损失。

四股东在审理中均表示无计寻求缓和的救济途径，以打破公司僵局。

【案件焦点】

1. 苏兴公司是否陷入僵局，有无其他途径解决；2. 公司继续存续是否会损害股东的利益。

【法院裁判要旨】

江苏省海门市人民法院经审理认为：公司是否陷入僵局，通常而言有三个标准：1. 公司经营管理发生严重困难；2. 公司继续存续会使股东利益受到重大损失；3. 通过其他途径不能解决。

本案中，可以认定苏兴公司已陷入僵局，理由如下：一、“公司经营管理发生严重困难”应当理解为公司在决策、管理层面上的困难导致股东会机制失灵，无法就公司的经营管理进行决策。苏兴公司四股东之间长期矛盾不断，彼此互不信任，最终导致矛盾激化，股东会议无法召开，公司治理机构形同虚设，公司决策无法做出，公司无法正常运转，公司实已丧失了人合性，公司经营管理已发生严重困难。二、苏兴公司作为一个整体的经营活动已停止多年，目前有两股东利用公司场地、设备各自独立从事经营活动，经营所得由两实际经营人各自享受。若公司继续存续，其他股东实际无法享受分红，但公司现有资产会随着时间的推移产生折旧而逐步减值，其他股东的利益将受到损害。三、苏兴公司股东间无法通过协商达成一致意见，也没有解决争议的缓和方式的建议或方案，已无其他途径解决矛盾。综上，苏兴公司已陷入僵局，且无其他缓和途径予以打破，应予解散。

江苏省海门市人民法院依照《中华人民共和国公司法》第一百八十二条、第一百八十三条，《最高人民法院关于适用〈中华人民共和国公司法〉若干问题的规定(二)》第一条第一款之规定，判决如下：

被告海门市苏兴化工贸易有限公司于本判决发生法律效力之日解散。沈启祥、顾津铭、黄岳良、叶锋在本判决发生效力之日起十五日内组成清算组，对被告海门市苏兴化工贸易有限公司进行清算。

苏兴公司、顾津铭、黄岳良不服一审判决提起上诉。南通市中级人民法院经审理认为：一、苏兴公司经营管理已发生严重困难。其自 2011 年 10 月召开最后一次股东会会议后，再未召开过定期股东会议，四股东亦均未按照章程规定提议召开临时股东会会议，苏兴公司已连续五年未能召开股东会会议，亦无法形成有效表决，其权力决策机制已失灵，无法运行长达五年时间，属于法律规定的经营管理严重困难的公司僵局情形。二、苏兴公司的僵局无法通过其他途径解决。公司不应轻易解散，以维持社会稳定及财富的最大化。但经一、二审法院多轮调解，因各股东之间矛盾过大，各方均未能重新召集并召开股东会议解决目前存在的公司僵局情形，四股东亦始终不能就转让股权、公司回购或减资等维系苏兴公司存续的解决方案达成合意。三、苏兴公司继续存续会使股东利益受到重大损失。苏兴公司现由顾津铭、黄岳良控制并实际经营，经营所得亦由顾津铭、黄岳良二人所享。虽然苏兴公司账面资产已资不抵债，但苏兴公司能够继续经营的事实也从侧面反映了苏兴公司的资产（含无形资产）仍然能够给股东带来利益。现仅顾津铭、黄岳良能利用该资产进行经营并收益，而沈启祥和叶锋不能取得其股权相应的收益，其股东利益已经受到侵犯，苏兴公司的存续也会进一步扩大沈启祥及叶锋的损失。

江苏省南通市中级人民法院依照《中华人民共和国民事诉讼法》第一百七十条第一款第（一）项之规定，判决如下：

驳回上诉，维持原判。

【法官后语】

司法强制解散公司，是一种以公权力为主导的司法干预制度，其目的是通过司法权的介入，强制公司解散，以保护在公司中受压制的小股东和公司债权人的利益。人民法院在适用司法强制解散时，也应当慎重，因为一旦适用司法强制解散，公司即进入清算程序，法人资格即将消灭，对公司的影响是毁灭性的。故在判断公司是否应当解散时，应把握以下几个方面：

一是应区分公司解散的原因。不同的解散原因需要满足不同的条件。股东会决议解散公司与司法强制解散公司对于股东表决权的要求并不相同，不应混淆。

二是应正确把握公司经营管理发生严重困难。公司经营管理发生严重困难包括业务经营和公司管理两个方面。而且公司管理组织机构的运行状态占主导地位，如果公司仅仅是经营不善、严重亏损，而权力机构和管理机构仍正常运行的，不能认定公司经营管理发生严重困难。

三是应平衡股东利益与社会经济利益。在公司解散纠纷的审理中，应当尽量通过调解，寻求解决公司僵局的途径，不轻易解散公司，以维持社会稳定及财富的最大化。但在通过其他途径无法解决公司僵局的情况下，也应及时解散公司，防止对股东利益的损害扩大，从而实现股东利益与社会经济利益的平衡。

编写人：江苏省海门市人民法院　姜妮妮

59

管理人可依法对生效法律文书确认的破产企业的抵押行为行使撤销权

——江苏海保实业有限公司管理人诉南通市争妍颜料化工有限公司破产撤销权案

【案件基本信息】

1. 裁判书字号

江苏省海门市人民法院（2015）门商初字第00566号民事判决书

2. 案由：破产撤销权纠纷

3. 当事人

原告（被上诉人）：江苏海保实业有限公司（以下简称海保公司）管理人

被告（上诉人）：南通市争妍颜料化工有限公司（以下简称争颜公司）

【基本案情】

2013年11月24日，案外人鲁神公司经被告争颜公司的担保向银行借款。嗣后，鲁神公司和海保公司向争颜公司提供反担保。海保公司以其名下数幢房产作抵押。2013年12月31日，银行起诉。南通中院调解确认：鲁神公司归还银行借款本金及利息，争颜公司承担连带责任。

2014年1月17日、22日，房产交易登记中心向争颜公司颁发了案涉房产的他项权证。

2014年3月20日，争颜公司向银行代偿后起诉鲁神公司和海保公司，南通中院调解确认：鲁神公司归还争颜公司代偿的借款本金及利息，并有权对海保公司名下的案涉房产折价或以拍卖、变卖该抵押物的价款优先受偿。

2014年12月18日，法院受理海保公司破产清算一案，并指定管理人。2015年3月11日，争颜公司向管理人申报债权本金及利息，并主张享有财产担保的优先权。2015年11月13日，法院受理了管理人请求撤销争颜公司对案涉房产享有抵押权一案。

上述事实，有原、被告均无异议的海保公司管理人提供的借款合同、保证合同、反担保协议、房屋他项权证、江苏省南通市中级人民法院（2014）通中商初字第0013-2号、第0295号民事调解书、（2014）门民破字第00004-1号民事裁定书、破产债权申报书，争颜公司提供的反担保协议、《海门日报》公告以及双方当事人的一致陈述等予以证实。

【案件焦点】

海保公司的管理人是否可对经生效法律文书确认的案涉抵押担保行为行使撤销权。

【法院裁判要旨】

江苏省海门市人民法院经审理认为：从形式要件上看，破产撤销权是基于法院受理企业破产这一新的事实而产生，与此前的生效法律文书对可撤销行为的肯定性评价并不冲突，对符合破产法规定的可撤销情形，管理人有权提起破产撤销权诉讼。

从实质要件上看，虽然争颜公司与海保公司订立抵押合同的时间距法院受理破产申请已逾一年，但鉴于“提供抵押担保”的本质是权益的让渡和取得，故应以抵押权成立的时间作为判断的依据。抵押权自登记时设立的规定表明抵押合同仅是原因行为，抵押合同的订立并不产生抵押权变动的结果，只有进行抵押登记，方能使抵押权成立并生效。因此抵押权成立的时间应以抵押登记时间为准，而不能以双方形成抵押合意的时间为依据。案涉房产的抵押权登记时间是在2014年1月17日、1月22日，距法院受理海保公司破产清算申请不满一年，而海保公司是在鲁神公司的债务形成之后向该债务的连带责任保证人争颜公司提供抵押物进行反担保保证，该抵押行为未使海保公司从中获益，同时也降低了海保公司履行债务能力，使其他债权人利益受损，符合破产法规定的可撤销情形。

江苏省海门市人民法院依照《中华人民共和国企业破产法》第三十一条的规定，判决如下：

撤销海保公司以其名下房产向争颜公司设定抵押担保的行为。

争颜公司不服一审判决，提起上诉。江苏省南通市中级人民法院经审理，依照《中华人民共和国民事诉讼法》第一百七十条第一款第（一）项之规定，判决如下：

驳回上诉，维持原判。

【法官后语】

该判决确认了破产企业的财产担保行为被生效法律文书确认后还能够依法被撤销。

破产撤销权是基于法院受理企业破产这一新的事实而产生，管理人基于新的破产事实与破产相关的法律法规依法行使撤销权，与生效文书并不相悖。且从破产法的立法本意和破产程序效果考虑，管理人无须先行对生效判决提起再审之诉，可直接向法院提起破产撤销权之诉。

法律赋予法院生效法律中所确认的事实的免证效力，这是既判力内涵的一部分：是出于稳定性和经济性的考虑。所确认的事实来源于特定案件、特定证据环境，且当事人诉讼能力有强有弱，导致法院确认的事实是相对的客观事实，不具有绝对的效力，在特殊情况下，一个新的法律事实的出现，产生了一个新的法律价值的判断，正是我们常说的“以事实为依据，以法律为准绳”。

编写人：江苏省海门市人民法院　张敦臣

60

股东违法清算的责任

——北京广利商贸有限公司诉李沛显等清算责任案

【案件基本信息】

1. 裁判书字号

北京市第一中级人民法院（2016）京01民终字第2659号民事判决书

2. 案由：清算责任纠纷

3. 当事人

原告（被上诉人）：北京广利商贸有限公司（以下简称广利公司）

被告（上诉人）：李沛显、刘春霞、丁轶

【基本案情】

2007年11月16日，广利公司与北京多隆包装制品有限公司（以下简称多隆公司）产生买卖合同纠纷，经大兴区法院主持调解，作出（2007）大民初字第8840号民事调解书，内容为：1. 多隆公司返还广利公司货款25.6万元，违约金2万元，合计27.6万元（于2007年12月31日前履行5.6万元；于2008年2月29日前履行22万元）；2. 广利公司返还多隆公司长城赛弗牌汽车（无牌照、银灰色）一辆（于2008年2月29日前履行）。案件受理费2720元，由广利公司负担1360元；由多隆公司负担1360元。此后，多隆公司未按调解书约定的期限履行还款义务，广利公司向法院申请强制执行。大兴区法院分别于2008年3月17日、6月12日作出民事裁定书，内容为：执行过程中，查明多隆公司已不在调解书确认的经营地从事经营活动。从工商档案中未发现有出资不实和抽逃注册资金的信息，且其营业执照已于2007年10月8日被大兴工商局吊销。该院查询不到多隆公司的财产和财产线索，广利公司亦未能提供多隆公司实际经营地及可供执行的财产或财产线索，据此，裁定本次执行程序终结。

多隆公司是依法成立的有限责任公司。于2002年3月8日由刘春霞、李剑贤

（即李沛显）二人出资成立。此后，丁轶加入，成为新的股东。2007 年 12 月 11 日，该公司召开股东会决议，决定公司停止经营活动，进行清算。公司成立清算组，清算组由丁轶、李剑贤、刘春霞组成。2008 年 4 月 7 日，多隆公司声明：截至 2006 年 12 月 31 日公司账目中应收票据 34101 元，应收账款 53936．8 元、114536．05 元均为与北京海淀中立计算机系统公司的往来，多隆公司自愿放弃上述债权。2008 年 4 月 9 日，捷勤丰汇会计师事务所出具多隆公司清算报告，结论为多隆公司债权债务已清理完毕；各项税款、工资已经结清；并且已经在 2008 年 1 月 8 日的《京华时报》上发布注销公告。2008 年 4 月 21 日，多隆公司作出股东会决议，决议内容为多隆公司股东会同意公司注销。同意清算审计报告结果。2008 年 5 月 14 日，多隆公司注销。多隆公司办理注销时曾在报纸上发布清算公告及注销公告。2010 年 11 月 25 日，广利公司得知多隆公司注销，于 2012 年 8 月 6 日以清算责任纠纷为由提起诉讼，诉请：李沛显、刘春霞、丁轶向广利公司连带赔偿 277360 元并给付利息。

【案件焦点】

李沛显等股东行为是否构成违法清算，并应据此对债权人广利公司的损失承担赔偿责任。

【法院裁判要旨】

北京市石景山区人民法院经审理判决：

一、李沛显、丁轶和刘春霞于判决生效后 10 日内对多隆公司所欠广利公司货款 25.6 万元、违约金 2 万元及逾期付款利息承担连带清偿责任；

二、李沛显、丁轶和刘春霞于判决生效后 10 日内给付广利公司（2007）大民初字第 8840 号民事调解书中多隆公司应负担的案件受理费 1360 元；

三、驳回广利公司的其他诉讼请求。

李沛显、刘春霞、丁轶提起上诉。

北京市第一中级人民法院经审理认为：《中华人民共和国公司法》第一百八十五条规定，“清算组应当自成立之日起十日内通知债权人，并于六十日内在报纸上公告”。第一百八十九条规定：“清算组成员应当忠于职守，依法履行清算义务。清算组成员不得利用职权收受贿赂或者其他非法收入，不得侵占公司财产。清算组成员因故意或者重大过失给公司或者债权人造成损失的，应当承担赔偿责任。”根据上述法律规定，有限责任公司经股东会决议解散的，应由股东组成清算组进行清算。清算组应当进行清理公司财产，编制资产负债表和财产清单，将公司解散清算事宜书面通知全体已知债权人，并在报纸上进行公告等清算工作，在依法清算完毕后，公司才能申请办理注销登记。因清算义务人不履行或者不适当履行清算义务给公司、债权人造成损失的，应当承担民事责任。广利公司对多隆公司享有债权，已经民事调解书确认，多隆公司系已知债权人。多隆公司股东决定解散公司并对公司进行清算期间，也系与广利公司诉讼期间，双方于多隆公司就清算事宜进行公告之前即达成调解协议，多隆公司各股东清算义务人对公司欠付广利公司债务数额是明知的，但并未履行通知债权人义务，而是以公告方式进行通知，致使广利公司无法申报债权而未获清偿。多隆公司股东主观存在过错，其不当履行清算义务，应赔偿由此给债权人广利公司造成的损失。此外，多隆公司清算报告载明公司应付账款仅为吴玲、丁轶个人欠款，在多隆公司明知对广利公司负有债务，且未清偿完毕的情况下，未将尚欠广利公司的债务本息列入清算报告，并据此向公司登记机关出具了债权债务已清偿完毕的清算报告，系以虚假的清算报告骗取公司登记机关办理了注销登记，广利公司主张多隆公司各股东违法清算，并要求股东承担赔偿责任，有事实及法律依据，应予支持。

【法官后语】

作为公司法规定的清算义务人，股东如未按照公司法的规定履行清算义务，需对公司债权人承担相应的责任。

本案中，李沛显、刘春霞、丁轶是多隆公司的三名股东，三人决议解散多隆公司，并组成清算组，其应当将多隆公司解散的情况通知债权人，以便债权人及时行使权利。但根据本案审理查明的事实显示，多隆公司在与广利公司诉讼期间，被工商行政管理部门吊销了企业法人营业执照，却并未将上述情况及时告知法院和广利公司；在与广利公司达成调解后不到一个月，公司股东会即决议解散公司，决议解散时，股东对于多隆公司诉讼事实、诉讼结果以及应承担的责任和债权人等均应当是明知的，但自始至终未将多隆公司解散、清算事宜通知债权人广利公司，亦未向广利公司履行民事调解书所确定的还款义务。

更为严重的是，多隆公司备案的清算文件显示，对于多隆公司与广利公司因调解达成的经生效民事调解书所确认的债权，在公司清算文件中根本未提及，但却向公司登记机关出具了债权债务已清偿完毕的清算报告。该事实表明，李沛显、刘春霞、丁轶三人组成的清算组，具有明显的违法清算的主观故意，其结果导致广利公司的债权迟迟未能实现，在执行阶段也因多隆公司违法清算、注销而无法执行到任何财产，给广利公司造成了实际损失，三名清算组成员应当对因其故意或者重大过失给债权人造成的损失承担赔偿责任。

编写人：北京市第一中级人民法院　刘海云

61

破产分配时应根据公平原则平等保护债权人

——成都科立环境工程有限公司诉简阳中汽挂车有限公司普通破产债权确认案

【案件基本信息】

1. 裁判书字号

四川省资阳市中级人民法院（2016）川20民终字第1161号民事判决书

2. 案由：普通破产债权确认纠纷

3. 当事人

原告（上诉人）：成都科立环境工程有限公司（以下简称科立环境公司）

被告（被上诉人）：简阳中汽挂车有限公司（以下简称中汽挂车公司）

【基本案情】

2013年1月15日，被告中汽挂车公司向原告科立环境公司借款，并签订《借款合同》，被告公司的法定代表人雷杨丽为借款提供连带保证担保。借款到期后，被告未按期偿还借款，原告诉讼至四川省资阳市中级人民法院。

2013年6月8日，原、被告双方达成调解协议，四川省资阳市中级人民法院出具（2013）资民初字第16号民事调解书，确定被告中汽挂车公司、雷杨丽于2013年6月30日前共同向原告支付1100万元；如到期未偿还，则以未偿还的债务部分为基数，按中国人民银行同期贷款利率的2倍共同向原告承担逾期期间的债务利息；案件受理费52314.5元、诉前保全费5000元、诉讼保全费5000元，由被告中汽挂车公司负担。之后，被告中汽挂车公司及其法定代表人雷杨丽未履行调解书中所确定的债务，原告于2013年7月15日向四川省资阳市中级人民法院申请强制执行，但未获清偿。

被告中汽挂车公司因经营不善、资不抵债，经债权人申请破产，法院于2015年7月31日立案受理了被告中汽挂车公司破产清算一案，并于2015年11月13日指定四川大公会计师事务所有限责任公司担任被告简阳中汽挂车的破产管理人。

在债权申报期内，原告向破产管理人申报债权14573245.43元。2016年1月16日，被告中汽挂车公司的破产管理人向原告送达了《债权初审意见》及《债权审核意见通知书》，确认原告对被告中汽挂公司享有1385.500061万元的破产债权，对原告申报利息中2014年8月1日至2015年7月31日按照每日0.0175%的标准计算的加倍延迟履行利息，即1106.23145万元×365天×0.0175%=70.660534万元，未予确认。对2013年6月30日至2014年11月21日的利息，按照1100万元作为基数计算利息，未按照1106.23145万元（未将诉讼费及保全费62314.5元加入）作为计算利息的基数。原告不服被告中汽挂公司破产管理人作出的《破产债权审核意见》，在收到该审核意见的15日内提起诉讼。

【案件焦点】

破产受理前加倍迟延履行期间的债务利息是否属于破产债权。

【法院裁判要旨】

四川省简阳市人民法院依照《中华人民共和国企业破产法》第五十八条第三款、《中华人民共和国民事诉讼法》第二百五十三条、《最高人民法院〈关于审理企业破产案件若干问题的规定〉》（以下简称：《企业破产规定》）第六十一条第一款第（二）项、《最高人民法院关于执行程序中计算延迟履行期间的债务利息适用法律若干问题的解释》第一条第（三）项之规定，判决如下：

一、原告科立环境公司对被告中汽挂车公司享有的破产债权为13855000.61元；

二、驳回原告科立环境有限公司的其他诉讼请求。

上诉人（原审原告）科立环境有限公司上诉请求：撤销原判，改判为确认科立环境公司对中汽挂车公司享有的破产债权为14573245.43元。

四川省资阳市中级人民法院经审理认为：中汽挂车公司进入破产程序后，其破产债权应依照破产法公平保护全体债权人利益的立法精神予以确认。关于当事人未履行生效法律文书应当加倍支付的迟延利息是否属破产债权的问题，当事人未履行生效法律文书而加倍支付的迟延利息属惩罚性债权，惩罚的目的在于敦促债务人履行债务。但企业破产后，破产财产已不足以清偿全部债务，客观上不具有主动清偿的能力，主观上不具有过错，进行处罚不具有合理性，亦与公平保证全体债权人利益的立法宗旨相悖。科立环境公司在破产程序中主张惩罚性债权不当。关于诉讼费、保全费是否作为计算利息（包括加倍延迟利息）的基数。诉讼费、保全费不是基于当事人之间民事法律事实而产生的债务，是向国家缴纳的具有规费性质的费用，是当事人维权产生的必要费用，因此不应将该费用作为计算利息（包括加倍延迟利息）的基数。

四川省资阳市中级人民法院依照《中华人民共和国民事诉讼法》第一百七十条第一款第（一）项之规定，判决如下：

驳回上诉，维持原判。

【法官后语】

该案值得研究的焦点在于在进行破产分配时，应当根据公平原则，平等保护所有债权人。

1. 破产受理前加倍迟延履行期间的债务利息是否作为破产债权，应当根据民法公平原则予以认定

关于破产案件受理之后的加倍迟延利息，根据《企业破产规定》，该部分加倍迟延利息不应当计入破产债权。而对于破产案件受理之前的加倍迟延利息是否应当计入破产债权，法律、司法解释没有相关规定。根据《企业破产规定》第六十一条第一款第（二）项“下列债权不属于破产债权：……（二）人民法院受理破产案件后债务人未支付应付款项的滞纳金，包括债务人未执行生效法律文书应当加倍支付的迟延利息和劳动保险金的滞纳金；……”对于该司法解释中的“受理破产案件后债务人未支付应付款项的滞纳金”的理解，原告主张破产案件受理之后加倍延迟利息不属于破产债权，但受理之前的加倍延迟利息应属于破产债权。被告抗辩该司法解释中“受理破产案件后”并非判断是否是破产债权的时间界限，而是判断是否是破产债权的状态界

限，即一旦受理企业破产，未支付的加倍延迟利息均不属于破产债权。对于本案来说，根据《最高人民法院〈关于税务机关就破产企业欠缴税款产生的滞纳金提起的债权确认之诉应否受理问题的批复〉》“……破产企业在破产案件受理前因欠缴税款产生的滞纳金属于普通破产债权。对于破产案件受理后因欠缴税款产生的滞纳金，人民法院应当依照《企业破产规定》第六十一条规定处理”的规定，《企业破产规定》中“受理破产案件后”应该作为时间界限，即破产案件受理之后的加倍延迟利息不作为破产债权。而破产案件受理之前的加倍延迟利息是否作为破产债权，法律、司法解释未作明确规定。在破产清算阶段，债权人的加倍延迟利息是否保护，应从破产分配的公平受偿角度加以考量。在破产清算中，债权人申报债权主要分为两种情况，一种是经过法院或仲裁机构生效法律文书确定的债权，另一种是未经法院或仲裁机构生效法律文书确定的债权。如持有生效法律文书的债权人可以获得双倍延迟利息，而未持有生效法律文书的债权人不能获得双倍延迟利息，对后者显失公平。而破产法的立法精神是平等保护所有的债权人，除法律规定的分配顺序不同外，同一顺序的债权人应获得同一比例的清偿。中汽挂车公司破产清算中，有债权人持有法院生效文书申报债权，也有债权人未持有法院生效文书申报债权，根据民法公平原则，对原告要求将双倍延迟利息计入破产债权的诉讼请求，缺乏法律依据。

2. 在法律、司法解释没有明确规定时，对司法解释的类推解释不能违背民法的公平原则

一审原告在二审审理时提出，根据《企业破产规定》第六十一条第一款第（二）项的规定，受理破产案件后的债务人未支付应付款项的滞纳金，包括债务人未执行生效法律文书应当加倍支付的迟延利息和劳动保险金的滞纳金不属于破产债权，破产案件受理前的迟延履行利息理应属于破产债权，原告认为应通过该解释类推，否则最高人民法院没有必要在此条文中做出“受理案件破产后”的限定。但是，基于破产法公平保护全体债权人利益的立法精神，当事人未履行生效法律文书而加倍支付的迟延利息属惩罚性债权，目的在于敦促债务人履行债务，企业破产后，破产财产已不足以清偿全部债务，客观上不具有主动清偿能力，主观上不具有过错，进行处罚不具有合理性，亦与公平保证全体债权人利益的立法宗旨相悖。根据公平原则，破产受理前加倍迟延履行期间的债务利息不宜计入破产债权。

编写人：四川省简阳市人民法院　税旭东

62

清算主体未履行通知义务对债权人的赔偿责任

——江苏牡丹酒业股份有限公司诉刘鉴良等清算责任案

【案件基本信息】

1. 裁判书字号

江苏省无锡市锡山区人民法院（2014）锡法商初字第0465号民事判决书

2. 案由：清算责任纠纷

3. 当事人

原告：江苏牡丹酒业股份有限公司（以下简称牡丹公司）

被告：刘鉴良、徐玲丽、邵德培

【基本案情】

牡丹公司与无锡培泽贸易有限公司（以下简称培泽公司）存在酒类买卖合同关系，由培泽公司向牡丹公司购买白酒，双方业务往来过程中，培泽公司累计结欠牡丹公司货款514530元。培泽公司系有限责任公司，该公司由刘鉴良、徐玲丽、邵德培三人于2010年4月15日共同出资设立，注册资本为50万元，其中刘鉴良、徐玲丽各出资12.5万元，占股比例各为25%，邵德培出资25万元，占股比例为50%。

2013年3月15日，培泽公司召开股东会，会议的决议内容是决定该公司于2013年3月15日起停止一切经营活动进入清算程序，成立以刘鉴良、邵德培、徐玲丽为成员的清算组，刘鉴良任清算组组长。

2013年6月7日，经工商部门，培泽公司办理了公司注销登记手续。在刘鉴良、邵德培、徐玲丽向工商部门提交的培泽公司清算报告中载明：债权债务已经全部清理完毕；公司清算组已于成立之日起十日内通知债权人，并于2013年3月23日在中国工商报上公告了一次《公司注销公告》。

牡丹公司陈述，培泽公司在办理公司注销登记前从未向其发出过任何通知，也未向其清偿债务，刘鉴良、邵德培、徐玲丽三人作为培泽公司的出资人、股东，未依法履行清算义务即办理培泽公司的注销登记手续，应对牡丹公司的损失承担赔偿责任。故牡丹公司诉至法院，请求判令：刘鉴良、邵德培、徐玲丽共同赔偿货款损失514530元及逾期付款利息损失。

【案件焦点】

培泽公司清算组成员刘鉴良、邵德培、徐玲丽在公司清算程序中未依法履行通知义务致债权人牡丹公司损失是否应承担赔偿责任。

【法院裁判要旨】

江苏省无锡市锡山区人民法院经审理认为：牡丹公司与培泽公司间存在合法有效的买卖合同关系，牡丹公司在向培泽公司供货后，培泽公司应及时结清全部货款，逾期不付，已构成违约。培泽公司在办理公司注销登记手续前尚结欠牡丹公司货款514530元并应赔偿自付款期限届满的次日即2012年1月1日起算的逾期付款利息损失，事实清楚，予以确认。根据《中华人民共和国公司法》的相关规定，公司清算时，清算组应当将公司解散清算事宜书面通知全体已知债权人，并根据公司规模和营业地域范围在全国或者公司注册登记地省级有影响的报纸上进行公告。在刘鉴良、邵德培、徐玲丽向工商部门提交的培泽公司清算报告上虽然载明清算组已于成立之日起十日内向债权人履行了通知义务且债权债务已全部清理完毕，但本案中并无证据证明培泽公司在注销登记前，该公司清算组向已知债权人牡丹公司履行了书面通知义务，亦无证据证明培泽公司在注销登记前已将其结欠牡丹公司的货款514530元清偿完毕。因培泽公司清算组未向牡丹公司履行书面通知义务，导致牡丹公司未及时申报债权而未获清偿，牡丹公司现要求培泽公司三股东暨清算组成员即刘鉴良、邵德培、徐玲丽赔偿货款损失514530元并赔偿逾期付款利息损失的诉讼请求，于法有据，依法予以支持。

江苏省无锡市锡山区人民法院依照《中华人民共和国合同法》第一百零七条、第一百零九条，《中华人民共和国公司法》第一百八十五条第一款，《最高人民法院关于适用〈中华人民共和国公司法〉若干问题的规定（二）》第十一条、第十九条，《中华人民共和国民事诉讼法》第一百四十四条之规定，作出如下判决：

刘鉴良、邵德培、徐玲丽于本判决生效之日起十日内赔偿牡丹公司货款损失514530元及逾期付款利息损失。

【法官后语】

为强化清算义务人依法清算的法律责任，督促清算义务人依法进行清算程序，有效保护公司债权人的合法权益，《最高人民法院关于适用〈中华人民共和国公司法〉若干问题的规定（二）》第十一条规定："公司清算时，清算组应当按照公司法第一百八十六条的规定，将公司解散清算事宜书面通知全体已知债权人，并根据公司规模和营业地域范围在全国或者公司注册登记地省级有影响的报纸上进行公告。"通过规定清算组的上述通知义务及公告义务，可以使得债权人通过申报债权，介入清算程序中，获得清算过程中的各种财务信息，监督清算组的清算工作，维护其合法权益。如清算组未按照前款规定履行通知和公告义务，导致债权人未及时申报债权而未获清偿，债权人主张清算组成员对因此造成的损失承担赔偿责任的，人民法院应依法予以支持。

编写人：江苏省无锡市锡山区人民法院　吕纯阳

63

获得"后位新价值"的个别清偿行为不应被撤销

——瑞安市润隆贸易有限公司管理人诉平安银行股份有限公司温州瑞安支行请求撤销个别清偿行为案

【案件基本信息】

1. 裁判书字号

浙江省温州市中级人民法院（2016）浙03民终字第2847号民事判决书

2. 案由：请求撤销个别清偿行为纠纷

3. 当事人

原告（被上诉人）：瑞安市润隆贸易有限公司（以下简称润隆公司）管理人

被告（上诉人）：平安银行股份有限公司温州瑞安支行（以下简称平安银行瑞安支行）

【基本案情】

为归还政府应急转贷资金，润隆公司分别于2014年7月4日与被告平安银行瑞安支行签订了编号为20140704第003号《贷款合同》，借款金额500万元，借款期限6个月；于2014年7月4日与被告平安银行瑞安支行签订了编号为20140704第004号《贷款合同》，借款金额600万元，借款期限6个月；于2014年9月17日与被告平安银行瑞安支行签订了编号为20140915第001号《贷款合同》，借款金额200万元，借款期限6个月。被告分别于2014年7月7日、7月9日、10月10日依约向润隆公司发放贷款500万元、600万元、200万元。上述三笔借款均由赛纳集团有限公司、陈则某提供最高额保证担保。期限届满后，润隆公司因资金紧张，无力自行偿还。

2015年5月6日，赛纳集团有限公司向润隆公司开立在被告处的资金回笼账户中汇入40万元。同日，被告平安银行瑞安支行从上述资金回笼账户中扣划17笔款项用于偿还前述三笔借款的利息，金额分别为11573.33元、10453.33元、7466.67元、4106.67元、35000元、22166.67元、14000元、36166.67元、32666.67元、36166.67元、29166.67元、16527.78元、13611.11元、30138.89元、27222.22元、30138.89元、2061.95元。

2015年5月8日，润隆公司向瑞安市经济和信息化局申请到两笔政府应急转贷专项资金，金额分别为700万元、600万元，用以偿还向平安银行瑞安支行的上述三笔借款本金。当日，被告平安银行瑞安支行继续向润隆公司发放两笔贷款（该两笔贷款至今未清偿），金额分别为700万元、600万元，用于归还政府应急转贷资金。

2015年5月8日，润隆公司财务人员戴海霞向前述资金回笼账户汇入3000元，同日，被告从该账户余额中提存42707.78元，后于2015年5月21日分16527.78元、19833.33元、6346.67元三笔扣划，用于支付前述三笔贷款（已偿还的500万元、600万元、200万元）的末期利息。

因润隆公司不能清偿到期债务，法院于2015年10月20日裁定受理赛纳集团有限公司对该公司的破产清算申请。并于同年10月22日指定北京德恒（温州）律师事务所担任润隆公司的管理人。

【案件焦点】

债务人对先前存在的到期债务进行清偿，债权人随即根据新的信用提供了商品或者贷款，破产管理人是否有权对债务人的清偿行为予以撤销。

【法院裁判要旨】

浙江省瑞安市人民法院经审理认为：润隆公司于2015年5月8日偿还本金1300万元，当日平安银行瑞安支行即向润隆公司续贷1300万元。虽然润隆公司清偿了先前的债务，减少了破产财产，但相应的，被告随即根据新的信用提供了贷款，破产财产又得到了增加，此时清偿和新价值相互抵销，破产财产并没有减少，在新价值范围内没有出现偏颇性清偿的后果，不应被撤销。若管理人有权对此行使撤销权，将导致债权人不愿意和财务陷入危机的债务人继续从事商事交易，在某种程度上会加速债务人的破产进程。对于保证人赛纳集团有限公司于2015年5月6日偿还的40万元，赛纳集团有限公司作为债务担保人本身就负有连带清偿责任且用于代偿的款项也并非属于债务人的财产，故润隆公司管理人要求撤销，不予支持。对于剩余清偿的1342万元，系用润隆公司的财产进行的清偿，应当予以撤销。

浙江省瑞安市人民法院判决：对以润隆公司自有财产偿还的1342万元予以撤销，要求撤销其余1300万元个别清偿的诉讼请求均予以驳回。

一审宣判后，被告平安银行瑞安支行不服判决，提起上诉。

温州市中级人民法院二审认为，一审判决认定事实清楚，适用法律正确，作出如下判决：

驳回上诉，维持原判。

【法官后语】

撤销个别清偿行为是为纠正债务人不当处分财产行为而设置的一项制度，于破产法而言是一项极为重要的原则。对到期债权的清偿本属于合法行为，如果对其不加区分无条件地均予撤销，使所有依法得到清偿的债权人无法预期其正当权益是否能够得到法律保障，必然会严重影响市场经济的债务清偿秩序。该项规定是一柄“双刃剑”，仅作出了概括规定，并未对诸多不同情形的个别清偿行为应否撤销进行具体界定，造成现实应用中的困境。

本案所涉及的情形为：债务人为了让债权人继续提供新的商品或贷款，对先前存在的到期债务进行清偿，清偿后，债权人随即根据新的信用提供了商品或者贷款，此获得的新价值，也称之为“后位新价值”。在此情形下，破产管理人是否有权行使撤销权，在我国审判实践中存在较大争议。本案一审法院对瑞安市润隆贸易有限公司为获得转贷而先行清偿1300万元的行为不予撤销，符合撤销权设置的目的以及各方当事人利益衡平的考量。

编写人：浙江省瑞安市人民法院　黄益强

64

个别清偿行为的撤销及例外

——浙江福威重工制造有限公司管理人诉嵊州市金龙混凝土有限公司、嵊州省级高新技术产业园区管理委员会破产撤销权案

【案件基本信息】

1. 裁判书字号

浙江省绍兴市中级人民法院（2016）浙06民终字第2528号民事判决书

2. 案由：破产撤销权纠纷

3. 当事人

原告（上诉人）：浙江福威重工制造有限公司（以下简称福威公司）管理人

被告（被上诉人）：嵊州市金龙混凝土有限公司（以下简称金龙公司）、嵊州省级高新技术产业园区管理委员会（以下简称嵊州高新园区管委会）

【基本案情】

福威公司是位于嵊州高新园区（三界镇）的一家企业，受多方因素的影响而陷入经营困难。2015年1月至9月，嵊州市人民政府、嵊州高新园区（三界镇）多次召开会议，作出了一系列帮扶福威公司的决定。2015年4月13日，高新园区（三界镇）党政联席会议纪要［（2015）11－2号］中载明，因福威公司转贷问题，需向金龙公司借款500万元，会议原则同意高新园区与福威公司、金龙公司签订三方协议，在福威公司同意的情况下，将应付给福威公司“一厂一策”兑现款余下部分中的500万元（包括利息）直接转给金龙公司。

2015 年 4 月 17 日，福威公司作为甲方、金龙公司作为乙方、嵊州高新园区管委会作为丙方签订了《债权债务转让协议》一份。2015 年 4 月 16 日，金龙公司向福威公司转账 500 万元。

2015 年 9 月 1 日，法院裁定受理福威公司破产清算申请。福威公司的破产管理人认为，上述《债权转让协议》实际上是嵊州高新园区管委会以应支付破产债务人的土地补偿款代破产债务人向债权人作个别清偿的约定，为法律所不允许，故请求人民法院予以撤销。金龙公司、嵊州高新园区管委会则认为三方签订《债权债务转让协议》是对福威公司的帮扶行为，并未恶意规避法律，没有损害债权人利益，不是可撤销的个别清偿行为。

【案件焦点】

福威公司、金龙公司与嵊州高新园区管委会签订《债权债务转让协议》对相关债权债务进行处置的行为是否属于可撤销的个别清偿行为。

【法院裁判要旨】

浙江省嵊州市人民法院经审理认为：《债权债务转让协议》中，福威公司与金龙公司之间是一个同时交易的行为。该转让并没有减少破产财产，也没有损害债权人的利益，只是从债权这种形式即时转换成了货币这种形式。金龙公司并不是福威公司的债权人。签订协议之前金龙公司对福威公司仅有汇款行为，并无实际债权债务关系。被告签订《债权债务转让协议》处置三方权利义务的行为是对福威公司的帮扶行为。若该类行为被撤销，将导致没有人愿意和财务陷入危机的债务人继续从事任何交易，也没有部门或企业愿意帮助债务人渡过难关，甚至在某种程度上会加速债务人的破产进程，也与鼓励相互帮助的社会价值相背离。

浙江省嵊州市人民法院依照《中华人民共和国企业破产法》第三十二条之规定，作出如下判决：

驳回福威公司管理人的诉讼请求。

福威公司管理人以借款在先，清偿在后；案涉行为并非帮扶行为等理由提起上诉。绍兴市中级人民法院经审理认为：可撤销个别清偿行为需具备危机期间、破产原因、个别清偿债务等法律要件。福威公司管理人未能举证证明所诉撤销的行为发生之时债务人存在资不抵债或明显缺乏清偿能力的情形，故福威公司管理人的诉请缺乏证据证明彼时福威公司已经存在破产原因。协议三方整体上为一种同时交易的债权置换关系。事实上没有造成其财产的减少，相反福威公司还从及时取得应收债权款项中获益，依照破产法设置破产撤销权意在避免债务人责任财产因不当处分而减损的立法目的，该债权让与行为亦为不可撤销。原审判决所作评析契合客观事实与法律精神。

浙江省绍兴市中级人民法院依照《中华人民共和国民事诉讼法》第一百七十条第一款第（一）项之规定，作出如下判决：

驳回上诉，维持原判。

【法官后语】

破产程序最大的价值在于公平清偿，为保证这一最高层次价值实现，在现实中势必就需要撤销债务人的部分个别清偿行为。本案中，二审判决归纳认为，可撤销的个别清偿行为需具备危机期间、破产原因、个别清偿债务等法律要件，让人对法律条文的理解更为清晰，适用更为准确。在“破产原因”这一要件的把握上，不管是行使撤销权的管理人，还是审理案件的法官都容易忽视，往往只注重把握破产申请受理前六个月这一“危机期间”要件。受理案件时企业已具备破产原因，不等于受理前六个月清偿债务时就已具备破产原因，本案明确了这一区别，对同类案件的处理具有一定的指导意义。

不是所有的个别清偿行为均应当撤销。本案中，三方签订债权债务转让协议清偿债务的行为，只能勉强归入《最高人民法院关于适用〈中华人民共和国企业破产法〉若干问题的规定（二）》第十六条第（三）项“使债务人财产受益的其他个别清偿”。如果机械适用法律，撤销该清偿行为，将导致没有人愿意和财务陷入危机的债务人继续从事任何交易，也没有部门或企业愿意帮助债务人渡过难关，甚至在某种程度上会加速债务人的危机进程，也与鼓励相互帮助的社会价值相背离。《美国破产法》中以“偏颇性清偿”对债务人在危机期间的个别清偿行为进行命名并规定了具体的行为要件和例外条款。其中对于例外情形列举的更为广泛，包括同时交易、正常商业活动中的支付、价金担保利益等九种。虽然我国法律列举的例外情形不多，但是在审判实践中，可以参考《美国破产法》中规定的上述例外情形，灵活运用《中华人民共和国企业破产法》及其司法解释中的兜底条款，依据具体的情形来自由裁量，以作出更恰当的裁判。

编写人：浙江省嵊州市人民法院　潘伟

十、与公司有关的纠纷

65

股东资格存在争议的前提下当事人能否直接提起请求公司变更登记之诉

——王继飞等诉北京银海世纪科技有限公司请求变更公司登记案

【案件基本信息】

1. 裁判书字号

北京市第二中级人民法院（2016）京02民终字第9667号民事判决书

2. 案由：请求变更公司登记纠纷

3. 当事人

原告（被上诉人）：王继飞、刘康美、刘大庆

被告（被上诉人）：北京银海世纪科技有限公司（以下简称科技公司）

第三人（上诉人）：余一中

第三人（被上诉人）：余谈阵

【基本案情】

2012年，余一中（甲方）、王继飞（乙方）、刘康美（丙方）、刘大庆（丁方）、余谈阵（戊方）签订了《扩股协议书》，该协议书主要约定：甲方、戊方同意吸收乙方、丙方、丁方为公司股东，并对各自持有的股份进行调整……经各方友好协商，达成协议如下：1. 鉴于本项目前期主要由戊方全职负责、在乙方和丙方协助下完成，经甲方、戊方协商，甲方同意在前期实际投资不变的情况下，将甲方

持有的科技公司股权份额从60%调整为45%，将戊方持有的科技公司股权从40%调整为48%。2. 鉴于乙方、丙方前期已经实质参与了本项目并为本项目作出了实质贡献，甲方、戊方同意乙方、丙方各自出资50万元购买科技公司2.5%的股权。该100万元以刘康美名义开户，优先用于本项目的经营所需。3. 甲方、戊方同意丁方出资50万元购买科技公司2%股权。该50万元以刘康美名义开户，优先用于本项目经营所需……5. 自本协议生效之日起30日内，由科技公司办理股东及公司章程工商变更登记手续，为登记简便，按照股权转让的方式办理……7. 本协议自协议各方签字之日起生效。

2012年2月23日，刘大庆将389000元转账汇款至刘康美的账户。刘大庆述称，经各方同意，其先行将10万元转账江国生账户，用于购买外汇兑换券，另有11000元现金存入刘康美账户。同日，王继飞将45万元经转账汇款至刘康美的前述账户。王继飞述称，其余5万元经各方同意，作为加班费和补助直接发放给了研发人员。刘康美将50万元由其名下的其他账户转账汇款至前述刘康美的账户。科技公司认可三人的付款及相关陈述，并述称除外汇兑换券被余一中拿走，其余款项均用于公司经营。

2012年8月11日，科技公司召开临时股东会，作出了股东会决议。与会股东签字处有：余谈阵、王继飞、刘康美、刘大庆、余一中的签名。

2012年8月，科技公司向西城工商局提交了将公司股东变更为余一中、余谈阵、王继飞、刘康美、刘大庆的申请材料，包括：指定（委托）书、2012年股东会决议、章程修正案、股权转让协议。同日，该局作出准予设立（变更、注销、撤销变更）登记（备案）的决定。后，余一中认为西城工商局依据非余一中签名的股东会决议、股权转让协议办理变更登记，缺乏事实依据，已构成错误的行政登记行为，请求法院撤销变更登记。生效判决撤销了相应的变更登记。

【案件焦点】

在股东之间对股权是否转让、受让人是否具有股东资格存在争议的前提下，当事人能否直接提起请求公司变更登记之诉。

【法院裁判要旨】

北京市西城区人民法院经审理认为：《扩股协议书》约定了余一中股权份额下降的比例与王继飞、刘康美、刘大庆所获得的股权份额比例及余谈阵增加的份额比例之和具有对应关系，且股权份额乃王继飞、刘康美、刘大庆出资购买所得，并按照股权转让办理。协议书约定王继飞、刘康美、刘大庆支付的款项存入刘康美名义开立的账户并用于支付科技公司运营的项目，亦应认定为买受人履行股权转让对价支付义务的约定。

王继飞、刘康美、刘大庆已经根据协议书的约定将款项打入刘康美名下的账户，且科技公司认可其对账户内该部分价款享有了相应权益，则受让人已经履行了股权转让的对价支付义务。此外，《科技公司2012年临时股东会决议》系各方行使股东权的表现。王继飞、刘康美、刘大庆支付对价从余一中处分别继受取得科技公司的股权，科技公司应当办理相应的登记。

北京市西城区人民法院依照《中华人民共和国公司法》第三十二条，《最高人民法院关于适用〈中华人民共和国公司法〉若干问题的规定（三）》第二十三条之规定，作出如下判决：

北京银海世纪科技有限公司在判决生效后十日内向公司登记机关办理将余一中所持北京银海世纪科技有限公司7%（出资额35万元）的股权分别变更至王继飞名下2.5%（出资额125000元）、刘康美名下2.5%（出资额125000元）、刘大庆名下2%（出资额10万元）的登记。

余谈阵不服一审判决提起上诉。北京市第二中级人民法院经审理认为：当事人向公司请求变更登记的前提是依法履行出资义务或者依法继受取得股权之后。就本案来讲，王继飞、刘康美、刘大庆应举证证明已经合法取得了股权，已具备了办理股东变更登记的条件下而科技公司拒绝到工商部门办理变更手续。根据查明的事实，余一中对与王继飞、刘康美、刘大庆之间是否具有股权转让关系以及王继飞、刘康美、刘大庆是否具有股东资格存在异议。

根据查明的事实，科技公司已经到工商部门办理了变更登记手续，后该变更登记被法院判决撤销。因此，科技公司并没有拒绝办理变更手续，而是办理后被撤销。此外，《扩股协议书》第五条约定“自本协议生效之日起30日内，由科技公司办理股东及公司章程工商变更登记手续，为登记简便，按照股权转让的方式办理”。

当事人之间能否签订股权转让协议属于当事人意思自治的范畴，公司股东是否做出股东会决议，是否修改章程，属于公司自治范畴。

王继飞、刘康美、刘大庆在没有举证充分证明已经具备了办理股东变更登记的条件而科技公司拒绝变更的情况下，其诉讼请求不应得到支持。王继飞、刘康美、刘大庆与余一中之间如有争议，可另行解决。

北京市第二中级人民法院依照《中华人民共和国公司法》第三十二条，《最高人民法院关于适用〈中华人民共和国公司法〉若干问题的规定（三）》第二十三条，《中华人民共和国民事诉讼法》第一百七十条第一款第（二）项之规定，作出如下判决：

一、撤销北京市西城区人民法院（2016）京0102民初8950号民事判决；

二、驳回王继飞、刘康美、刘大庆的诉讼请求。

【法官后语】

对于股东资格的取得和请求公司变更登记纠纷之间的内在关系，现实中争议很大，做法也不径相同。笔者认为，股权的获得和股权变更登记如同火车的头尾。股权变更登记是以“股东变动”为条件的，而股东变动显然是以股权发生转移为基础的。在逻辑上应是股东资格获得在先，工商登记变更在后。

本案的特殊性在于公司没有拒绝变更登记，是公司申请变更登记后，法院行政判决撤销了变更登记。本案实际上确立了股权纠纷和变更登记纠纷的内在前后关系，如果股东间存在纠纷的应先行解决股东之间的纠纷，只有在股东之间没有纠纷，已经具备变更条件时，公司仍拒绝变更的情况下，才能提出申请公司变更登记纠纷。这样在法理上，才能实现两造相抗的局面，也不会发生像本案原、被告之间没有对抗，原告和第三人之间才有实质对抗的情形，也较好地协调了股东资格认定和请求公司变更登记之间的关系。

编写人：北京市第二中级人民法院　王国才

66

股东能否对针对公司的生效裁判文书提起第三人撤销之诉

——黄秀梅诉张清贵、北京京蒲富丽达科贸有限公司第三人撤销之诉案

【案件基本信息】

1. 裁判书字号

北京市第一中级人民法院（2016）京01民终字第4625号民事裁定书

2. 案由：第三人撤销之诉纠纷

3. 当事人

原告（上诉人）：黄秀梅

被告（被上诉人）：张清贵、北京京蒲富丽达科贸有限公司（以下简称京蒲公司）

【基本案情】

2012年4月21日，张清贵与京蒲公司在北京市海淀区人民法院主持下达成（2011）海民初字第25871号调解书，确认张清贵与京蒲公司存在债权债务关系，京蒲公司给付张清贵290万元。黄秀梅系京蒲公司股东，认为张清贵虚构对京蒲公司的巨额债权，（2011）海民初字第25871号调解书内容错误并严重损害了京蒲公司股东黄秀梅的合法民事权益，故请求法院依法撤销该（2011）海民初字第25871号调解书。

张清贵称，黄秀梅指控张清贵伪造证据缺乏事实和法律根据，黄秀梅假借公司内部管理问题推卸股东责任，对抗债权人债权，于法无据。

京蒲公司称，作为第三人撤销之诉的原告应当是有独立请求权的第三人或无独立请求权的第三人，黄秀梅不具有本案一审原告的资格。

【案件焦点】

作为京蒲公司股东的黄秀梅是否能够针对张清贵与京蒲公司之间的（2011）海民初字第25871号调解书提起第三人撤销之诉。

【法院裁判要旨】

北京市海淀区人民法院经审理认为：黄秀梅提起第三人撤销之诉的程序性条件并不具备，在原审程序中，张清贵与京蒲公司之间为解决彼此争议而进入法院诉讼，京蒲公司的法定代表人及委托代理人已经代表京蒲公司发表了意见，黄秀梅作为公司股东并不需要直接参加诉讼，法院此时也无须追加其作为第三人；京蒲公司作为独立法人机构可以自行处分其权益，黄秀梅主张京蒲公司与张清贵达成调解的行为损害了其民事权益，并无相应的法律依据。

北京市海淀区人民法院依照《中华人民共和国民事诉讼法》第一百五十四条第一款第（三）项之规定，作出如下裁定：

驳回原告黄秀梅的起诉。

黄秀梅持原审起诉意见提起上诉。北京市第一中级人民法院经审理认为：本案所涉及的原诉讼［即（2011）海民初字第25871号民事案件］系张清贵与京蒲公司之间基于债务承担行为所发生的法律纠纷。黄秀梅非债务承担法律关系的当事人，对该债务承担行为所产生的民事法律关系以及具体的权利义务内容没有实体上独立的请求权，因此黄秀梅在（2011）海民初字第25871号民事案件中不属于有独立请求权第三人。仅仅依据京蒲公司的股东的身份，不能证明（2011）海民初字第25871号民事案件的处理结果与黄秀梅存在法律上的利害关系，黄秀梅也并非原诉讼［即（2011）海民初字第25871号民事案件］的无独立请求权人。本案亦没有证据表明（2011）海民初字第25871号民事调解书的内容损害了黄秀梅的股权权益，关于黄秀梅主张本案一审的庭审程序错误的上诉理由，经查本案一审庭审程序合法，并无不当之处，黄秀梅的上诉主张与事实不符，不予采信。

北京市第一中级人民法院依照《中华人民共和国民事诉讼法》第一百七十条第一款第（一）项、第一百七十一条之规定，裁定如下：

驳回上诉，维持原裁定。

【法官后语】

2012年修正的《中华人民共和国民事诉讼法》第五十六条第三款增设了第三人撤销之诉的制度设计。从立法条文表述看，第三人撤销之诉的制度功能旨在保护受错误生效裁判损害的未参加原诉的第三人的权益，属于特殊的事后救济程序。第三人撤销之诉在起诉条件等方面不同于普通程序的相关规定，必须满足我国民事诉讼法以及相关司法解释关于第三人撤销之诉的各项规定，对第三人的标准进行准确把握。

本案中黄秀梅作为京蒲公司股东能否针对张清贵与京蒲公司之间的（2011）海民初字第25871号民事调解书提起第三人撤销之诉，关键看黄秀梅在调解案件中是否具备第三人尤其是无独立请求权第三人的诉讼地位。根据现有的证据材料，黄秀梅既非原债权债务关系的当事人，亦非债务承担法律关系的当事人，对该债务承担行为所产生的民事法律关系以及具体的权利义务内容没有实体上独立的请求权。另外，公司是独立的企业法人，京蒲公司承担调解书确定的债务，并不必然导致黄秀梅要对债务承担连带责任，黄秀梅法律上并不受调解书的不利影响。黄秀梅作为股东与京蒲公司系公司内部治理法律关系，黄秀梅对京蒲公司基于债务承担担负的付款义务存有异议，可以通过行使股东权利，通过股东会、股东代表诉讼等形式在公司法的框架下通过申请启动再审程序等方式寻求解决，不可刺穿内部法律关系对京蒲公司与张清贵的外部债务关系提起诉讼，黄秀梅亦非（2011）海民初字第25871号民事案件无独立请求权人。综上所述，黄秀梅不具备提起本案的原告资格。

由于第三人撤销之诉会对原裁判的既判力产生严重的冲击，造成诸多法律关系的不稳定状态，程序的启动当然应谨慎。第三人撤销之诉作为民诉法修改后新增的第三人救济制度，无论是在学理研究上还是在司法实践中，都有许多亟须厘清的问题。本案通过对第三人撤销之诉构成要件进行解构，借助案件事实对股东能否针对公司与他人的债务生效法律文书提起第三人撤销之诉进行了回答，希望对阐明和明晰无独立请求权的第三人的认定标准和第三人撤销之诉有所裨益。

编写人：北京市第一中级人民法院　伍涛　窦磊

67

股东未履行清算义务应当对公司债务承担连带责任

——北京五一电机有限公司诉王力与公司有关的纠纷案

【案件基本信息】

1. 裁判书字号

河北省唐山市中级人民法院（2016）冀02民终字第7877号民事判决书

2. 案由：与公司有关的纠纷

3. 当事人

原告（上诉人）：北京五一电机有限公司（以下简称五一电机公司）

被告（上诉人）：王力

【基本案情】

遵化市江海工贸有限公司（以下简称江海工贸公司）股东为王力及王建斌。五一电机公司与江海工贸公司签订买卖合同，法院判令江海工贸公司承担赔偿责任，判决生效后王建斌去世。故原告五一电机公司另行起诉股东王力对其未履行清算义务给原告造成的损失承担连带责任。

原告五一电机公司与被告王力与公司有关的纠纷一案，法院于2016年4月6日立案受理后依法组成合议庭公开开庭进行了审理。本案原告五一电机公司的法定代表人刘伟、被告王力及其委托代理人张立群均到庭参加诉讼，现已审理终结。

原告江海工贸公司诉请被告王力作为江海工贸公司的股东对其因重大过失给债权人原告造成重大经济损失承担连带责任，赔偿欠款338000元，利息83136元。原告提交了（2016）冀0281民清初字第1号民事裁定书，证明原告申请对江海工贸公司进行强制清算，由于江海工贸公司未提供主要文件，故裁定终结对江海工贸公司的强制清算程序、(2013)遵民初字第3376号民事判决书，证明江海工贸公司应当赔偿原告45万元，已经执行了112000元，故主张剩余的欠款338000元，利息按照判决书记载自2013年9月2日起至付清欠款之日止按年利率8.645%计算，为83136元，共计421136元。

被告王力认为其与王建斌签订了退股协议，已退出江海工贸公司。王建斌与原告签订的合同是在江海工贸公司于被工商部门吊销执照，收缴公章之后，王建斌用被吊销公司的名义与原告签订的合同，不是原企业的行为，且王力在江海工贸公司正常经营期间已经与王建斌签订退股协议，被告退股以后公司的任何行为都与王力无关。原告与他人签订合同时应充分了解和掌握其法人组织是否存在，如果原告属于善意被骗，责任也应由其自己承担。

【案件焦点】

有限责任公司被吊销后股东是否应因其未履行清算义务对公司债务承担连带责任。

【法院裁判要旨】

河北省遵化市人民法院经审理认为：被告主张已经于2008年进行清算并退股，根据被告王力提交的退股协议及（2013）遵民初字第3376号民事判决书的审理查明，王力退股是其与王建斌的真实意思表示，但江海工贸公司为有限责任公司，其股东为王建斌及王力二人，王力将股权转让给王建斌后其公司性质发生变更，应当在工商部门办理变更手续，因其未在工商部门办理手续，违反法律的规定，不予认可。

（2013）遵民初字第3376号民事判决书认定原告与王建斌签订的购销合同为公司行为，并判令江海工贸公司承担赔偿责任。根据《中华人民共和国公司法》第一百八十三条，江海工贸公司依法被吊销营业执照，公司股东王建斌、王力应当组成清算组对公司进行清算，根据《最高人民法院关于适用〈中华人民共和国公司法〉若干问题的规定（二）》第十八条之规定，王力身为江海工贸公司的股东，未在法定期限内成立清算组进行清算，且怠于履行义务，导致公司无法进行清算，故其应对公司的债务承担连带清偿责任。

（2013）遵民初字第3376号民事判决书判令江海工贸公司于判决生效后10日

内给付五一电机公司45万元，利息自2013年9月2日起至付清欠款之日止按年利率8.645%计算，五一电机公司已经执行了112000元，故被告王力应赔偿338000元，原告主张的利息83136元是自2013年9月2日起至2016年4月6日止，予以支持。

河北省遵化市人民法院依照《中华人民共和国公司法》第一百八十三条、《最高人民法院关于适用〈中华人民共和国公司法〉若干问题的规定（二）》第十八条的规定，判决如下：

一、被告王力于判决生效之日起10日内赔偿原告五一电机公司421136元。

二、本案案件受理费7652元，保全费2662元，共计10314元，由被告王力负担。

原、被告均不服，提起上诉。唐山市中级人民法院经审理认为：五一电机公司、王力的上诉请求均不能成立，应予驳回；一审法院认定事实清楚，适用法律正确，应予维持。

河北省唐山市中级人民法院依据《中华人民共和国民事诉讼法》第一百七十条第一款第（一）项之规定，判决如下：

驳回上诉，维持原判。

【法官后语】

关于公司股东哪种行为属于滥用股东有限责任，在现行法律中未作出规定，但是根据《中华人民共和国公司法》第一百八十三条之规定，股东应当在出现解散事由之日起对公司进行清算，而不是任由公司自生自灭，股东置之不理。如果股东怠于履行这种义务，根据《最高人民法院关于适用〈中华人民共和国公司法〉若干问题的规定（二）》第十八条规定，股东应当承担连带责任。

本案中江海工贸公司作为有限责任公司，其全体股东在法律上应一体为公司的清算义务人，王力作为公司的股东，无论其所占股份多少，是否实际参与公司的经营关系，在公司被吊销营业执照后，均应当履行清算义务，其怠于履行清算义务，导致江海工贸公司的主要财产、账册等已经灭失，公司资产流失，债权债务不明确，无法进行清算，应当对公司的债务承担连带清偿责任。

编写人：河北省遵化市人民法院　史婷

68

公司违规处分职业风险基金应对基金计提期间股东承担赔偿责任

——楼建华诉上海大成资产评估有限公司其他与公司有关纠纷案

【案件基本信息】

1. 裁判书字号

上海市第二中级人民法院（2015）沪二中民四（商）终字第1285号民事判决书

2. 案由：与公司有关纠纷

3. 当事人

原告（上诉人）：楼建华

被告（上诉人）：上海大成资产评估有限公司（以下简称大成公司）

【基本案情】

楼建华原系被告大成公司股东，持股比例为16.66%。2008年6月27日，楼建华退出被告大成公司，其所持股份亦转让他人。根据财政部颁发的《资产评估机构职业风险基金管理办法》（财企〔2009〕26号文件，以下简称“管理办法”）第六条规定，楼建华可按照其持股比例获得在其为大成公司股东期间已计提5年以上结存的职业风险基金。从《关于上海大成资产评估有限公司2008年5月31日净资产的司法会计鉴定意见书》（沪求会业〔2009〕鉴字第9号，以下简称“2009年会计鉴定书”）可知，大成公司2004年7月1日至2008年5月31日的职业风险基金为930172.10元（人民币，下同）。现分配2004年7月1日至2008年5月31日职业风险基金的条件已经成就，故诉至法院，请求判令：1. 大成公司支付按16.66%股权比例享有的2004年7月1日至2008年5月31日的职业风险基金154966.67元；

2. 大成公司支付原告利息损失（以154966.67元为基数，从2013年6月1日起至判决生效日止，按中国人民银行同期同档贷款基准利率计算）；3. 诉讼费由大成公司承担。

经审理查明：大成公司（即本案被告）于1996年3月4日经工商局核准登记成立，注册资金30万元。2005年1月27日，顾美珍、沈章荣、季新军、孙月梅、刘琼和楼建华（即本案原告）六人作为股东签订大成公司章程一份。该章程规定：（一）第一条规定，评估公司中文名称为大成公司，性质为具有法人资格的有限责任评估机构。所有出资人（即股东）以其出资额对评估公司承担责任，评估公司以全部资产对债务承担责任。如果因业务质量涉及诉讼，需要承担赔偿责任时，首先由评估公司按规定提取的职业风险基金承担，不足部分以评估公司的全部资产承担；（二）第九条规定，股东楼建华出资数额16.66万元，出资比例16.66%；（三）第十六条规定，股东享有以下权利：依照其所出资比例获得股利和其他形式的利益分配；依照法律、行政法规及章程的规定转让其所持有的股份；（四）第二十二条规定，股东因年龄或健康原因不能执业时，经董事会审议，股东大会表决批准，可以退休，退休时必须退股。股东离职时，必须退股。第二十三条规定，股东退股时，以退股月份上月为结算月份，退还其在评估公司享有的净资产份额……并比照中国人民银行同期利率支付自退股之日至实际偿付日止的利息（股东退股后，仍对退股前与本人直接有关的事务所赔偿事项负有责任）；（五）第四十二条规定，……公司按规定的业务收入的10%提取职业风险基金和事业发展基金……

2008年8月1日，大成公司因与楼建华发生纠纷诉至法院，案号为（2008）闸民二（商）初字第540号。该案审理中，委托上海求是会计师事务所有限公司（以下简称求是所）对大成公司进行审计（并相应调整大成公司2008年5月31日的净资产）。2009年9月2日求是所出具司法会计鉴定意见书，其审计结论为：经审计调整后，大成公司截至2008年5月31日资产总计3163509.26元，负债合计2221600.97元，所有者权益（净资产）合计941908.29元。职业风险基金因主营业务收入调增而调增，调整后其他长期负债即职业风险金为2162070.59元，其中2004年6月30日前1231898.49元。2004年6月30日后的职业风险基金楼建华保留诉权。楼建华主张2004年6月30日前职业风险基金的请求得到支持，故于2009年10月23日作出如下判决：楼建华从2008年6月27日起不再为大成公司股东；

大成公司支付楼建华退股金 152095.85 元、2004 年 6 月 30 日前职业风险基金 123189.84 元。

上述判决生效后，大成公司于 2010 年 3 月 16 日召开临时股东会决议，确认根据法院生效判决楼建华已丧失股东身份，并同意将楼建华持有的被告公司的股权以 152095.85 元价格转让给季新军，其他股东放弃优先购买权。同时，大成公司亦按照判决支付楼建华 2004 年 6 月 30 日前职业风险基金 123189.84 元。

审理中，大成公司表示：（一）从其提供的资产负债表来看，职业风险基金列设于专项应付款下。2014 年 11 月职业风险基金余额为 168231.01 元，前 5 年收入总计的 5% 为 170230.98 元；期间，除分配给股东职业风险基金外，大成公司曾于 2009 年、2010 年、2011 年将职业风险基金转化为利润后弥补亏损合计 1291461.50 元。（二）2004 年 7 月 1 日—2008 年 5 月 31 日，楼建华出资 5 万元，持股比例 16.667%。（三）原告诉请按照 16.66% 计算 2004 年 7 月 1 日至 2008 年 5 月 31 日的职业风险基金为 154966.67 元，对上述计算构成并无异议。

2009 年 2 月 24 日，财政部颁发《资产评估机构职业风险基金管理办法》（以下简称《管理办法》）。该办法载明：（一）第二条规定，资产评估机构应当按照本办法规定提取、使用职业风险基金；（二）第四条规定，资产评估机构提取的职业风险基金应当用于因职业责任引起的民事赔偿或与民事赔偿相关的律师费、诉讼费等法律费用；（三）第五条规定，资产评估机构持续经营期间，应当保证结余的职业风险基金不低于近 5 年评估业务收入总和的 5%；（四）第六条规定，资产评估机构在符合本办法第五条第一款规定的前提下，经股东会或合伙人决议，可将已计提 5 年以上（不含 5 年）结存的职业风险基金转作当年可供分配的利润进行分配，同时应当完善相关内部管理制度。

【案件焦点】

1. 原告是否系主张职业风险基金的适格主体；2. 被告大成公司是否应支付原告主张的款项；3. 原告主张是否超过诉讼时效。

【法院裁判要旨】

上海市闸北区人民法院经审理认为：职业风险基金是会计师事务所、资产评估机构等按规定提取的用于职业风险赔偿的准备金，它以执业机构的年度评估业务收入为基数计提，其本质上属于公司利润部分，股东本应有权对其分红。但是职业风险基金作为对外发生赔偿时的资金保证，不能任意分配，必须满足一定条件方可分配。

职业风险基金按业务收入的10%计提，作为因工作失误而依法进行赔偿的准备金。该项基金是从业务收入中提取，如计提年度未亏损的话，本应作为利润分配给当年的股东，但因职业赔偿有一定的滞后性，为确保公司有对外赔付能力而计提了职业风险基金，并设定了5年锁定期，究其本质，该职业风险基金产生的相关权益仍应属于计提期间的股东。本案中，虽然原告已于2008年6月27日起不再为被告公司股东，但原告主张的是2004年7月1日至2008年5月31日计提的职业风险基金，当时原告仍为被告大成公司的股东，应可主张分配职业风险基金。上述观点也可从（2008）闸民二（商）初字第540号生效判决中得到印证，即该案作出判决时原告已不是被告大成公司股东，但其仍可获得2004年6月30日前职业风险基金。此外，原告退股时，虽然以2008年5月为结算月份，取得其在被告大成公司享有的净资产份额，但因职业风险基金是列支于专项应付款下，在计算净资产时并未考虑在内，（2008）闸民二（商）初字第540号生效判决也是判令被告大成公司支付退股金外再单独向原告支付2004年6月30日前的职业风险基金，故原告并未享有2004年7月1日至2008年5月31日职业风险基金而产生的相关权益。综合上述两点，原告系主张2004年7月1日至2008年5月31日职业风险基金的适格主体。

《管理办法》规定，在保证结余的职业风险基金不低于近5年评估业务收入总和的5%的前提下，经股东会或合伙人决议，可将已计提5年以上（不含5年）结存的职业风险基金转作当年可供分配的利润进行分配。被告表示其每年按照业务收入的10%提取职业风险基金，也曾就职业风险基金转作利润作出股东会决议，原告主张2004年7月1日至2008年5月31日职业风险基金已逾5年锁定期，上述职业风险基金符合分配条件，应可予以分配。庭审时，被告大成公司提供的会计报表显示被告大成公司目前职业风险基金的结存并不符合规定要求，且其主张股东会决议是将职业风险基金转为利润后弥补当期亏损，即使上述抗辩理由属实，分配条件不成就也是因被告违反职业风险基金专属用途（即职业风险基金用于因职业责任引起的民事赔偿及与民事赔偿相关的律师费、诉讼费等费用）之规定而造成的，责任在于被告，再结合前述争议焦点所述职业风险基金产生的相关权益属于计提期间的股东，被告理应承担原告的损失，应按照原告主张期间的职业风险基金的数额930172.10元为基数，依原告持股比例16.66%支付款项154966.67元。至于原告要求被告支付利息损失的主张，无法律依据，不予支持。

公司职业风险基金的计提及分配应当符合《管理办法》的相关规定，只有已计提满5年以上（不含5年）结存的职业风险基金才能转作当年可供分配的利润进行分配。原告主张的职业风险基金的时间跨度为2004年7月1日至2008年5月31日，2008年5月31日的职业风险基金最早可分配时间为2013年5月，原告于2014年10月8日提起本案诉讼，并未超过诉讼时效，故对于被告所称的原告主张已过诉讼时效的抗辩意见，本院不予采纳。

法院作出如下判决：

一、被告上海大成资产评估有限公司于本判决生效之日起十日内向原告楼建华支付款项154966.67元；

二、驳回原告楼建华其余诉讼请求。

宣判后，原、被告均提出上诉。上海市第二中级人民法院判决：

驳回上诉，维持原判。

【法官后语】

本案主要涉及公司在某一计提期间结存的职业风险基金的性质、归属与分配，以及公司侵害该计提期间股东相应权益的损害赔偿责任问题，对解决同类案件具有积极的参考意义。

职业风险基金这一提法目前仅有《中华人民共和国注册会计师法》以法律的形式予以规制，其余多散见于规章。2009年2月24日，财政部颁发《管理办法》。根据上述《管理办法》制定背景以及条文分析，职业风险基金具有职业责任保障功能，因对外赔付责任具有不确定性，职业风险基金的使用亦不具有确定性，可因对外赔付而减少，也可因无赔付而结存。职业风险基金的提取并未实质减少公司资产，而仅变化于负债与所有者权益之间的增减平衡。对于结存的职业风险基金为公司对外赔付的“专项准备金”，权属理应归属公司。但是，职业风险基金以增加公司负债的形式减少了所有者权益，若对外赔付并未发生或不可能发生而导致结存的职业风险基金不可能减少时，该部分职业风险应可结转为所有者权益，这也是上述

《管理办法》第六条规定的5年以上职业风险基金可转作利润的原因，故结存的职业风险基金本质上属所有者权益，并归于计提期间的股东。

本案中，大成公司本应自行召开股东会将符合成就条件的系争职业风险基金以股东会决议的方式分配给楼建华。但大成公司不但未召开相关股东会，且违规于2009年、2010年、2011年将职业风险基金转化为利润后弥补亏损合计达1291461.50元，人为设置职业风险基金分配障碍，故大成公司限制向楼建华支付系争职业风险基金已失去正当性。值得注意的是，本案楼建华主张的系争职业风险基金实质系退股股东主张其作为股东时按其份额享有的公司净资产份额，本质上已为债权请求权，而非现存股东主张分配利润的股利分配请求权，大成公司的不当行为已侵犯楼建华的合法权利，故应予赔偿，赔偿的金额限于上述系争职业风险基金的金额。本案确立了职业风险基金作为对外发生赔偿时的资金保证，公司不能进行任意处分，否则公司应对职业风险基金计提期间的股东承担损害赔偿责任的规则。

编写人：上海市静安区人民法院　吴晶　童磊

69

公司人格否认从公司财产是否独立来判断

——邻水县博大贸易有限责任公司诉纳雍博骜房地产开发有限公司、四川博骜地产集团有限公司债权债务概括转移合同案

【案件基本信息】

1. 裁判书字号

四川省广安市邻水县人民法院（2016）川1623民初字第1667号民事判决书

2. 案由：债权债务概括转移合同纠纷

3. 当事人

原告：邻水县博大贸易有限责任公司

被告：纳雍博骜房地产开发有限公司、四川博骜地产集团有限公司

【基本案情】

2011 年 6 月 10 日因四川奥嘉实业有限公司资金困难向原告邻水县博大贸易有限责任公司临时拆借 100 万元，2010 年 7 月 14 日被告纳雍博鳌房地产开发有限公司因资金困难临时向四川奥嘉实业有限公司拆借 100 万元，上述两笔债务均未归还。2016 年 4 月 30 日，原告邻水县博大贸易有限责任公司与四川奥嘉实业有限公司、纳雍博鳌房地产开发有限公司达成债权债务抵销协议，三方一致同意四川奥嘉实业有限公司欠付原告的借款由被告纳雍博鳌房地产开发有限公司负责偿还，四川奥嘉实业有限公司对原告的债务消灭，协议约定还款期限为 2016 年 5 月 30 日前，逾期承担未付金额 5% 的违约金，付款期限届满后，被告纳雍博鳌房地产开发有限公司未按照协议履行还款义务，经原告多次催收仍予以拒接还款，另被告纳雍博鳌房地产开发有限公司是四川博鳌地产集团有限公司的全资子公司，原告认为，二被告之间财务混同，股东和公司身份界限模糊，无法区分债务主体是公司还是股东，因此被告四川博鳌地产集团有限公司应对纳雍博鳌房地产开发有限公司的债务承担连带清偿责任。

被告纳雍博鳌房地产开发有限公司认为债权债务转让协议真实，只是目前资金困难，但愿意以房抵债，且违约金过高。

二被告均认为二被告之间财务资产相互独立，不存在财产混同和公司是股东滥用公司法人地位和有限责任损害债务人利益的情形，债务应当由纳雍博鳌房地产开发有限公司独自承担，与四川博鳌地产集团有限公司无关，四川博鳌地产集团有限公司不应对纳雍博鳌房地产开发有限公司的债务承担连带清偿责任。

【案件焦点】

1. 违约金是否过高；2. 被告四川博鳌地产集团有限公司是否应对被告纳雍博鳌房地产开发有限公司的债务承担连带清偿责任。

【法院裁判要旨】

四川省广安市邻水县人民法院经审理认为：被告纳雍博鳌房地产开发有限公司未按照约定履行清偿债务的义务，构成违约，应当承担违约责任，根据双方签订的债权债务抵消协议及各方过错程度和预期利益综合考虑，违约金按照未付款总额的 5% 计算，并非过高。原告提出《四川华蓥山会计事务所报告书》中第七项、第八项、第十六项证明了二被告之间财务混同，但该报告书也说明了原因是“未见借款合同”“会计账务处理错误”或“部分附件不全”，属于被告纳雍博骜房地产开发有限公司内部工作制度不完善，提交审计资料不全，而且二被告之间系子公司与母公司的关系，两者之间有资金往来属于正常的商业行为。根据贵州中联信会计师事务所出具的《验资报告书》证明了被告四川博骜地产集团有限公司已经缴足注册资本。从现有证据来看，无法证明被告博骜公司滥用股东地位和股东有限责任及被告纳雍公司与被告博骜公司之间存在财务混同。

四川省广安市邻水县人民法院依照《中华人民共和国合同法》第六十条、第一百零七条及《中华人民共和国公司法》第十四条第二款之规定，判决如下：

一、被告纳雍博骜房地产开发有限公司在本判决生效之日起十日内向原告邻水县博大贸易有限责任公司归还 1000000 元债务及违约金 50000 元；

二、驳回原告邻水县博大贸易有限责任公司对被告四川博骜地产集团有限公司的诉讼请求。

【法官后语】

本案处理重点主要在于对公司财产混同的认定及违约金是否过高的认定。原告虽然对此提供了证据来证明二被告之间存在债务混同，但同时也说明了该原因是因为“未见借款合同”“会计账务处理错误”“部分附件不全”，属于被告纳雍博骜房地产开发有限公司内部工作制度不完善，提交审计资料不全，因此二被告之间属于正常的商业来往，不存在财产混同的情况。

对于违约金的认定，被告纳雍博骜房地产开发有限公司认为违约金过高，但并没有举证证明原告的实际损失，对于违约金的认定应当结合《债权债务转让抵销协议》及各方的过错程度和预期利益来综合考量，因此违约金并不过高。

编写人：四川省广安市邻水县人民法院　古翰举

70

是否可以判决修改公司章程

——淮北市腾屹商贸有限责任公司、淮北国安电力有限公司诉安徽三利新能源科技有限公司与公司有关的纠纷案

【案件基本信息】

1. 裁判书字号

安徽省淮北市烈山区人民法院（2015）烈民二初字第00231号民事判决书

2. 案由：与公司有关的纠纷

3. 当事人

原告：淮北市腾屹商贸有限责任公司（以下简称腾屹商贸公司）、淮北国安电力有限公司（以下简称国安电力公司）

被告：安徽三利新能源科技有限公司（以下简称三利科技公司）

【基本案情】

2012年3月26日，国安电力公司和三利科技公司拟共同出资设立国安三利公司，双方共同制定公司章程。该章程第十六条载明："股东会对第十三条中的各款做出决议，必须经全体股东一致通过并做出决议，否则做出的决议无效。"2012年4月1日，国安三利公司设立登记。2012年12月24日，三利科技将其81%出资比例中的41%转让给淮北市鑫武房地产开发有限责任公司。2013年5月31日，三利科技和淮北市鑫武房地产开发有限责任公司又分别将其出资比例中的10%转让给腾屹商贸公司。2013年12月17日，淮北市鑫武房地产开发有限责任公司将其持有的所有股权全部转让给腾屹商贸公司，并进行了工商变更登记，至此，国安电力公司和腾屹商贸公司出资比例分别为国安三利公司19%和51%，三利科技公司的出资比例为30%。为了使国安三利公司运作更加合理和有效，2015年5月14日，原、被告召开股东会议，拟修改公司章程，两原告认为原章程不适应市场情况和公司业

务开展，主张修改原章程关于国安三利公司各项重大经营决策要求一致通过方为有效的内容，三利科技公司不同意修改。

【案件焦点】

是否可以判决修改公司章程。

【法院裁判要旨】

安徽省淮北市烈山区人民法院经审理认为：国安三利公司章程条款由全体股东参加制定，每一股东都要受到公司章程的约束。但是，由于国安三利公司章程第十六条“股东会对第十三条中的各款做出决议，必须经全体股东一致通过并做出决议，否则做出的决议无效”内容的规定，在公司运作过程中，遇到了根据公司章程内容无法实现公司管理的异常情况，不利于公司正常经营活动的开展，章程中的这种阻碍公司正常运作和管理的条款应该加以修改和完善。根据国安三利公司章程的规定，公司章程的修改，必须由全体股东通过，被告作为股东之一不愿意变更公司章程内容，导致两原告的合法权益无法实现、公司的重要权利无法行使。国安三利公司章程第十六条虽然在形式上并不违反《中华人民共和国公司法》的规定，但客观上造成少数股东的意见左右股东会甚至决定了股东会的意见，以致公司无法正常运行的局面，故依法应予变更。

安徽省淮北市烈山区人民法院依照《中华人民共和国公司法》第一条、第四十三条之规定，作出如下判决：

一、安徽国安三利新型建材有限公司章程第十六条“股东会对第十三条中的各款做出决议，必须经全体股东一致通过并做出决议，否则做出的决议无效”改为“国安三利公司股东会会议作出修改公司章程、增加或者减少注册资本的决议，以及公司合并、分立、解散或者变更公司形式的决议，必须经代表三分之二以上表决权的股东通过”；

二、驳回原告的其他诉讼请求。

宣判后，双方当事人均未上诉。

【法官后语】

本案公司章程第十六条由全体股东参加制定并签字确认，不违反法律规定，对其效力应予认定，其作为全体股东的契约，每一股东都要受其制约。国安三利公司成立之初只有两个股东，其中小股东处于绝对弱势地位，应当着重予以保护。约定所有重大事项表决均须股东一致同意的条款，有利于防止大股东独断专行、保护小股东的利益，符合《中华人民共和国公司法》的立法精神。

后国安三利公司的股东演变为本案三位当事人，这不属于任何一方当事人的过错。股东变更之后情势发生变化，没有哪一方股东因处于绝对弱势的地位而需要法律的特殊保护。相反，公司章程第十六条的内容，使得在公司运作过程中，出现根据公司章程内容无法有效管理公司的异常情况，客观上造成少数股东左右甚至决定股东会的意见，导致公司无法正常运行。在这种情况下，在公司和股东之间，应当优先保护公司的利益。被告坚持不同意修改公司章程，此时，应当认为属于滥用股东权利，有损害公司或其他股东利益的较大可能性，违反《中华人民共和国公司法》第二十条之规定，违背了《中华人民共和国公司法》立法目的。为维护公司的长远发展，从充分保护全体股东合法利益的角度出发，法院判决，将章程中对公司重大事项作出决议须经全体股东一致通过的规定，修改为须经代表三分之二以上表决权的股东通过作出决议，这样有利于规范公司治理结构，促进市场经济健康有序发展。

编写人：安徽省淮北市烈山区人民法院　郭西凯

图书在版编目（CIP）数据

中国法院2018年度案例．公司纠纷/国家法官学院案例开发研究中心编．—北京：中国法制出版社，2018.3

ISBN 978-7-5093-9132-7

Ⅰ.①中… Ⅱ.①国… Ⅲ.①公司-经济纠纷-案例-汇编-中国 Ⅳ.①D920.5

中国版本图书馆CIP数据核字（2018）第028682号

策划编辑：李小草（lixiaocao2008@sina.cn）

责任编辑：韩璐玮（hanluwei666@163.com） 封面设计：温培英、李宁

中国法院2018年度案例·公司纠纷

ZHONGGUO FAYUAN 2018 NIANDU ANLI · GONGSI JIUFEN

编者/国家法官学院案例开发研究中心

经销/新华书店

印刷/三河市紫恒印装有限公司

开本/730毫米×1030毫米 16开 印张/15.5 字数/203千

版次/2018年3月第1版 2018年3月第1次印刷

中国法制出版社出版

书号 ISBN 978-7-5093-9132-7 定价：53.00元

北京西单横二条2号

邮政编码 100031 传真：66031119

网址：http://www.zgfzs.com **编辑部电话：66070084**

市场营销部电话：66033393 **邮购部电话：66033288**

（如有印装质量问题，请与本社编务印务管理部联系调换。电话：010-66032926）

中国法院2012、2013、2014、2015、2016、2017、2018年度案例系列

国家法官学院案例开发研究中心　编

简便易用、权威实用——打造“好读有用”的案例

1. 权威的作者：国家法官学院案例开发研究中心持续20余年编辑了享誉海内外的《中国审判案例要览》丛书，2012年起推出《中国法院年度案例》丛书，旨在探索编辑案例的新方法、新模式，以弥补当前各种案例书的不足。

2. 强大的规模：2012、2013年各推出15本，2014年推出18本，2015年推出19本，2016年推出20本，2017年推出21本，2018年推出23本，含传统和新近的所有热点纠纷，所有案例均是从全国各地法院收集到的上一年度审结的近万件典型案例中挑选出来的，具有广泛的选编基础和较强的代表性。

3. 独特的内容：不再有繁杂的案情，高度提炼案情和裁判要旨，突出争议焦点问题。不再有冗长的分析，主审法官撰写“法官后语”，展现裁判思路方法。

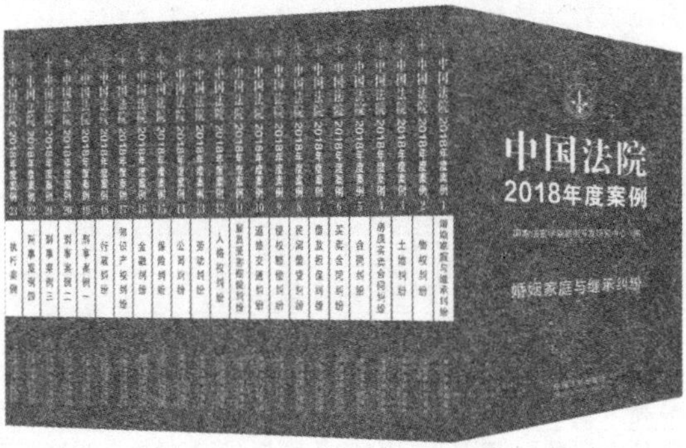

1. 婚姻家庭与继承纠纷
2. 物权纠纷
3. 土地纠纷（含林地纠纷）
4. 房屋买卖合同纠纷
5. 合同纠纷
6. 买卖合同纠纷
7. 借款担保纠纷
8. 民间借贷纠纷
9. 侵权赔偿纠纷
10. 道路交通纠纷
11. 雇员受害赔偿纠纷（含帮工受害纠纷）
12. 人格权纠纷（含生命、健康、身体、姓名、肖像、名誉权纠纷）
13. 劳动纠纷（含社会保险纠纷）

14. 公司纠纷
15. 保险纠纷
16. 金融纠纷
17. 知识产权纠纷
18. 行政纠纷
19. 刑事案例一
20. 刑事案例二
21. 刑事案例三
22. 刑事案例四
23. 执行案例

最高人民法院指导性案例裁判规则理解与适用系列

公司卷二	98 元	物权卷	88 元
公司卷（第二版）（上下册）	139 元	婚姻家庭卷（第二版）	68 元
民事诉讼卷（第二版）（上下册）	145 元	合同卷四（第二版）	98 元
侵权赔偿卷二	69 元	合同卷三（第二版）	98 元
侵权赔偿卷一	69 元	合同卷二（第二版）	108 元
房地产卷	98 元	合同卷一（第二版）	108 元
劳动争议卷	58 元	担保卷（第二版）（上下册）	139 元

最高人民法院知识产权审判实务系列

商标法适用的基本问题（增订版）	78 元
反不正当竞争法的创新性适用【精装】	68 元
知识产权保护的新思维——知识产权司法前沿问题	98 元
最高人民法院知识产权审判案例指导（第 9 辑）	88 元
最高人民法院知识产权审判案例指导（第 8 辑）	88 元
最高人民法院知识产权审判案例指导（第 7 辑）	98 元
最高人民法院知识产权审判案例指导（第 6 辑）	78 元
最高人民法院知识产权审判案例指导（第 5 辑）	88 元
最高人民法院知识产权审判案例指导（第 4 辑）	78 元
最高人民法院知识产权审判案例指导（第 3 辑）	78 元
最高人民法院知识产权审判案例指导（第 2 辑）	78 元
最高人民法院知识产权审判案例指导（第 1 辑）	48 元
中国知识产权指导案例评注（第 8 辑）	98 元
中国知识产权指导案例评注（第 7 辑）	118 元
中国知识产权指导案例评注（第 6 辑）	128 元
中国知识产权指导案例评注（第 5 辑）	118 元
中国知识产权指导案例评注（第 4 辑）	98 元
中国知识产权指导案例评注（第 3 辑）	98 元
中国知识产权指导案例评注（上、下卷）	188 元
知识产权法律适用的基本问题——司法哲学、司法政策与裁判方法	168 元
最高人民法院知识产权司法解释理解与适用（最新增订版）	69 元
最高人民法院知识产权案件年度报告（2008～2015）（中英文版）	198 元
知识产权司法实务新型疑难问题：专利、商标与著作权热点问题	138 元
知识产权司法实务新型疑难问题：知识产权司法保护与产业发展	120 元
商业特许经营合同原理解读与审判实务	58 元
赢在 IP：知识产权诉讼实战策略	49 元
网络游戏知识产权司法保护	68 元

最高人民法院审判指导书系

执行规范理解与适用——最新民事诉讼法与民诉法解释保全、执行条文关联解读	139 元
最高人民法院民事立案业务指导	108 元
最高人民法院审判监督业务指导	128 元
最高人民法院执行业务指导	128 元